钱锺书

生平十二讲

（增订本）

钱之俊　著

上海教育出版社

序

　　《管锥编增订》出版的时候，钱之俊先生刚出生，现在也才三十出头。之俊少年英爽，好学深思，和我文字往还数载，极锐发。他得知我作《钱默存先生年谱长编》，就将自己几万字的初稿举以相赠；尽管没有溢出的，还是教人不胜感刻。渐渐看到之俊先生斐然述作，大块文章常登大报，益喜其思理深密，文笔邕利。

　　已刊行的治钱先生历史的著作，数李洪岩先生的《钱锺书生平与学术》顶好。之俊先生如何后来居上或者别开生面呢？这一二十年来发掘和暴露的文献，作者差不多料简一过，另出手眼，聚类钩元（缕述编辑生涯独阙 *The Chinese Year Book* 之 consulting editor），成兹一编，有机会成为比较文学所谓"媒介者"（intermediary），在"发播者"（transmitter）和"收受者"（receptor）之间大起搭桥牵线的作用。"为何不读研究生"也，"家庭教师"也，"住房变迁与文人际运"也，这些题目就足以开张耳目，也见得作者的善逞狡狯以见奇妙。

　　信信疑疑，善善恶恶，史家之职志也。《我们仨》数计"锺书的拜门学生：一姓周、一姓钱、一姓方"；此地只淡淡地说："第二位拜门学生似乎不姓钱，姓何，叫何灵琰。"不大声以色，而作作生芒——所谓"微而显，婉而辩"的"春秋之笔"。辩折"翻译工

1

作"为"工具而已，奉命而已，仅此而已"，健论卓识，想钱先生亦当惊知己于千古。

二〇一三年十月范旭仑序于罗生技

目录

第一讲
钱锺书少年时期的读书与作文

小学时期的读书与作文

　　钱锺书从小就生活在一个知识分子家庭。父亲钱基博是现代著名国学家，著述等身，对儿子的家教极其严格。但钱锺书在入东林小学之前的教育，基本上是由大伯父钱基成负责。钱基成因为长房无子，钱锺书一生下来就过继给了他。钱锺书四岁（虚岁）时始由伯父教识字，六岁入秦氏家族办的秦氏小学。不到半年，因病停学。伯父舍不得他上学，加之本来就不太赞同新式学校教育，借此就停学在家。按当时新式教育的学制，像钱锺书这个年龄段，应该入初等小学学习了，但钱家人不仅钱基成不赞成新式教育，钱锺书祖父钱福炯也很反对进"洋学堂"，他们还是倾向于老式教育。不久，钱锺书又被送往亲戚家的私塾附学。因附学不便，一年后又在家由伯父教。

　　钱基厚《孙庵年谱》记民国五年（1916）："长侄锺书及子锺韩始由伯兄授读……伯兄首以《尔雅》授之，叔兄为重订次序，盖父意欲令于幼时能正音读、辨字义也。"①到考上东林小学时，钱锺书已"卒读《论语》《孟子》《毛诗》《礼记》《左传》诸书，暇则涉猎子史，好臧否古今人物，握管作二三百字论文矣"②。其实跟伯父后面读书很是轻松，这期间他还读了《西游记》《水浒传》《三国演义》以及《说唐》《济公传》《七侠五义》《聊斋志异》等中国古典小说，雅的、俗的，囫囵吞枣，"照单全收"。小小年纪，书看多了，除了喜欢讲给弟弟妹妹们听，自己还喜欢琢磨：一条好汉只能在一本书里称雄。关公若进了《说唐》，他的青龙偃月刀只有八十斤重，怎敌得李元霸的那一对八百斤重的锤头子；李元霸若进了《西游记》，怎敌得过孙行者的一万三千斤的金箍棒；假若来个"关公战秦琼"，那胜负又当如何……李洪岩先生认为，"在这些疑问与纳闷中，也倏忽闪动着钱锺书日后'以解颐资解诂'的某些治学特色"③。

　　1920年，钱家人看到时代实在不同了，不得不让钱锺书、钱锺韩兄弟（堂兄弟）进新式公立小学上学。是年7月，他们考上其时已改称第二高等小学的东林小学。东林小学，原为东林学堂，其前身即历史上著名的"东林书院"。清光绪二十七年（1901），清廷下诏，将各州、县的书院改设小学堂，东林书院遂改名为东林高等小学堂。民国二年（1913）改名为无锡县立第二高等小学校，但当地人习惯上仍称它为东林学堂或东林小学。学校秉承了"风声雨声读书声，声声入耳；家事国事天下

---

① 钱基厚：《孙庵年谱》（卷上），1943年自印本，第30页。

② 钱基博：《堠山钱氏丹桂堂家谱·行述第三》，《钱基博集·谱牒汇编》，华中师范大学出版社2016年版，第220页。

③ 李洪岩：《智者的心路历程——钱锺书生平与学术》，河北教育出版社1997年版，第52页。

事,事事关心"的东林传统,多年来培养出许多人才,如社会学家、经济学家陈翰笙,音乐史学家杨荫浏,经济学家王寅生,革命家秦邦宪(博古)等都是当年东林小学的学生。钱锺书在东林小学读书时,学校已显得规模宏大。当时教职员只有十多人,校长专职,不上课,其他没有专职者,舍监、庶务、会计都由教师兼任,全校教职员都住校,一心扑在教育上。学生每周要上国文课十节,英文、算术各四节,其他如修身、史地等课一二节。①

钱锺书他们没有读初等小学,直接上的高等小学②。学习上,他们文史方面很不一般,但有些学科就跟不上,比如算术就得补考。尽管如此,钱家也没有放松对他们进行国学教育与训练。钱锺韩后来回忆说:"进入高小后,由于缺了四年基础教育,学习困难很大,学校里有一套功课,有一套作业(当然比现在少得多,浅得多),家里却从不过问,只是另行安排一些课外学习任务:继续读些古典文学,读些中国历史,写些议论文章。在这几年里学得很狼狈,成绩不佳,有时还不及格,只能靠自己的阅读能力来勉强应付功课。"③钱家的教育方式对今天兴起的传统文化教育具有启示意义。

在钱锺书上东林小学不久,伯父钱基成去世(1920年农历9月21日)。他对伯父感情很深,悲痛不已。当年,他写了《题伯父画像》一文,这是目前我们所见到的钱锺书最早的一篇文

① 刘桂秋:《东林小学里的钱锺书》,《人物》2003年第10期。
② 相当于现在的小学五年级。
③ 钱锺韩:《谈自学》,《钱锺韩教授文集》,东南大学出版社1994年版,第223—224页。

字。文曰：

　　呜呼！我亲爱之伯父死矣，不得而见之矣。可得而见者惟此画像耳。然吾瞻拜伯父之画像，不禁哀之甚，而又慰之深也。哀莫大于死别，夫何慰之有？慰者，幸音容之宛在。然而不能无哀，哀者，哀死者之不可复生也。嗟夫，我伯父乃终不可得而见矣！于不得见之中而可以稍慰夫欲见之心者，幸有斯像耳。岁时令节，魂兮归来。锺书衔哀展[瞻]拜，供奉香花，我伯父在天之灵，其实式凭之。①

　　全文不到二百字，满是"之乎者也"，俨然一个小夫子的模样，正是钱基博所言"握管作二三百字论文矣"。文章虽稚嫩，情意却是真挚的。大伯父去世后，钱锺书虽然仍与伯母一起住，但教育开始由父亲来接手。钱基博在儿子上东林小学之前的几年里，对儿子的教育常常是"鞭长莫及"。偶尔背地里教儿子些算术，儿子也是被他拧得青一块、紫一块，效果不仅不大，还得罪了大哥。针对儿子当时喜欢"臧否人物"、好发议论的情况，他为钱锺书改字"默存"（原字哲良），还在《题画谕先儿》②文中对儿子提出告诫："汝在稚年，正如花当早春，切须菩[善]自蕴蓄。而好臧否人物、议论古今以自炫聪明，浅者谀其早慧，而有识者则讥其浮薄。语曰：'大器晚成。'蓄之久，而酝酿熟也。又曰：'小时了了，大未必佳。'发之暴，而酝酿不熟也。如

---

① 钱锺书：《题伯父画像》，转自刘桂秋：《无锡时期的钱基博与钱锺书》，上海社会科学院出版社 2004 年版，第 154 页。

② 《南通报》1920 年 12 月 12 日。

锦偲绘此贻汝，非必喻汝少年身世之生意洋溢，或亦有所讽耳。汝不可不知此意，切切。"

东林小学时期，钱基博正在省立第三师范学校任教。每天下午放学后，他就叫钱锺书兄弟俩去他办公室，自习或教读古文。到学生们吃过晚饭开始夜自修时，才带他们回家吃晚饭。钱锺书晚年对此仍记忆犹新："余童时从先伯父与先君读书，经、史、'古文'而外，有《唐诗三百首》，心焉好之。"①这期间，钱锺书不仅在父亲的指导下继续学习中国传统文化，课余时间，他还接触了西洋文学。他开始读梁启超译的《十五小豪杰》、周桂笙译的侦探小说，只是觉得"沉闷乏味"。可是不久他发现并迷上了林纾译的西洋小说："商务印书馆发行的那两小箱《林译小说丛书》是我十一二岁时的大发现，带领我进了一个新天地，一个在《水浒》、《西游记》、《聊斋志异》以外另辟的世界。我事先也看过梁启超译的《十五小豪杰》、周桂笙译的侦探小说等，都觉得沉闷乏味。接触了林译，我才知道西洋小说会那么迷人。我把林译哈葛德、迭更司、欧文、司各德、斯威佛特的作品反复不厌地阅览。假如我当时学习英文有什么自己意识到的动机，其中之一就是有一天能够痛痛快快地读遍哈葛德以及旁人的探险小说。四十年前，在我故乡那个县城里，小孩子既无野兽电影可看，又无动物园可逛，只能见到'走江湖'的人耍猴儿把戏或者牵一头疥骆驼卖药。后来孩子们看野兽片、逛动物园所获得的娱乐，我只能向冒险小说里去找寻。"②钱锺书读书的范围与思想的空间陡然扩大了。

---

① 钱锺书:《〈槐聚诗存〉序》，生活・读书・新知三联书店2002年版。

② 钱锺书:《林纾的翻译》，《七缀集》，上海古籍出版社1994年第2版，第82—83页。

　　有了这样的文学、历史基础,钱锺书的作文水平在同龄人中,开始就很突出,虽然那时还不被父亲钱基博看好。东林小学四年,他作文的突出,小学时期的同学可以提供佐证。邹文海在《忆钱锺书》文中透露了当时钱氏读书情形以及老师对他文章的评价:

　　在东林——无锡县立第二高小——的三年,因为他是通学我是寄宿,虽在同一年级,很少一起游息。只是先严督责我读书时,常引他为话题,总是说:"我过钱家,每回都听到锺书书声朗朗,谁像你一回家就书角都不翻了!"父亲的训斥,引起我对锺书君的反感,"什么了不起,还不像我一样,数学糟透顶,只有国文能揭示。"记得那时候他的小楷用墨甚淡,难得有一个字能规规矩矩地写在方格之中,可是先生对他文章的评语,常是"眼大于箕",或"爽若哀梨"等佳评。他常常做些小考证,例如巨无霸腰大十围,他认为一围不是人臂的一抱,而只是四个手指的一合,除此之外,我对他没有更深的印象了。①

　　另据比钱锺书晚一届的姚方勉先生回忆:

　　记得在再得草庐后面的走廊里,设有一个学生成绩揭示处,我曾见到过许多好文章,其中署名的,大多是钱锺书、钱锺韩、孙佐钰、姚宏胄等同学。他们是我上一届同学,因此引起我的注意和敬佩。有的文章,开头就用一个"夫"字,我初见时不

---

　　① 邹文海:《忆钱锺书》,《钱锺书研究》第2辑,文化艺术出版社1990年版,第296页。

知其意。原来钱、孙等同学，家学渊源，对古文已有较深的造诣，发语词作语助的"夫"字，早已见多用惯。

……钱锺书、钱锺韩昆仲是有杰出成就的杰出人才，我对钱锺书先生小学时代的音容笑貌，还记得比较清楚，他眉清目秀，声音清脆，走路姿势，不同于一般同学。作文篇篇都是好文章。[1]

虽然没有说那贴在再得草庐后面走廊里的好文章搞的是作文竞赛还是作文展，但文章写得好确是深得老师与同学的赞赏和羡慕的。

钱锺书在东林小学四年，能保留下来的文章很少，但也不是没有。1923年，钱氏兄弟小学毕业，一起考入苏州桃坞中学[2]。在校期间，他撰写的《获狐辩》一篇，发表于校报《桃坞学期报》。文章很短，不到400字，是篇小论文，文曰：

余以不才，而喜文事。至十三四，始粗有成。斯文即三年前作也。其事则详于篇中云。时方诵习国策，故语颇奔放，大异乎今。倘亦候壮悔所谓泛驾之流兴，非所敢望也。丙寅十一月十五日写此呈君纲吾友，以应其求，锺书题。

月之某日，女佣某氏，获一小狐于仓。以为鼬也，杀之。迨夜，长嗥起乎庭中，声惨以厉，彻晓不息。家人聚而谋曰："是狐鸣也。昨所杀者，殆雏狐也。噫！狐，灵物也，能祸福人者也。倘使女佣祝而谢焉，陈其误而非故焉，或者免于庚矣。"女佣如

---

① 姚方勉：《三年东林小学生活》，《无锡文史资料》第22辑，1990年6月印。

② 即今苏州市桃坞高级中学校。

言，迨无恙。家人曰："狐恕之矣。"钱子曰："是不可以不辩。"

常言曰："人为万物之灵。"吾不信也。何则？雊雉见之《商书》，石言著乎《左传》。武王渡河，火流为乌；汉高起义，白帝见杀。逮夫今日，蛇也狐也，莫不以为神灵之所冯依而崇拜焉。则是物灵于人，而人为万物之灵云乎哉？且以狐之灵，而不能自藏其身，致为厮养所歼，灵物顾如是乎。夫狐出不以时，死宜也。既杀之，又从而拜之，果何为者耶？斩关之盗，人不责其穿窬；杀人之囚，律不科其斗殴。何则？以斩关方穿窬，小罪也；以杀人概斗殴，细故也。狐而有知，宁以一拜而杀其子哉？作《获狐辩》，以解家人之惑。①

"丙寅十一月十五日"，即 1926 年 11 月 15 日，"三年前"当在 1923 年，可知，这文章就是他小学毕业那年的作品，现在朋友王君纲约稿，才拿出来发表（次年发表）。文章写得虽然不长，但充满思辨色彩，不仅说得有理有据、"一本正经"，而且文言已相当流畅雅致。"时方诵习国策，故语颇奔放"，说明他不仅会读书，还能学作文，这是他善读书的脚注。钱锺书小学时期的这两篇文章，在他的相关传记或文集中都没有提及②，这些都是研究钱氏早期生平与著述的新材料，当引起重视。

钱锺书小学时期的文章在同龄人中虽已相当了得，但还不能让父亲钱基博入眼。他文章写得好，而且知道发奋读书，并真正得到父亲的称赞，还是在上中学以后。1923 年，13 岁的钱锺书小学毕业。杨绛说："锺书上了四年高小，居然也毕业了。

---

① 钱锺书：《获狐辩》，《桃坞学期报》1927 年第 10 卷第 1 号。
② 刘桂秋《无锡时期的钱基博与钱锺书》书中为首次披露《题伯父画像》一文。

锺韩成绩斐然，名列前茅；他只是个痴头傻脑，没有正经的孩子。"①主要是数学成绩差，国文还是比较突出的。故有学者说："在东林小学读书的这四年中，钱锺书已经开始构筑他那恢宏阔大的知识结构的底部基础。"②

中学时代参加作文竞赛

小学毕业，钱锺书考入苏州桃坞中学。桃坞中学是一所英文教学极为严谨的教会学校，由美国圣公会于1902年创建，师生在校内皆用英文会话交流。校长是教会派来的外国传教士，外语由外籍教师任课，其他课也多用英语讲课。当时学校设初中、高中部，钱锺书读的是初中部。

桃坞中学的师资力量很强，不仅外教多，而且国内教师也多是名牌大学毕业。学校每学期都会举行中英文竞赛，季报部③还经常举行征文比赛。学校有学生会、青年会、演剧团、数理研究社、桃坞艺术社等学生团体，课外活动频繁。以青年会为例，它主要是筹谋救济失学儿童，彰显服务精神，特设义务夜校，教员多由高中学生自由分任；每隔两星期还会请海内外名人来校演讲，拿1925年9月到1926年元月这学期来讲，青年会共计组织了八场演讲。除学生团体外，学校每学期也会组织很多活动，请人来作演讲，组织体育活动等都是常事，如1925年10月时任上海《时事新报》主笔的张东荪就曾应邀来校作演

---

① 　杨绛：《记钱锺书与〈围城〉》，湖南人民出版社1986年版，第28页。

② 　刘桂秋：《东林小学里的钱锺书》，《人物》2003年第10期。

③ 　即《桃坞学期报》编辑部。

讲,题为《读书与做人》。学校有足球队、网球队等,不仅在校内进行比赛,和外校打友谊赛、联赛也很频繁,这也许是值得我们今天的中学学习的。学校藏书丰富,每年都会新增大量中外书籍,如 1925 年就新增有《曾文正公集》《东方文库》《少年百科丛书》《哈佛丛书》(*Havard Classics*)及《列德白氏图书馆之文学》(*Ridpaths Library of Literature*)等。学校虽为教会学校,但在管理上很人性化,会兼顾到中西文化上的差异,相互尊重,灵活处理。中秋节,学校会放假一天,有时高中部学生在得到校长特许的情况下,月夜还可出外玩赏,学生们三五成群结伴赏月,吟诗作对,到深夜才回校就寝;10 月 10 日也会放假,而此后的孔子诞辰,晚上又会有庆祝,表演、演说、看影片。因为是教会学校,所以也不可避免过洋节。感恩节会放假一天,学生上午去做礼拜,然后捐款捐物;圣诞节晚上学校举行庆祝活动,唱歌演戏,很热闹,第二天开始放假四天。

作为教会学校,桃坞中学的中英文课程分班上课,钱锺书刚入学时,因为有国学根基,国文、中国历史等课都是直接跳到初中二年级上课,而英文、数理等课程则在初中一年级。在这些课程中,国文是他的强项,数理等课却不太理想(对生物学倒是很感兴趣)。有关钱锺书在桃坞中学的学习和生活,所有的传记都着墨不多,而且所述内容多有雷同,比如他在校期间参加作文竞赛事。

桃坞中学每年都要举行中文和英文作文竞赛,不论高中、初中,各年级学生都可以平等参加,公平评选,并公开发榜。入校不久,钱锺书第一次参加了竞赛,得了中文竞赛全校第七名。这个成绩,对一个刚入校的初中新生来说,已属不易,在以往的桃坞是没有的。据说到后来,每次作文竞赛,钱锺书总是排名第一,直至一个叫朱光辉的人出现才改变,被夺去第一,只得屈居第二。钱锺书不服,要求单独比试,校方特地先出两题让他们竞争,而钱锺书又提出须在两小时内当场交卷,但朱光辉说他下笔没钱锺书快,这又不是正式的作文考试,文有二题,是否允许他次日交卷,校方同意了。结果朱光辉还是第一。[①]此事好像也是朱光辉后来在文治中学教书时向他学生透露的,因为人事已去,似成孤证。以钱锺书的少年意气,这事不是没有可能。朱光辉这个人早年文章可能确实写得好,后来也留过学,但大约终究耐不住寂寞,坐不了冷板凳,后涉迹官场,做过县长。因为这些历史问题,新中国成立后连书也没好好教成。1985 年朱光辉病逝,终是一事无成,正是"小时了了,大未必佳"。

钱锺书好拿第一的个性与能拿第一的才气似乎一直保持到了高中和大学时期。在清华大学读书时,许振德和钱锺书是同系同班同学,他和钱锺书同学之前,经常是名列第一,后来钱锺书夺了他的第一,开始他还曾想揍一顿出出气,后来钱锺书偶然替他解决了一道题,他们遂成好友。钱锺书曾说过:"一个人二十不狂没志气,三十犹狂是无识妄人。"他是引用桐城先辈的话:"子弟二十不狂没出息,三十犹狂没出息。"杨绛先生说这是"夫子自道"。显然,年轻时的气盛,才子的习气在少年和青年时代是一以贯之的。

对桃坞中学每年都要举办中英文竞赛的情况,兹以钱锺书

---

① 刘衍文:《漫话钱锺书先生》,《钱锺书研究集刊》第 2 辑,上海三联书店 2000 年版,第 101 页。

上初三这一年①为例略加说明，可作直观认识。1925 年 9 月 12 日，桃坞中学在纪念堂召开全校学生大会，校长梅乃魁补给上届征文竞赛班次第一、全校第一、高初中成绩第一、宿舍整洁的学生和集体以奖品及初中文凭。9、10 月之间，"季报部为增进同学兴趣起见，特揭中西征文悬赏，题录取者赠五元之奖品。同学才逾杞梓，文比琬琰；玉液琼膏，定能津津齿颊"②。12 月初，"校中为度量学生程度起见，特举行中英文测验。争奇斗捷，各擅胜场，成绩优良，当可预卜"③。结果不详。这是第一学期的情形。第二学期开学初，"本校为激励生徒，研精国粹起见，爰于正月十八，举行中文竞赛，题为'为学无止境'。同学分坐'纪念'与'自修'两室，沉思力索，钩心斗角，乌丝撷宋、班之艳香，麝墨泼韩、苏之潮海，鸿篇佳制，定多巨观"④。本次中文竞赛，优秀作文刊登在《桃坞学期报》1926 年第 9 卷第 2 号《文章竞赛》专栏上⑤，作者依次是张青莲⑥、王凤昃、王隽生、曹觐虞和房鉴钊。钱锺书只有一篇译作⑦，似未获奖。4 月 3 日，上午举行英文会考。"高中各级及初中最高级诸同学咸与试。题为《日日阅报之价值》(The Value of The Regular Reading of newspaper)。信笔挥洒一气呵成。执占鳌头，问之探花使者，便知分

---

① 1925 年 9 月至 1926 年 6 月。

②③ 《本校春秋》(之一)，《桃坞学期报》1926 年第 9 卷第 1 号。

④ 《本校春秋》(之二)，《桃坞学期报》1926 年第 9 卷第 2 号。

⑤ 题目都是《为学无止境》。

⑥ 同期张青莲还有两篇文章和十首诗。张青莲比钱锺书长两岁，当时在高三，1926 年 6 月从桃坞中学毕业，毕业典礼上还作了中文演说，英文演说为袁树谟。张青莲虽然中学时候文章写得好，但后来还是走了科学研究之路，成了中国现代著名无机化学家(中科院院士)。

⑦ 即《天择与种变》。

晓。"①此次会考作文"孰占鳌头"也无从知晓。没过几天,学校又举行翻译竞赛。"与赛资格中英文须在高中者。竞赛第一,得奖马崇淦先生所赠金牌云"②需要说明的是,因为国文成绩好,文章也写得好,在这期间,钱锺书担任了校报《桃坞学期报》的中文编辑。在《桃坞学期报》上他发表了文言、白话、译作等不同形式的文章。因为这层关系,季报部举办的作文竞赛,他很可能就没有参加。③

钱锺书突出的中英文作文水平,给同学们留下了深刻的印象。著名畜牧学家张照教授告诉家人,钱锺书中学时代,英文作文几乎都是"A＋＋＋"的成绩;某次,美籍英文教员改动了钱锺书英文作文的一个词,"钱先生意有不惬,给该教员连写七封英文长信,遍引英文经典著作,以为己之例证"④。

在桃坞时,钱锺书还代替同学写作文。桃坞中学同学叶谦吉回忆,有一次,他到钱锺书的房间和他一起画解析几何课的图,看到钱锺书没画好,便说:"这种图交上去一定不及格。我来帮你画,保证你得甲等,你帮我写中文作文。"钱锺书高兴地答应了,结果他们俩都得了甲等。提及这段往事,叶老笑着说:"没想到一辈子唯一的'作弊',竟和大文豪钱锺书合谋而为。"叶老还说,那时钱锺书有个很好的习惯,就是读字典。他的字典很有名,每当读到新的字词,他就在字典的空白处作注释,最后字典写得密密麻麻的。⑤

---

①② 《本校春秋》(之二)。

③ 详见本书第二讲《钱锺书与〈桃坞学期报〉》。

④ 沉冰:《钱尘梦影》,《不一样的记忆:与钱锺书在一起》,当代世界出版社1999年版,第359页。

⑤ 《101岁博导叶谦吉:我曾和钱锺书"作弊"》,《重庆商报》2010年11月22日。

桃坞中学也是钱锺书读书与写作的一个转折点。上桃坞中学以后的一年暑假（1926年），在清华任教的钱基博回家，第一件事就是命钱锺书和钱锺韩各作一篇文章，结果钱锺韩的一篇颇受夸赞，而钱锺书的一篇不文不白，用字庸俗，钱基博气得把他痛打一顿。"这顿打虽然没有起'豁然开通'的作用，却也激起了发奋读书的志气。锺书从此用功读书，作文大有进步。他有时不按父亲教导的方法作古文，嵌些骈骊，倒也受到父亲赞许。他也开始学着作诗，只是并不请教父亲……锺书考入清华之前，已不复挨打而是父亲得意的儿子了。"①他自己后来也回忆过这段经历："余十六岁与从弟锺韩自苏州一美国教会中学返家度暑假，先君适自北京归，命同为文课，乃得知《古文辞类纂》、《骈体文钞》、《十八家诗钞》等书。"②1979年4月，他到美国访问，"自言在中学期间，初不知用功，曾给父亲痛打一顿。十五岁才知发愤读书"③。

1927年，北伐军占领江浙沪一带，新政权规定不准把基督教《圣经》作为学校必修课，桃坞中学被教会叫停，以示抗议。钱锺韩回忆："到了高中一年级时，北伐战争胜利，教会学校亦受到了冲击。我所在的学校，除了强调英文之外，还要叫学生做礼拜（每星期九次）；各年级都开设学习基督教《圣经》的课程。北伐胜利后，虽然是国民政府掌权，但还是保留了一些革命反帝的口号。国民政府规定，学校里不得强迫学生上宗教课；外国教会就把学校停办，以示抗议。"④学校一停办，钱锺书

---

① 杨绛：《记钱锺书与〈围城〉》，第29—30页。
② 钱锺书：《谈艺录》（补订本），中华书局1984年版，第346页。
③ 夏志清：《重会钱锺书纪实》，《钱锺书研究》第2辑，第311页。
④ 钱锺韩：《谈自学》，《钱锺韩教授文集》，第224页。

兄弟即转入无锡辅仁中学。钱锺书在桃坞中学四年的求学经历,为其以后融贯中西的学问研究及讽婉精妙的写作方法打下了良好的根基。①这期间他不仅读了大量的中英文图书,还通过作文竞赛、《桃坞学期报》的编辑工作,写作上得到很好的训练。直接的效果是在辅仁中学读高中时依然是国文竞赛方面的佼佼者。

辅仁中学是非正式的教会学校,建于1918年,校名取自《论语》:"君子以文会友,以友辅仁。"它是无锡圣公会的中国会友唐纪云集资创办的私立学校。建校伊始,辅仁中学即定"明道进德"为中文校训,定"live to learn,learn to live"为英文校训,并坚持以延聘名师、精设课程、严格管理立校。当时采用中西文分科排年级,上午为西文科,下午为中文科。中文科设作文、子书、古典诗词等课程。因教育质量高,西文科毕业可免试入读上海圣约翰大学。

从时间上推算,钱锺书当时进辅仁读的大概是高中二年级。就在读高二这一年,全校又进行了国文、英文、算术三门课的竞赛,结果钱锺书得了国文、英文两个全校第一,轰动全校。这个时期在写作上,他已不再受到父亲钱基博的责罚,而是颇得赏识了。此间,他开始经常替父亲代笔写信,由口授而代写,由代写信而代作文章。至今被人津津乐道的钱穆《国学概论》的序就是钱锺书刚考上大学时替父亲写的,当时署名钱基博。1929年,钱锺书以中英文特优的成绩被清华大学录取,从而结束了自己的中学时代。

---

① 俞菁:《钱锺书、杨绛与苏州》,《中国档案》2007年第2期。

对钱锺书早年的读书与作文情况进行梳理后，不难看出，他能够成为 20 世纪中国学界的真正大师，绝不是偶然的。有人说钱锺书自小就是个王勃式的神童，这是捕风捉影的现代神话。从他小学时期的学习成绩来看，他除了国文、历史成绩好以外，其他并不突出。但是在写作上的天资不能说一点没有。这除了他善读书，还和他从小受伯父、父亲的教育分不开，有所谓"家学渊源"。有作文的潜资，有学习的渴望，没有机会展示、没有环境激励也不行，这又得益于当时的新式教育。从东林小学到后来桃坞、辅仁这样的教会中学，少年钱锺书得到了很好的中英文基础教育，这使他的写作才能得以展现和不断提升，为其以后成为学贯中西的大师奠定了难以想象的基础。所以说，一个人成就的取得，除了一点点可能的天资外，还得靠自己的勤奋，还要有环境、有际遇——虽然有些东西是强求不得的。

钱锺书从小学到中学，为母校学子留下了宝贵的精神财富，促使他们发奋读书。今天的苏州第四中学前身就是桃坞中学，苏州四中为纪念这位优秀校友，不仅在校内建有"锺书楼"，2006 年 1 月 6 日，在老校友的资助下，还在校园里树起了一座钱锺书的雕像。在今天的无锡辅仁中学校园内，也树起钱锺书像，建有锺书楼。2009 年 2 月，辅仁中学还成立了锺书沙龙。2010 年 11 月 21 日是钱锺书先生诞辰 100 周年纪念日，无锡举办了"百年锺书——纪念钱锺书先生诞辰 100 周年"系列活动，来自先生母校的东林小学和辅仁中学的师生及社会各界人士在钱锺书故居举行了瞻仰仪式，缅怀这位蜚声中外的优秀校友。

第二讲
钱锺书与《桃坞学期报》

　　钱锺书曾说:"考古学提倡发掘坟墓以后,好多古代死人的朽骨和遗物都暴露了;现代文学成为专科研究以后,好多未死的作家的将朽或已朽的作品都被发掘而暴露了。被发掘的喜悦使我们这些人忽视了被暴露的危险,不想到作品的埋没往往保全了作者的虚名。"①钱锺书生前死后这些年,所谓"钱学"已成显学,其公开发表的作品也被开掘得差不多了,尤其是《钱锺书集》《钱锺书英文文集》等书的出版②。但是在所有这些集子里,对钱锺书大学以前的文稿毫无涉猎,这还是块有待开发的处女地。虽然对自己早年的作品,钱锺书早已不止一次地表示了他的不以为然。"我过去写的东西,要说代表,只能说代表过去那个时候的水平,那个时候的看法。现在我自己并不满意"。"对过去写的东西,我并不感兴趣……一个作家不是一只狗,一只狗拉了屎、撒了尿后,走回头路时常常要找自己留下痕迹的地点闻一闻、嗅一嗅。至少我不想那样做。有些作家对过去写

---

① 　钱锺书:《〈人·兽·鬼〉和〈写在人生边上〉重印本序》,《钱锺书杨绛研究资料集》,华中师范大学出版社 1997 年第 2 版,第 80 页。
② 　《钱锺书手稿集》不是完全意义上的作品。

的文章，甚至一个字、一段话，都很重视和珍惜，当然，那因为他们所写的稿字字珠玑，值得珍惜。我还有一些自知之明"。①"在写作上，我也许是一个'忘本'的浪子，懒去留恋和收藏早期发表的东西"。②"几十年前的旧作都不值得收拾"。③但杨绛先生也曾说："他的早年作品唤不起他多大兴趣。'小时候干的营生'，会使他'骇且笑'，不过也并不以为见不得人。谁都有个成长的过程，而且，清一色的性格不多见。"④而要真正了解钱锺书"成长的过程"，就得发掘和研究他的早期作品。笔者第一次看到钱锺书在桃坞中学时期发表的文章时，真是意外且惊喜。

　　1923 年，13 岁的钱锺书考入苏州桃坞中学。当时苏州很多名校都有自己的刊物，而且编辑多为学生，如《振华女学校刊》《苏扬学报》《晏成》《苏中校刊》《萃英校刊》《心声》等。在这些刊物上发表文章的一些学生，有不少后来就成了中国现代著名的学者专家，钱锺书就是其中之一。桃坞中学办有校刊《桃坞学期报》。《桃坞学期报》以一半英文和一半中文的形式公开发行，每学期出一期，一年两期。当时上面也登广告，广告费以1926 年为例，是"全页八元，半页四元，四分之一页二元"。编辑部分中文编辑部和英文编辑部。钱锺书自第 9 卷开始担任编辑，其中第 9 卷第 1 号和第 2 号为中文编辑，第 10 卷第 1 号为英文编辑。中文编辑部成员还有顾鸿霖、张源、邵宗文等。

①　彦火：《钱锺书访问记》，《钱锺书杨绛研究资料集》，第 41、44 页。

②　钱锺书：《〈人・兽・鬼〉和〈写在人生边上〉重印本序》，《钱锺书杨绛研究资料集》，第 80 页。

③　钱锺书：《〈也是集〉序》，《钱锺书杨绛研究资料集》，第 113 页。

④　杨绛：《钱锺书对〈钱锺书集〉的态度》，见钱锺书：《写在人生边上・人生边上的边上・石语》，生活・读书・新知三联书店 2002 年版。

中文总编辑王德文,顾问王彦孙。这是根据 1926 年的《桃坞学期报》版权页上的记载,编辑部成员应该不是固定的。这份刊物主要由学生主办,上面发表的也主要是桃坞中学初高中学生的作品,钱锺书在上面发表有文言、白话、译作等不同形式的文章。

据目前陆续发掘出的信息,钱锺书在《桃坞学期报》合计发表文章有:

《喜雪》,《桃坞学期报》1925 年 1 月第 8 卷第 1 号;

《进化蠡见》,《桃坞学期报》1926 年 1 月第 9 卷第 1 号;

《天择与种变》(译作),《桃坞学期报》1926 年 7 月第 9 卷第 2 号;

《〈新学生的第一夜〉跋》,《桃坞学期报》1926 年 7 月第 9 卷第 2 号;

《获狐辩》,《桃坞学期报》1927 年 1 月第 10 卷第 1 号;

《〈吴中招提记〉序》,《桃坞学期报》1927 年 1 月第 10 卷第 1 号;

The Delights of Reading Newspaper,《桃坞学期报》1927 年 1 月第 10 卷第 1 号。

这些文章在所有传记和相关文集中都没有收录或提及,但对研究钱锺书早期思想的形成有现实的价值。本书所引《进化蠡见》《天择与种变》和《获狐辩》出自苏州档案馆整理出版的《馆藏名人少年时代作品选》[①]一书。《喜雪》《〈新学生的第一

---

① 翟晓声主编,古吴轩出版社 2005 年发行。

夜〉跋》和《〈吴中招提记〉序》转自刘桂秋先生《钱锺书桃坞中学读书作文史迹补遗》一文。The Delights of Reading Newspaper 出自陈建军《钱锺书桃坞中学时的一篇英语作文》一文。

《喜雪》一文只三百余字,该文发表时钱锺书还在初中二年级。全文为:

北风如刀,卷地扬沙,时虽冬令,而老树婆娑,尚戴三数黄叶。然一夜之间,尽为封姨而秃头矣。白雪皑皑,弥漫六合,极目四望,尽是一片粉妆玉琢世界,犹如一夜春风,梨花缤纷于万树枝头;又似满腔愁怀,首为之白也。然散入珠帘,则湿罗幕,狐裘不暖,锦衾嫌薄,迥非春日气候矣。冒寒出门,则风烈若刃,面额如割;幕中草檄,则砚水冰凝,不成点画。无已,围炉饮酒,效党太尉赏雪故事耳。而从征塞外之客,铁衣当犹被身也。呜呼! 战场白骨,纠缠草根;马毛带雪,汗气蒸腾。古来征战能几人还,况于冬日乎! 噫嘻! 哀我黎民,无罪无辜,鲜衣乏食,何以卒岁? 安得使纷纷白雪,尽化为银,以拯其急而救其命哉! 开窗四望,见一犬驰骋雪上,足印所在,犹以大地为画面,而绘梅花其上也。闻邻农啁啾相语曰:明年收获,当能丰盛矣。

刘桂秋分析文章认为,钱锺书写作此文,调动了此前学习阅读的积累,运用了不少和雪有关的典故,对雪中景象进行了多方面的描绘。"但文章整体上略显堆砌,而较少作者自己的真情实感;又文中多半篇幅写的是雪中使人哀伤的景象,也似与文题'喜雪'有所不符。这些说明初二时的钱锺书,他的写作水准仍处在一个有待进一步提高的阶段。"①

《进化蠡见》是对有关进化论问题的澄清考辨。文章首先批判了赫胥黎②等人误读真正之达尔文进化论的现象，而后进行校正，最后总结提出自己的认识。钱锺书认为，达尔文提倡的是"最适者能生存繁荣"，而不是他的门徒们理解的"最强者能生存繁荣"，两者有着根本区别；达尔文说"互助牺牲等美德常发见于生物界中"，而其门徒则认为"实不可遇之事"。少年钱锺书最后辩证地总结说，生物界中实是"互助竞争相剂而进化"，而非只有"互助"或只有"竞争"。"互助"使"此社会之根本坚固"，"竞争"使"此社会进化"，而且他所说的"竞争"是种"策励式竞争"，而不是赫胥黎所谓的生物竞争。这则有关进化的"蠡见"，是以后"管锥之见"的雏形，确能看出早年钱锺书思维方式的缜密，有着很强的逻辑性和辩证性。全文如下：

（一）真正之达尔文进化学说

尝谓世人不善观察，对于无论何种事物，每得偏而失全，斯言信也。夫达尔文进化学说之要旨曰："虽'物竞天择，适者生存'之定则常发见于自然界中，顾自然界之生存竞争，实分个体、团体二种。夫既有团体间之竞争，则互相竞争之个体，在组织团体时，不得互相以发生牺牲、献身、调和等等美德，使此团体日渐强大。"（见所著 *Descent of man*）然世人辄以为达氏进化论之要旨为"互相残杀"、"最强勇之生物即能生存"。此种谬见，实赫胥黎为之厉阶；即明哲如倭恩等，犹复不免。于是达氏

---

① 刘桂秋：《钱锺书桃坞中学读书作文史迹补遗》，《书屋》2015 年第 3 期。
② 他被鲁迅称为"达尔文的斗犬"，是进化论的坚定支持者。

进化学说之真诠，尽为达氏门徒极端片面误解之议所论掩矣。

（二）误解达氏进化学说之校正

赫胥黎等之进化学说，非仅误解达氏之意，亦即过信霍伯士（Thomas Hobbes）"人类在自然中，仅以保存己身之幸福为目的而生活——仅有'对于一切之一切战争'而已"（见霍氏所著 Leviathan）之语也。故彼等视"生物界为饥肉渴血之修罗场，在此修罗场中，个体为己身利益之故，不得不行连续勿绝之残忍争斗，而最强捷之生物，独能繁荣。至于互助牺牲，实为实际上不可遇之事也"。此种论调之误解有二：1.达氏谓"最适者能生存繁荣"，而其门徒则误为"最强者能生存繁荣"也。盖生物之生存繁荣，佥恃环境之适应；至于强弱，实无甚关系。曾见蒙庄寓言载栎以不材得全雁以无能见弋一事。夫栎雁同是废物，而其结果相异如此。正以栎之不材，实适应斯栎所处之环境。然雁之无能，实与是雁所处之环境相抵牾也。苟云"最强之生物能生存繁荣"，何以古代生物强如三角龙（Triceratops）、巴利龙（Paviasauras）等者，除其骨殖发见于土中以外，踪迹竟绝于今日乎？2.达氏谓"互助牺牲等美德常发见于生物界中"，而其门徒则误为"生物界之互助牺牲实不可遇之事"也。然生物之相互助，本亦是一种生物界之通同原则。如驹鸟之于米梭沙伊鸟是也。故克鲁卜特金（Petro Kropotine）以多年之观察，遂发为议论曰："动物以种种之手段，避去竞争。吾人苟能于生物界加以详细精密之观察，可知最能避竞争，最能使己身适应互助之种属，必能繁荣。"（见所著 Mutual Aid）顾克氏之意，以为生物之进化，佥恃互助，非由竞争，不知互助仅可视为生物社会成立之原因，至于由此社会过渡至他社会之所以然，终觉不能彻底解释。职是以互助之说为被误解的达氏进化论之修正可也，而不可视为与达氏进化论相对待之学说。

然则生物果如何而进化繁荣乎？曰：竞争与互助相剂而已。第吾之相剂，与达氏之相剂有异。其说将见于下。

（三）生物恃互助竞争相剂而进化说

夫社会之成立，既由于个体中需要性之相感，当然社会中之各个体不能不互助牺牲，使此社会之根本坚固。同时，亦不能不发生竞争，以使此社会进化。第此种竞争，非犹赫胥黎等目中之生物竞争，实是一种无形之策励，使弱者不致落伍，以使此社会中之各个体皆奋发有为，能得相等之发达进步。譬之赛跑，跑者靡不奋力前迈，欲得锦标。此虽发生一种竞争于其中，而个体间并无互相残杀之争斗，如赫胥黎心目中之竞争者。此种策励式的竞争，亦犹是也。请举例小说明之。

Procellaria, Pelagica 者，一种小蹼足鸟也，常作巢于不列敦西岸外之岛屿。其作巢时，恐他种动物之袭击也，遂竭力相互保卫，闲时又互相竞赛其作巢之速及巢之坚固。故他种动物因其互助之坚及巢之固，不能袭击。亦以其作巢之速，无暇袭击。于是此鸟之种，遂大繁荣于是岛，而其形体且渐发生变化矣。Peguins 鸟亦然。呜呼，此虽仅窥豹一斑，第亦足反以三隅。可知竞争互助之相剂，对于生物之进化，实甚重要也。

（四）尾声

年来颇涉猎生物学，于进化论尤为注意。凡有所见，辄择要笔之。文既芜蔓，说复鄙肤，至无当也。第颇自爱惜，不忍毁弃，亦犹魏文帝所谓"家有敝帚享之千金"之意耳。日者季报记者索稿甚急，仓卒无以应，不得已遂择记中最有系统之一篇，加以今名而归之。其所以不自藏拙者，正欲效抛砖之引玉也。某虽不敏，请以砖视此文，连城夜光之赐，殊仁企以望之。

从尾声可以看出，当时他对生物学很感兴趣。孔庆茂《钱锺书传》："钱锺书很聪明，但他的天赋在文学上，他喜欢随心所欲地自由发挥，特别不愿意按部就班地逻辑推理，因此，他对数、理、化等课程深恶痛绝。只是他的生物学成绩很好，但不是听课获得的，而是因为他爱读严复译的赫胥黎《天演论》，对严复的才辩非常佩服（他后来曾在赠友人的一首诗中赞扬'子乡严又陵，才辩如炙輠'），对严译的思辨精微、文词深奥、朴茂非常感兴趣，无意中获得了不少生物学知识。""他在读中学时便阅读了《圣经》、《天演论》等不少的西方文学、哲学原著，英文成绩突飞猛进"。[1]

尾声所言"季报"当指《桃坞学期报》。可见当时钱锺书的名气已在外，有人来约稿，慌忙之中只好整理自己的笔记。他这种理董笔记即成文章的习惯，保持到晚年《管锥编》的写作。年轻时对自己的文字"不自藏拙"，和他成年后的态度截然不同。1983 年《谈艺录·引言》："自维少日轻心，浅尝易足，臆见衿高；即亿而偶中，终言之成理而未澈，持之有故而未周，词气通悦，亦非小眚。壮悔滋深，藏拙为幸。"[2]

《天择与种变》是译述英国威尔斯（H. G. Wells）《世界史纲》中的一章。作者威尔斯不是专业的历史学出身，他在 1884 年获得伦敦科学师范学校的奖学金，入校攻读的是生物学，师

---

① 孔庆茂：《钱锺书传》，江苏文艺出版社 1992 年版，第 27—28 页。
② 钱锺书：《谈艺录·引言》（补订本）。

从赫胥黎。赫胥黎对威尔斯影响极大，他也奠定了威尔斯后来在《世界史纲》中的思维方式：考察人类历史必须自人类诞生之前开始，因为整个世界的历史不仅仅是人类的文明史。事实上，这本书在 1920 年初版时的书名即为"The Outline of History：Being a plain history of life and mankind"（《世界史纲：生物与人类简史》）。后来威尔斯又进入一家新闻学院，并在毕业后成为记者，开始写作科普文章。他在不足 80 年的人生中创作了一二百部作品，内容涉及科学、文学、社会、政治、战争等各个领域，在年近七旬之时仍以平均每年不下两部的速度进行创作，被誉为"奇人"。他的第一部著作就是《生物学读本》（1893 年），所以我们不该惊讶于他在《世界史纲》中会花大量篇幅来描述地球的形成、生物和人类的起源。《世界史纲》是他在 1918 年开始尝试编写的，当时正值第一次世界大战后期，它的意图就在于"以平直的方式，向具有一般智力的人展示，如果文明要想延续下去，政治、社会和经济组织发展成为世界性联盟是何以不可避免的"，而其中一个主题就是要说明，世界只有通过教育而不是战争和革命才能得到拯救。看惯了中国历史教科书和中国正统史书的人，初读此书会被它开阔的视野、大气的叙事、轻快简洁的笔调以及文字间所透露的激情所吸引、震惊，不得不为之耳目一新。少年钱锺书又何尝不是这样！

　　《世界史纲》1920 年初版，1926 年时国内还没有中译本。钱锺书译介《世界史纲》中的这一章，可能是他最早发表的翻译作品，也是当时国内发表出的该书最早的中译片断，但他不是最早翻译此书的人。国内最早出的完整版《世界史纲》虽然迟至 1927 年才由商务印书馆出版，但早在 1921 年夏，梁思成兄弟就在父亲梁启超的指导下翻译此书了，到1922年2月基本完成这本书的草稿。商务印书馆得到草稿后，再请"向达、黄静渊、陈训恕、陈建民诸君依据最新版本[①]，重加译订。译完后复将本书前半部与科学关系较密者请秉志、竺可桢、任鸿隽、徐则陵等人分校之。其余则由何炳松、程瀛章、朱经农诸君及不佞分任之。而总其成者实惟何炳松君。排印时并请向达君悉心校勘，以期无误"[②]。

钱锺书能够翻译这一章，说明当时他的英文水平已相当高，不仅可以读英文原著，还可以根据个人喜好来翻译原著。这和他当时所处的环境分不开。桃坞中学有着良好的外语学习环境，学校每年除了举行中文、英文竞赛，还有翻译等竞赛，这对提高学生中英文水平确有功效。他在译文前的"译余赘语"[③]中，掩饰不住自己对该书的喜爱与推崇，也交代了翻译这一章的原因：

译余赘语　威尔斯（H. G. Wells），英人，现代之大科学家、大文学家，亦Guild社会主义者也。自其近著《世界史纲》出版以后，威氏声誉益隆，欧美史家靡不异口同声称为"自有世界史以来此为第一"。良以是书能：（一）批评公允，叙述扼要，详略得宜；（二）于文化及科学转变发达之关键，指示明白；（三）出以世界的目光，一洗从前人豪行述帝王家谱之弊也。抑威氏善为小说家言，职是此书文笔虽纯用白描（白描指其无

---

① 　1923年版及1926年版之一部分。

② 　王云五1926年9月30日作《世界史纲》译者序。

③ 　1926年5月21日作。

Johnsonism 之习气而言)而清丽异常,读之娓娓忘倦,其亦犹柏拉图(Plato)所谓"纯美如净水,无丝毫特别色味"(La beaute parfaite est Comme L'eau pur, Fuin'aponit de saveur particuliere)者欤。且威氏于记载史事之前,先述地球与生物之演化方法及其证据,洋洋六千余言,透辟精警,得未曾有,此岂他种史书所能及乎? 斯文为此六千余言中立部,原名 Natural Selection and Changes of Species(改订本第三版之第三章),以其能与人以天择及种变之具体观念也,故译而出之。按威氏初主张"最优者生存"(Survial of the best)遂致世人诟病,乃易为"较适者(Fitter)生存"。以余观之,似较"达尔文(Charles Robert Darwin)'最适者(Fittest)生存'"之说更见精警,而有一日之长也。因行文之便,故于无关紧要之辞句(指在英文内缺此则不成文法,而于中文内有之则反为蛇足之辞句),悉略而不译。知我、罪我,是在读者。

五月二十一日锺书识

　　他的评价从书的内容到书的文笔语言,都说到了点子上。而他之所以要翻译这一章,是"以其能与人以天择及种变之具体观念也"。这还是《进化蠡见》文尾所说的那样,"年来颇涉猎生物学,于进化论尤为注意"的产物。比较达尔文的"最适者生存",他更倾向于威尔斯的"较适者生存"。而他称赞威尔斯,使我们想到他在《进化蠡见》里对赫胥黎的批评。这是个有趣的现象。钱锺书的译文(见本讲附文)一如他的"译余赘语",用的是"不文不白"的语言,有他那个年龄段的"才子习气"。在译文中,他会随时加注按语,共有十一处之多,有些按语道出了他对进化论的认识与疑惑。如译至"夫使环境而长此不变者，则生物适应之能力，每经一裔纪，必更见发达，然设环境一旦改易"，钱锺书按："环境固造人，然推本穷源环境为人所造，故环境之转变乃意中事耳。"

译文之后另有"补白"两节：第一节可作钱锺书早期翻译思想的注脚；第二节是好学深思的钱锺书小学初学生物时（1922年）就横亘于心的三个问题，很有趣。第一个是生命问题，见于注六，为："生命问题，历来聚讼已久，然舍委之神造外，竟别无他种结果。"这个问题应该已经不成问题。《粉碎"四人帮"以后中国的文学情况》（1980 年）："有了达尔文的物种演化论，创世论就变成古董。"①后两个问题虽是生物进化问题，但实际上关联逻辑上的认识，今天看来就有可笑之处了。少年钱锺书很疑惑，既然高等生物是由低等生物进化而来的，那么这些低等生物从何而来？并且按这种进化理论，现在世上除了较高等生物以外，应该没有较下等生物才是，但遍观整个世界无一处没下等生物。生物既能适应环境，就应该无所谓淘汰和优胜劣败，现代科学家既认为最适者或较适者生存，又主张生物能适应环境，既然淘汰又怎么适应环境，既然适应就不该被淘汰。他认为犯了逻辑矛盾律。20 年以后，他出版了《人·兽·鬼》，人近中年的钱锺书在《上帝的梦》中用戏谑的口吻表达了他对进化论的认识："进化的定律是后来者居上。时间空间演化出无机体；无机体进而为动植物；从固定的植物里变出了文静、纠缠住不放的女人；从活泼的动物里变出粗野、敢冒险的男人；男人女

---

① 钱锺书：《粉碎"四人帮"以后中国的文学情况》，《写在人生边上·人生边上的边上·石语》，第 195 页。

人创化出小孩子；小孩子推演出洋娃娃。所以，至高无上的上帝该是进化最后的产物。"①补白结尾道，此三问题，"迄今仍未得圆满解答"。回过头看看，钱锺书当时似乎对达尔文、赫胥黎、威尔斯的书还没全看懂。补白全文如下，供读者参考：

　　补白　译者既译毕此文，有内疚者三：（一）因欲使读者明了之故，于原文词句颇有增损，次序（指原文词句之次序）亦稍更易，读者苟以失真见斥，无所逃罪。（二）原文为鸿篇巨著中之一章，与前后文皆有关系，不读前后文而骤读是文原作，必有数处不能明了。译者欲此文成为一独立之著作，故于与前后文相系属处悉略而不译。鲁莽割裂，主臣主臣。（三）原作文章佳妙，译者才浅，既不能保存原文风味，又不能使译文在国文中与原文在英文处有同等地位，至于死译式的保存原文风味法，译者不敏，殊未之学。

　　此三处皆无所逃罪，不敢望读者原谅。又有三问题：（一）生命问题见注六。（二）高等生物既谓自下等生物进化而来（观复规律［Law of Recapitution］可知），科学家又谓 Abiogenesis 之说为不确，则此种下等生物复何自而来；且较高等生物既自下等生物进化而来，则今日舍较高等生物以外，宜无较下等生物之迹。如云环境不同，演化有迟速之别，则寻遍世界盖无一处无较下等产物者，岂此偌大世界，竟无复适宜演化之环境耶？（三）生物既能适应环境，则宜无所谓淘汰及优胜劣败等等事实，现代科学家靡不以为最适或较适者生存。易言之，即不适

---

①　钱锺书：《上帝的梦》，《人·兽·鬼》，生活·读书·新知三联书店 2002 年版，第1—2页。

者必处淘汰之列，同时又主张生物能适应环境。夫既淘汰，又乌能适应环境；既能适应，则又不至为自然所淘汰。此言似犯逻辑之矛盾律（Law of Contradiction）矣；然则究竟如何尚属疑问。此三问题，译者在小学校初治生物时（1922 年）即已横亘于胸，迄今仍未得圆满解答。虽然译者以一未成丁之小学生，知识有限，故特附书于此以质高明。

《〈新学生的第一夜〉跋》在该期《桃坞学期报》目录中并未标识，不容易被发现。钱锺书是这一期的中文编辑之一，当时已是初三学生，跋文写于赵颐年《新学生的第一夜》之后，可能只是当时编辑文章时有感而发写出的文字，故没有特别列出。赵颐年的《新学生的第一夜》，写一个去外地读书的学生，到新学校第一夜思家念亲难以入眠之情状。钱锺书由此想到儿时初不理解思家为何物，及至来到桃坞中学，长期远离家门，才体会到"家之可爱"。这大概是钱锺书在文中谈外出求学感受的唯一文章吧。全文如下：

赵君颐年以其新作《新学生的第一夜》见示，中述一学生初离故土思家之状的，是知个中甘苦者语，非外人所能道。回忆儿时，亦尝读一与此相类之小说，名曰《相思》（Maladie du bays，作者已忘）者，内写一旅人，远戍不得归，念家成疾事。时余童骏，未知作客之苦，以为夫夫者，殊之须眉之气，家果何可恋哉？后游学斯校，因离家远，一年仅四度得归，夫然后始知家之可爱。而每睹床前明月之光，闻火车汽笛之响，辄油然勃然起莼鲈故乡之思，盖不知其来之何从焉。顾尤以假期后到校两三日为甚，固不只如赵君所云"新学生的第一夜"已也。揆之他人，谅亦如斯矣。赵君喜谈电影，嗜文艺，尤好作美国风之Free Verse，第颇有时下欧美之二分投稿家（Two-Cent Contributer）习气，是亦白璧之瑕也。①

一九二六年五月二日夜钱锺书跋

《获狐辩》一文很短，只五百字，是篇小论文，依然充满思辨色彩。②

《获狐辩》是钱锺书应王君纲之约拿出的旧稿，而就在同一期内（钱锺书是这一期的英文编辑），钱锺书还在王君纲文章《吴中招提记》前写了篇短序，这就是《〈吴中招提记〉序》。从下面的序言看，钱锺书也是被王"强予序之"的：

王君君纲，幼学彊老，刚毅木讷，宣尼所谓近仁之器者，庶乎几之。然而豫逸篇章，从容文讽，同学多士，莫之或先也，又岂特斯人斯德，为吾党之良而已。尝读杨衒之《洛阳伽蓝记》，心焉慕之，故吴人也，仿作《吴中招提记》，第遣词用意，了不相似；吐言天拔，自成佳什，殆所谓谢朝华于已披，启夕秀于未振者耶？强矛[予]序之，于戏，学愧子夏，何益葩经，识逊元凯，胡补左氏，将笔汗颜，匪遑底宁，殊难为地也。

---

① 刘桂秋细析短文，认为存在一些编排上的明显错误，如"初离故土思家之状的"当作"初离故土的思家之状"；"远戍"当作"远戌"；"童骇"当作"童孩"；"固不只如赵君所云'新学生的第一夜'已也"，"已"前似缺一"而"字；"白壁"当作"白璧"。又文中"以为夫夫者，殊之须眉之气"之句，也似有文字讹误之处。见刘桂秋《钱锺书桃坞中学读书作文史迹补遗》，《书屋》2015年第3期。

② 详见本书第一讲《钱锺书少年时期的读书与作文》。

王君纲《吴中招提记》仿照北魏杨衒之《洛阳伽蓝记》的体例和写法，逐次介绍了苏州戒幢寺、报恩寺、寒山寺、虎邱寺、灵岩寺等五座寺庙的历史沿革和内外景色。钱锺书的序多溢美之词，"但整体上写得精炼老到，显示出作者的文字功夫已有了不小的进步"①。钱锺书此时高中一年级。

在《桃坞学期报》第 10 卷第 1 号内，钱锺书除了以上两篇序跋，还有一篇英文文章，即 The Delights of Reading Newspaper（《读报的乐趣》）：

The world in which we live is undergoing changes from time to time. Political revolutions，international intercourses，civil wars，and scientific inventions，all tend to distinguish the world of today from that of yesterday. Such changes as not yet become established facts，we can not find from the study of history. However，there is a kind of publication，which，unlike history recording the event past，can tell us from time to time what is going on in this "Amphitheatre of life". This is the newspaper.

In newspapers，there are stories，poems，and essays contributed by different writers. Even the news columns are so vividly as well as attractively written that we can not help reading them fully. The articles on education and literature are espesially［especially］the favorite readings of students?

---

① 见刘桂秋：《钱锺书桃坞中学读书作文史迹补遗》，《书屋》2015 年第 3 期。

whill[while] those concerning state affairs and commercial conditions are chiefly of interest to officials and merchants. As the value of newspaper is so high, to read it is certainly beneficial and helpful. And the trod [true] delight of reading newspaper lies in the appreciation of its high value.

"Cursory reading is delightful, systematic reading is helpful;" but newspaper reading serves both. "There is a wider prospect," says Jean Paul Richfer[Richter], "From Parnassus than from a throne." Yet there is another prospect still far much wider from the newspaper materials are those which inspire men to do something and be something," hence "histories make men wise, poems, witty," and news papers, far-sighted, practical and expedient.

有人将该文译为:

我们生活的世界正处于不断变化之中。政治变革、国际交流、内战和科学发明,都让今天的世界与昨天的世界截然不同。因为这些改变尚未成为既定事实,所以我们无法在历史研究中找到它们。但是,有一种出版物不像历史那样记录的是过去的事件,它告诉我们的却是"人生竞技场"上正在发生的事情。这种出版物就是报纸。

报纸上有不同作家写的小说、诗歌、散文。即便是那些新闻专栏也编写得十分生动、有吸引力,让人不禁把它们全读个遍。学生尤其爱读关于教育和文学的文章,官员和商人主要对谈论国家事务和商业情况的文章感兴趣。报纸的价值如此之高,读报必然是有益的、有用的。读报的真正乐趣在于欣赏它的价值。

"略读是快乐的,精读是有益的",读报则二者兼得。让·保罗·里希特说:"帕纳塞斯山上的视野比御座上的更开阔。"报纸能让人看得更远,因为它鼓舞人们有所作为、有所成就。因此,"历史使人明智,诗歌使人灵秀",而报纸使人有远见、务实和懂得变通。①

这篇文章当时署名 Dzien Tsoong-su,可能是一篇考场作文。1926 年 4 月 3 日上午,桃坞中学举行英文会考,试题即为《日日阅报之价值》（The Value of the Regular of Newspaper）,"高中各级及初中最高级诸同学咸与试"②。按学校规定,时在初三的钱锺书应该参加了这次英文会考。会考结果没有公布。从内容上看,钱锺书的这篇英文文章非常切合命题要求。文章通过将报纸与历史、政治、文学等进行对比,意在论说:报纸可以让我们了解现实生活中正在发生变化的事情;报纸具有很高的价值,可以提供许多有益、有用的信息,满足不同读者的阅读兴趣,使读者在欣赏其价值的同时获得真正的乐趣;报纸能对人产生鼓舞作用,"使人有远见、务实和懂得变通"。③

1927 年,北伐军占领江浙沪一带,新政权规定不准把基督教《圣经》作为学校必修课,美国教会因此宣布停办桃坞中学,以示抗议（但一年后复课）。学校一停办,钱锺书即转入无锡辅

---

①③　陈建军:《钱锺书桃坞中学时的一篇英语作文》,《书屋》2015 年第 8 期。

②　邵宗汉:《本校春秋》,《桃坞学期报》1926 年 7 月第 9 卷第 2 号。

仁中学,结束了他的桃坞生活,也终止了与《桃坞学期报》的联系。钱先生在桃坞中学四年,无锡辅仁中学两年,从他当时的中英文水平来看,他中学时代的文章应该不只《桃坞学期报》上这些,有关资料的开掘还很值得期待。他在《桃坞学期报》做编辑的这段经历,以及在上面发表的几篇少作,都是研究其早期生平、著述与思想的新材料,在以后的相关钱传修订或文集再版中当详细补入为好。钱先生早年的编辑经历,是对他早期写作能力的一个很好的说明。这些经历不仅锻炼了他语言文字上的功夫,也为其以后严谨治学、继续从事编辑工作打下了良好的基础。钱先生从中学阶段开始做编辑以后,就没中断过和这份工作的联系。

【附】

天择与种变

钱锺书译

时代表

800 或 80 百万年前— 600 或 60 百万年前	太古代（Azoic or Archaeozoic）或则以为此时已有生命，或则以为尚无
600 或 60 百万年前— 360 或 36 百万年前	元古代（Proterozoic），虽无显著之生物遗迹，然此时谅已有 Animalcuae, Jelly fish, Green scum 等矣
360 或 36 百万年前— 260 或 26 百万年前	古生代（Palaeozoic），前期尚无脊椎动物，为 Sea scum bion 及 Trilobite 之全盛时代
260 或 26 百万年前— 140 或 14 百万年前	古生代后期，有鱼、两栖类及生于湿地之树林
140 或 14 百万年前— 40 或 4 百万年前	中生代（Mesozoic），爬虫类初发生（前期） 近生代（Cainozoic），有哺乳动物、草及树林（后期）
40 或 4 百万年前—自有史前至现代	新生代（Psychozoic），人类之初期

（根据《威氏史纲》及 Grabau 博士之 Evolution of the earth and its inhabitants。）

此新奇之物生命也者，当古生代前期时，方潜伏蔓延于浅濑及汐泥之中，而在此无限之空间内，当亦为吾侪之行星所仅有也。

迄于今日，生物界中虽有种种可惊愕之异点，（一）（如植物中有 Phanerogamia 及 Cryptogamia 之异是也。)然终与无生物有某种普遍的不同之处,盖无论过去或现在之生物,皆能生长,皆须营养,当其觅食与生长之时,则往来运动,即如植物之根穿土内,枝摆风中,亦无非运动也。且也,生物长至一定之时期,则恃种子、胞[孢,下同]子、卵、分裂以及他种方法以产育新个体。易言之,生物有生殖能力而已。

无一生物之生命及生长,能永远存在与进行,故必恃生殖之法,以防灭种之患。即如组织最简单形体极纤细之生物 Amoeba 者,长至一定限度时,必分裂为二;此二新个体,复能继续分裂。又如许多他种之小动物,初则生存以活动,继则静止而失生动之气,体盖以壳,复分裂为较小之胞子,此等胞子分布散置之后,遂产出与亲体相似之新个体。(二)(此等生殖法即 Proliferation 也。)然组织较复杂,形体较巨大,不必恃他物之助而可得见之动物,虽亦有分裂,然其生殖方法,决不止简单分裂而已也,顾无论如何,较大之生物,终不能出一法则之外,即生长有一定限度,长至此限度时,生长力即减少以至停止。及至长足而成熟,即能生殖;然仅全体中之一部分,能为此项工作而已,顾有或则直接产生新个体,(三)(按即 Viviparous。)或则产生后尚须经一番孵翼之手续,(四)(按此即 Ovliparous。)新个体方能出自卵中之别耳。及至既已生殖,动植物似为一种必然律所束缚,而老而衰,浸假以至于死。

今夫晶,无生物也,与有生之动植物异,其生长也。(五)(此生长物之堆积[Accumulation]非犹生物之内长[Interssucetion]也。)可至无限之大(或则不长)。非受外力之作用,则不能运动自由;又乏内心之冲动,既未为生命所限制,遂能历百万余年而长存，且无生殖之力。由是观之，然于动植物者，不必然于晶。何则？曰：因生命问题而已矣。（六）（生命问题，历来聚讼已久，然舍委之神造外，竟别无他种结果。）夫自 Primate 以至最低等之生物，均由细胞组成，而以细胞之成分，用化学方法合并后，虽具细胞之形，终无生命。譬之植物之细胞素（Cellose），为窒素与 $C_6H_{10}O_5$ 所化合而成，第照此成分化合，生命仍付缺如。奥士勃（Osbourn）以为细胞中有一种 Bion，赫克尔（Hackel）以为原生质中有一种 Psychoplasm 皆为生命之源，然此均臆想也。昔余作科学与宗教所以能并存今日之理由，尝以此树为一义焉。生物之生长、生殖及死亡，遂致有极可惊异之结果。夫产生之新个体，或则直接或则经历若干时期后，（七）（如蝴蝶必须经 Marva, pupa 等期是也。）（八）（按此即 Metamorphosis。）与其亲体相似，然无论如何，终有丝毫之不同，未能全肖。是种不同之点，即所谓个性（Individuality）也。譬之有千蝶于此，明年必蕃殖至三千或四千只。（九）（包括此千蝶而言。）然此蕃殖出二千或三千只，非仅殊于亲体，亦且各各差异。（十）（按此即达尔文之 Law of Variability 也。）夫欲辨别蝶之个性，非细心考察不为功，其事颇难，顾欲辨别人之个性，则为事甚易，试取人人而较之，复与其祖先相较，则各有各之个性，无一能雷同者，所谓人心之不同，各如其面也。呜呼！人蝶为然，他种生物亦何独不然，于以见生物之种类，不独个个以殊异，亦且代代而不同也。

　　无论何种生物之新生裔纪（New-born generation）中，必有三数个体，较余者为强壮而适合环境，易取得存活之需要，遂能生存、生长而生殖。其裔以蕃，余者因体弱而不甚与环境适合之故,职是不易得食,且乏一种百折不回之毅力,以与仇战,以与物竞,其嗣以衰。个体如是,种类亦然,易言之,即每一裔纪内,必有天择之过程,使最适者能生存。(十一)(如日较适者生然则似更见正确。)强而适合环境之生物,则享有优先权,及是则浸假为自然所淘汰也。

夫使环境而长此不变者,则生物适应之能力,每经一裔纪,必更见发达,然设环境一旦改易,(十二)(环境固造人,然推本穷源环境为人所造,故环境之转变乃意中事耳。)于是昔日优胜之个体,化为劣败,而昔日之劣败者,或反能有出一头地之机会,生物种类,必将因之变异,以适应其环境,遂形成新种。昔日藩生强盛之种类,乃为此新种取而代之矣。

譬之有一种多毛作棕白色、居于冰天雪地、习于寒冷气候之动物,(十三)(按即南北极之白熊,其棕白色[Protective Color]。)此种个体,毛愈厚,色愈白,则愈适应环境,不致为寒冷所袭,不致为仇敌所见,且易于觅食。故每历一裔纪,毛色将益加厚白。然设气候变而为热,冰雪皆熔,于是此等白色,将失其保护之能力,易为他物所见;向之厚毛,亦成为一种障碍。同时个体之内有棕色而毛较稀薄者,乃大获利益。毛色之度,每历一裔纪,反渐变棕薄,顾使气候之变也。渐则是种生物虽暂时有诸多困难,然尚能父传之子,子传之孙,稍稍变异以适环境。反是则斯种生物,将因气候骤变之故荡然无存,靡有孑遗矣。此等变形以适应环境之现象,名曰"种化"(Modification of species)。脱因山水之阻隔,故气候之更变,也仅占此满居生物之冰天雪地之一部——譬之(Gulf stream)能使障阻之一面温暖,而别一面则仍寒冷是也,职是此气候未改变之一方面,上述之一种生物（指白熊）将仍使其毛色增加厚白之度，而他方面，气候改变之一方面，则厚白之毛色渐成棕薄，且因一须抉食于白雪之中，一须奔走乎黄土之上。其需要不同，故足趾乃以之殊异，复缘气候相歧，取得之食料亦随之而改变。于是消化器官以及牙齿，遂亦不同，皮肤之汗腺又因体毛厚薄之关系，以致大相径庭，随即影响至于排泄器官与体内之化合作用，结果遂至同源一类之动物，显然不同，截分为二，有若鸿沟，此等一种生物之后裔，忽分为二种，或二种以上之现象，名曰种歧（Differ-entiation of species）。读者须知此等基本的生命现象——生长、生殖、死亡、变异、种歧、种化等等——凡有生之物，莫不如是。即数千万年前飘游于 Proterozoic（十四）（太古以前之时代）时代之水中之生命基础。（原文为 Simplebeginning，今借用赫胥黎[Thomas Huxley]语）亦已如是，岂只此冰天雪地中之白熊为然哉？

文中注（一）、（二）、（三）、（四）、（五）、（六）、（八）、（十）、（十二）、（十三）、（十四）均为译者补入，以使原文意义明显者也，注（七）、（九）、（十一）为作者原注。

第三讲
钱锺书为何不读研究生？

——钱锺书大学求学经历及其学位观念考察

商务印书馆继影印出版《钱锺书手稿集·容安馆札记》后，再次影印出版《钱锺书手稿集·中文笔记》《钱锺书手稿集·外文笔记》，洋洋四十余大册，数万页，让后世读书人叹为观止。晚年钱锺书被学界誉为"文化昆仑"，但以他毕业清华、留学英法的学习经历，学历背景又为何止于"学士"呢？当然，不是所有学问大家都要"博士""硕士"的头衔，很多人并不热衷于此，陈寅恪即为典型。只是观照民国时期浓厚的留学读洋博士风气，钱锺书从清华到牛津也一直有机会取得更高的学位，但他为什么选择放弃呢？这得先从清华说起。

为何不读清华研究生？

1933 年夏，钱锺书从清华毕业，获文学士学位。毕业证书原件上的文字为（原证书为繁体无标点）：

毕业证书

　　学生钱锺书系江苏省无锡县人，现年二十三岁，在本校文学院外国语文系修业期满，成绩及格，准予毕业，得称文学士。此证。

　　　　　　　　　　　　　国立清华大学校长梅贻琦

　　　　　　　　　　　　　教务长张子高

　　　　　　　　　　　　　文学院长冯友兰

　　　　　　　　　中华民国二十二年六月二十二日

　　可见此证既为毕业证书也是学位证书。刘桂秋《无锡时期的钱基博与钱锺书》一书中附有"辅仁中学的《本校历届毕业生》名单"，其中第八届（1929 年）中第一位是钱锺韩，其次就是钱锺书，介绍钱锺书时写为"北平清华大学肄业"。钱锺书既然已经从清华拿到毕业证，为何还是"肄业"呢？个中原委从吴世英《毕业五十年杂感》中可略知大概："1933 年夏，钱锺书快要毕业的时候，华北局势恶化，日军侵犯热河，学校当局为了顾全学生的安全，提前放假，紧急疏散，第五级同学未经大考、毕业考，也没有任何仪式即毕业了。"[①]也就是说，钱锺书这一届毕业，清华什么仪式都没举行，毕业论文估计也没写。后来在《围城》中，方鸿渐的一句话正道出了钱锺书本人的真实经历："那么，她毕业的那一年，准有时局变动，学校提早结束，不用交论文，就送她毕业。"

　　以钱锺书当时的水平和成绩，他一毕业就直接到清华研究

① 转引自汤晏：《一代才子钱锺书》，上海人民出版社 2005 年版，第 88 页。

院读研究生当毫无争议。外文系老师也确实有这个意愿，但他还是弃清华选光华，从而引起了后来的种种猜测。有关钱锺书不愿在清华读研究生的原因，流传最广的说法是，陈福田等当时劝钱锺书留在清华读研究生，而钱锺书说："整个清华没有一个教授有资格充当钱某人的导师！"①美国汤晏博士《一代才子钱锺书》有关钱氏不入研究院一事这样描述道：

外文系的教授都希望钱锺书毕业后，留在清华读研究生，可是他拒绝了。吴宓对钱锺书不愿意留在清华并无不悦，他说学问和学位是两回事，以钱锺书的才华，他根本不需要硕士学位。"当然，他还年轻，瞧不起清华现有的西洋文学教授也未尝不可"，清华教授朱自清有一次说过："清华大学毕业生犯两种毛病，一是率真，二是瞧不起人。"那么钱锺书在清华还没有毕业就已瞧不起人了。吴宓人比较厚道，并不在意，可是其他教授像陈福田、叶公超可能就没有如此包容大度的雅量，播下了最后钱锺书在西南联大教书时不愉快的种子。②

真是言之凿凿。同样据汤博士说，杨绛告诉他："我问过钱锺书有此诳语否？他那时已住医院，病还不重，明白告我，从未有此事。"③这可能亦是钱氏的所谓神话了。

其实钱锺书不是不愿继续读书，之所以不在清华读研究生，主要原因是他想出国留学。在清华读书时他已流露出这种

---

①　周榆瑞：《也谈费孝通和钱锺书》，台北《联合报》1979年8月4日第4版。

②　汤晏：《一代才子钱锺书》，第87—88页。

③　2000年2月23日杨绛复汤晏函，见《一代才子钱锺书》，第100页。

想法。他的清华同学石璞教授①回忆道，她和钱锺书同学三年，大学时代的钱锺书很有思想和追求，除了上课以外，把时间都花在了图书馆。他们有一次在闲暇时交流学习心得，钱锺书无意间流露出了毕业以后到英国求学的想法，"没想到我们毕业后的第二年，钱同学就去了伦敦"。②

国人留学海外肇始于 1872 年清朝政府派遣留美幼童，此后至 20 世纪初，海外留学热始有兴起。20 世纪上半叶，先后出现了 4 次留学热潮，即清末民初的留日热，五四时期的留法热，20 年代的留苏热，40 年代的留美热。时至今日，留学海外之风也是有增无减。许渊冲曾说："我们这一代人青年时代的梦想，多是考入名牌大学；大学毕业后的梦想，多是出国留学；而留学回国后的梦想，多是成名成家。"③说出了当时很多青年人的真实想法。季羡林说："如果一个人能出国一趟，当时称之为'镀金'，一回国便身价百倍。"④时局维艰，有个洋学历成了名利双收的事情。刘半农当初以中学都未毕业的身份任北大教授，就因受不了学院派教授的歧视，而发奋赴海外求学位，终得法国巴黎大学博士学位。同样未接受过现代大学教育的钱

---

① 石璞(1907—2008)，女，四川成都人。著名外国文学学者，四川大学教授。1933 年清华大学毕业，1936 年回到故乡，先后在四川大学外语系、中文系任教。1957 年加入中国共产党，曾任第三届全国人大代表。多才多艺，在昆曲、美术等方面都有精深造诣。长期从事欧美文学及西方文论的研究与教学，撰写的《欧美文学史》《西方文论史纲》等成为我国外国文学研究领域的权威著作。《欧美文学史》被称为"文化大革命"后我国第一部关于西方文学发展史研究的个人专著，曾被许多高校选作教材或教参。
② 石先生 2007 年 7 月 8 日百岁生日会上的回忆，引自豆瓣网钱锺书小组。
③ 许渊冲：《一弦一柱思华年》，见牟晓朋、范旭仑编：《记钱锺书先生》，大连出版社 1995 年版，第60 页。
④ 季羡林：《季羡林留德回忆录》，香港中华书局 1993 年版。

穆先生，在得知钱锺书报考留英考试后，对他说一定要考上，"出洋镀金后大家自会另眼看待"①。钱穆此语似有隐痛。

对钱锺书这样想出国留学的毕业生来说，如在清华继续读研究生，有一点很要命：可能没有公费出国留学的机会。据杨绛在《我们仨》中透露，她进清华研究院时，"我们当时的系主任偏重戏剧。外文系研究生没一个专攻戏剧。他说清华外文系研究生都没出息，外文系不设出国深造的公费学额"②。钱锺书前脚走，杨绛后脚来，当时的外文系主任不应该还是钱锺书时的系主任吗？

那么钱锺书为什么不从清华一毕业就去参加公费留英考试，而是在两年之后呢？钱锺书毕业这一年，留英庚款公费生考送刚开始，到 1944 年结束，历时 8 年，每届少则 9 名，多则 30 名，共考送 177 名。该奖学金为每一位受益者提供的具体资助额为：服装费 20 英镑，往返英国的交通费 80 英镑，每月学杂费及生活补贴 24 英镑，约当国币 1 500 元。这在当时是相当优裕的条件了，可以确保每一位留英学生三年中无忧无虑地生活、学习。钱锺书毕业时国民政府教育部制定了《国外留学规程》，对出国留学作了很严格的规定，除继续强调学习科目以理工农医为主外，重新规定公费生的条件，必须是国内专科以上学校毕业，同时要有两年以上专业工作经历。③从后来考取庚款名单的资历一览表可以看出，其中除一位任公职外，其他均在各大学任教职。这也是钱锺书一毕业就去光华大学任教的一

---

①　《夏鼐日记》1978 年 10 月 4 日。

②　杨绛：《我们仨》，生活·读书·新知三联书店 2003 年版，第 69 页。

③　留学生丛书编委会：《中国留学史萃》，中国友谊出版公司 1992 年版，第 291 页。

个重要原因。吴学昭在《听杨绛谈往事》中说："锺书蓄意投考中英庚款奖学金，而中英庚款规定，应试者必须有服务社会两年的经历，所以他急要去教书，取得应试资格。"①这显然是杨绛的口吻。而钱锺书的堂弟钱锺韩与他同时大学本科毕业，为什么参加了当年的公费留学考试呢？这是因为钱锺韩当年从国立交通大学毕业时，"成绩为全校之冠"，"以成绩特优，未经服务，保送应江苏省第一届公费留学生考试，成绩亦冠全军，录取第一"，"由江苏省公费送英留学"。②由于成绩特优，故而连两年的服务期也免了。可惜的是，钱锺书在清华毕业时，学校未举行毕业大考，故无成绩可据。秦贤次《钱锺书这个人》说，钱曾经两个学年得到甲上，一个学年得到超等的破纪录成绩，最后一个学年无记录，"因时势动荡，学生纷纷离校，俱未参与毕业考试"。以钱锺书的成绩，如无意外，被保送考试也是完全有可能的。

此外，钱锺书没有在清华读研究生，多少和他父亲也有点关系。刘桂秋先生说：

> 民国二十二年(1933)夏，钱锺书从清华大学外文系毕业，获得文学士学位。当时钱基博在上海光华大学任中文系主任，身体欠佳。因此钱锺书拒绝了进清华研究院攻读硕士学位的建议，来到光华大学任讲师，讲授诗学、英文学。③

这种说法和后来钱锺书离开西南联大而入国立师范学

① 吴学昭：《听杨绛谈往事》，生活·读书·新知三联书店 2008 年版，第 84 页。
② 钱基厚：《孙庵年谱》(卷下)，1943 年自印本，第 42 页。
③ 刘桂秋：《无锡时期的钱基博与钱锺书》，第 190 页。

院的缘由颇为类似，但不是主要原因。钱锺书到光华大学之后，开始一边教书，一边准备"考研"。据沈毓刚回忆说，1933年，他开始读中学，当时他的国文老师就和钱锺书住一个宿舍，钱锺书"在大学部教英文，刚从清华毕业，在做去牛津大学的准备"[①]。

1935 年 4 月，钱锺书参加英庚款第三次留学生考试。钱基厚《孙庵年谱》写道，钱锺书"得分独多，全榜第一，以西洋文学系派赴英国牛津大学留学"。在此届录取的各科 24 名学生中，钱锺书的平均成绩是 87.95 分，其余 23 人均在 80 分以下。[②]这是三年来所有候选考生参加的所有考试中最高的分数。钱锺书是 24 名录取学生中唯一的英国文学专业留学生。从当时及此后公费留学的趋势来看，文科留学的名额是越来越少了，如果再向后推迟一两年，钱锺书就可能没有机会公费出国留学了。如 1938 年国民政府制定的《限制留学暂行办法》规定："凡往国外留学者一律暂以军、工、医各科与军事国防有关者为限，资格规定为公私立大学毕业后从事四年以上研究成绩突出者。"[③]钱锺书能争取到这唯一的一个文学科留学指标确实不易，也显示出他惊人的学术基本功。据说，当时很多人听到钱锺书报名就放弃了。

可是对钱锺书去海外学外国文学，老派文人很不解。当陈衍得知钱锺书学的是外国文学时，他慨叹道："文学又何必向外

---

①　沈毓刚：《钱锺书先生与晚报》，《新民晚报》1998 年 12 月 26 日。

②　刘桂秋：《无锡时期的钱基博与钱锺书》，第 194 页。

③　留学生丛书编委会：《中国留学史萃》，第 292 页。

国去学呢！咱们中国文学不就很好么！"钱锺书不敢和他理论。①其实学外国文学的去留学还能理解，学中国文学的也去留学还真值得玩味。钱锺书在《围城》中对此现象调侃道：

> 他[方鸿渐]是个无用之人，学不了土木工程，在大学里从社会学系转哲学系，最后转入中国文学系毕业。学国文的人出洋"深造"，听来有些滑稽。事实上，惟有学中国文学的人非到外国留学不可。因为一切其他科目像数学、物理、哲学、心理、经济、法律等等都是从外国灌输进来的，早已洋气扑鼻；只有国文是国货土产，还需要外国招牌，方可维持地位，正好像中国官吏、商人在本国剥削来的钱要换外汇，才能保持国币的原来价值。

此话不是无根调侃，他嘲讽的或许是当时中国社会弥漫的那股浮躁功利的留学风气。可是，为了以后的生计，为了不落于大众势利的价值取向，青年钱锺书似乎也未能免俗。所以这段话中是不是也隐含了钱锺书的一丝自我解嘲呢？

为何不在英法读研究生？

1935 年钱锺书与杨绛结婚后，夫妇二人同赴英伦。钱锺书初到牛津，入学并不顺利。牛津大学中国委员会主任兼学生顾问 H.T.西尔科克（H. T. Silcock）先生负责此事，他给当时的埃克塞特学院（Exeter）院长罗伯特·雷纳夫·马瑞特

---

　　① 钱锺书：《林纾的翻译》，《七缀集》，第 102 页。

（Robert Ranulph Marett）写了一封申请信，要求让钱锺书以见习生（probationer student）的身份进入牛津，攻读英国文学方向的学士学位。他在信中跟院长解释说，钱锺书是庚款奖学金获得者；并简要说明了奖学金获得者的选拔标准，即一个初级学位（学士学位），以及至少两年的研究、教学或实践经验。他强调要帮助这些学生充分利用在英国的三年时间，尽可能地多学习一些东西，并安排其中的一部分进入牛津学习的重要性。西尔科克应该会告诉院长钱锺书的出色表现，说他如何以最高分获得了那一年英国文学方向唯一的一份奖学金。他还会提示钱锺书的推荐人是谁。除此之外，西尔科克还会附上钱锺书的简历，其中包括钱锺书上过的大学、毕业时间、所得学位、荣誉、毕业后从事的工作、中英文出版物等信息。西尔科克送钱锺书到牛津接受了面试，办理了相关事务。但牛津大学章程还规定，候选学生"必须在其他大学获得过学位，其学位及大学必须为牛津大学理事会周会（Hebdomadal Council）所承认者"。但当时的清华大学尚未被牛津承认。因此，马瑞特院长只得寻求大学教务部的帮助，请他们促成理事会周会颁布一个决定，准许钱锺书以高年级学生（senior student）的身份进入牛津。由于这一奇怪的程序上的要求，钱锺书直至 1935 年 11 月 1 日才被接纳进英文系。他于 11 月 5 日正式登记注册，从此穿上了牛津那种另类的、身后拖着两根长长飘带的黑色学袍。[①]作为

---

① 弗朗西丝·凯恩克罗斯（Frances Cairncross）、陈立：Qian Zhongshu and Oxford University（《钱锺书与牛津大学》），《"从无锡到牛津：钱锺书的人生历程与学术成就"国际学术研讨会论文集》，江南大学 2014 年印，第 81—82 页。原文为英文，此处译文出自杨昊成教授之手。

庚款留学生，钱锺书不需要入学考试。"当时规定中英庚款留学生必须读 B.Litt.学位"。[①]杨绛说钱锺书对于攻读文学学士"不甚乐意"[②]。

汤晏说，哈佛大学中国近代史教授费正清（John Fairbank，1907—1991）于 1929 年自哈佛毕业后获罗氏奖学金（Rhodes Scholarships），去牛津 Balliol College 进修，也是要他先念 B. Litt.学位。"这是很清贵的学位，都是大学毕业后去念的。所以有人译作硕士或副博士，其实相当于 M. Phil.（Master of philosophy）"。[③]杨宪益也是牛津毕业（自费），比钱锺书低两级，开始读的也是学士学位。他在《漏船载酒忆当年》中回忆道，"那年头，一个亚洲或非洲学生想要进牛津，很难。他们的机会仅仅是竞争在某个学院里的一两个名额而已"；"那时在牛津大学各个学院就读的中国学生加起来为数也不满一打。他们中的大多数都在中国上完了大学，到牛津来攻读高级文学士学位（B. Litt.），或拿到一张证书，这只需一至两年就能完成"。[④]这说明初进牛津读学士学位是普遍的要求。

钱锺书在牛津第一年的课程都是预备性质，有的课不必考试，有些课必须经过严格考试，及格才能提论文题目，第二年才专写论文。论文提出后，口试及格即授予学位。从杨绛的回忆中可以发现，钱锺书读这个学位读得并不轻松。他当时最头痛的两门功课是古文书学（Paleography）和订书学，他的古文书

---

① 汤晏：《一代才子钱锺书》，第 136 页。

② 杨绛：《我们仨》，第 71 页。

③ 汤晏：《一代才子钱锺书》，第 150 页。

④ 杨宪益：《漏船载酒忆当年》，北京十月文艺出版社 2001 年版，第 38、51 页。

学因为粗心还补考过。杨绛当时申请在牛津旁听。她在《我们仨》中说，"既不是正式学生，就没有功课，全部时间都可自己支配。我从没享受过这等自由"，"锺书说我得福不知。他叫我看看他必修的课程。我看了，自幸不在学校管辖之下。他也叫我看看前两届的论文题目。这也使我自幸不必费这番工夫。不过，严格的训练，是我欠缺的。他呢，如果他也有我这么多自由阅读的时间，准会有更大的收获。反正我们两个都不怎么称心，而他的失望更大。"①钱锺书想继续读研究生的心此时开始动摇。

　　三个学期之后，按照牛津的规定，钱锺书提出了申请，请求准予他可以申请学位的正式学生（full student）资格，并批准他的论文题目"18 世纪英语文献中的中国"。钱锺书一直坚持这一论文选题，不过最终论文题目是"17—18 世纪英语文献中的中国"（China in the English Literature of the Seventeenth and Eighteenth Centuries）。同时，钱锺书还递交了一份简单的开题报告，并介绍了他准备用来处理论文的方法。1936 年 12 月 4 日，英文系学术委员会一致通过了钱锺书的正式学生资格。牛津大学章程规定，学生在不早于第二学期，不迟于第二学期之后的第八个学期的任何时间内，如果论文得以通过，即可申请结业证书，表明自己在研究过程中所做的工作已达到要求的标准，有资格申请学位。钱锺书大约在 1937 年 5 月前后开始了这一行动。他的导师证明，他已完成了要求他所做的研究。钱锺书准备了两份论文，将它们分别装进两个袋

---

① 　杨绛：《我们仨》，第 70—71 页。

子送到英文系，由系里发往待指定的两名审稿人审阅。钱锺书
的论文于 1937 年 6 月 22 日送到了两位审稿人手上。其中一
份于 7 月 15 日返还给了他，这证明他的答辩大约是在这个时
间完成的。论文审阅者的报告于秋季学期开始时交给了系学
术委员会。他们证明，体现在论文和答辩中的申请者所做的
研究工作已经达到足够的水准，答辩人有资格申请学位。英
文系学术委员会在收到审阅人的报告之后，向钱锺书颁发了
毕业证书："兹证明，埃克塞特学院学生钱锺书，遵守大学章
程，在系学术委员会监督之下，业已完成专门科目之学习与
研究，其所完成学业，有其论文及考试可资证明，成绩合格，可
申请文学学士学位。"钱锺书的毕业证书颁发于 1937 年 10 月
29 日。[1]

　　据杨绛回忆，1938 年夏，钱锺书顺利通过论文口试，领到
一张文学学士文凭。据说这种学位当时还极少颁给一个以中
文为母语的学生。"锺书通过了牛津的论文考试，如获重赦。
他觉得为一个学位赔掉许多时间，很不值当。他白费功夫读些
不必要的功课，想读的许多书都只好放弃。因此他常引用一位
曾获牛津文学学士的英国学者对文学学士的评价：'文学学士，
就是对文学无识无知。'锺书从此不想再读什么学位"。[2]钱锺
书就此完全打消继续读学位的想法。杨绛说："锺书自从摆脱

---

① 弗朗西丝·凯恩克罗斯（Frances Cairncross）、陈立：Qian Zhongshu and Oxford
　　University（《钱锺书与牛津大学》），《"从无锡到牛津：钱锺书的人生历程与学术成
　　就"国际学术研讨会论文集》，第 84—85 页。原文为英文，此处译文出自杨昊成教
　　授之手。
② 杨绛：《我们仨》，第 90—91 页。

了读学位的羁束，就肆意读书。"①此时国内国际局势日趋紧张，担心迟了回不了国，没有经济来源，他们在巴黎大学待了很短一段时间，当年8月就动身提前回国。钱锺书留学生涯到此结束。②

杨绛的回忆多有不实之处。实际上，钱锺书在拿到毕业证书后，并没有依从常规提出学位申请，所以没有正式获得文学学士学位，只是拿着毕业证书离开了牛津。这是2014年在江南大学召开的"从无锡到牛津：钱锺书的人生历程与学术成就"国际学术研讨会上，牛津大学埃克塞特学院时任院长弗朗西丝·凯恩克罗斯女士所作论文披露的最新信息（论文另一位合作者是新加坡国立大学陈立，牛津大学莫顿学院助理研究员），在以往的生平传记中都没有提及。

钱锺书没有向学校申请授予其学士学位，据陈立先生私下和笔者分析，原因有两种可能：一是当时钱锺书有意愿参加毕业典礼。牛津等大学都规定，被授予学位可以选择的途径有：参加毕业典礼时被授予学位，或申请缺席被授予学位。有很多毕业生认为毕业典礼有很重要的意义，想带亲友一起去参加，这种情况下，已经完成学习的学生就会先拿个毕业证书，等亲友有时间再一起去参加毕业典礼。因此很多人的学习是多年前已经完成了，但是学位却是多年后才被授予。还有部分学生认为，拿到学位就可以了，所以就直接申请缺席授予学位，这样大学就会把学位证寄给学生。钱锺书论文通过后，人已经在法

---

① 杨绛：《〈钱锺书手稿集〉序》，《钱锺书手稿集》，商务印书馆2003年版。
② 杨绛回忆时间有误。钱锺书是1937年7月份通过论文答辩、8月去巴黎的，而非1938年。1938年秋回国。

读书,这种情况下,回英国参加毕业典礼被授予学位应该不是很方便。但他最后也没申请缺席授予学位,可能是等以后再来英国,参加毕业典礼时候被授予学位。二是钱锺书很洒脱,对学位看得淡,不在乎。

该论文还披露了一个细节,即钱锺书当时并不打算马上回国,而是希望毕业后继续留在牛津。他向牛津大学申请过三年任期的中国哲学与宗教讲师职位,但没有成功。笔者以为,这对他可能也是一个打击,最终负气不去牛津。

在没有读完牛津学士学位课程之前,钱锺书是打算继续读研究生拿更高学位的。在牛津的第三学期之后的暑假,他们到巴黎、瑞士走了一圈,在返回牛津之前,他们托在巴黎大学的同学盛澄华为他们代办了进巴黎大学注册入学的手续。"那时我们打算在巴黎大学读博士学位,需有二年学历,所以及早注册入学。"①"巴黎大学不像牛津大学有'吃饭制'保证住校,不妨趁早注册入学。所以我们在返回牛津之前,就托盛澄华为我们代办注册入学手续。一九三六年秋季始业,我们虽然身在牛津,却已是巴黎大学的学生了。"②通过杨绛在《我们仨》中的介绍,当时在巴黎大学读博士学位似乎很容易,博士论文甚至都有人找枪手代做。顺便一说,钱锺书此时对盛澄华颇有好感,因为他"不同于一般留学生唯学位头衔是务"③,这可以看出他对求学位者的一些态度。但钱锺书在学完并通过牛津的学位

① 杨绛:《杨绛生平与创作大事记》,《杨绛文集·文论戏剧卷》,人民文学出版社 2009 年版,第 391 页。
② 杨绛:《我们仨》,第 83 页。
③ 王辛笛:《君子之交 其淡如水》,《记钱锺书先生》,第 20 页。

课程后，却失去了在巴黎大学读研究生的兴趣，"虽然继续在巴黎大学交费入学，我们只各按自己定的课程读书"[①]。

钱锺书如果继续在牛津读硕士、博士是不是同样很困难呢？按照杨绛先生的介绍，当时在牛津读研究生比本科要容易得多。她回忆道：

> 牛津还有一项必须遵守的规矩。学生每周得在所属学院的食堂里吃四五次晚饭。吃饭，无非证明这学生住校。吃饭比上课更重要。据锺书说，获得优等文科学士学位（B. A. Honours）之后，再吃两年饭（即住校二年，不含假期）就是硕士；再吃四年饭，就成博士。[②]

这就是上文杨绛所说的"吃饭制"。这种说法在杨宪益、朱光潜等人的回忆中也有类似表述。1940 年，因为平时没用功，杨宪益的毕业考试只是勉强通过，得了个四等荣誉学位，成了"稀有动物"（得四等荣誉学位的人很少）。他说，当时在牛津，读满四年又取得荣誉学位的毕业生只要多付 20 英镑住宿费，无须再次考试就能获得一个额外的硕士学位。"我交了那 20 英镑，拿到了硕士学位。"[③]这难道就是世界顶尖大学培养人才的方式？实在让人匪夷所思。想起陈寅恪早年对吴宓说的一句话："吾留学生中，十之八九，在此所学，盖惟欺世盗

---

① 杨绛：《我们仨》，第 91 页。

② 杨绛：《我们仨》，第 72 页。

③ 杨宪益：《漏船载酒忆当年》，第 77 页。

名，纵欲攫财之本领而已。"①

如果"再吃两年饭就是硕士"，那么钱锺书要在牛津得此学位，在当时的时间上已经不允许了。因为到 1938 年，他的奖学金最多只能延期一年②，这也是他们提前在巴黎大学注册的原因。如果时间宽裕，钱锺书是不是会重新考虑在牛津继续读研究生呢？从杨绛的文章和小说中隐约能看出，她还是希望钱锺书读到更高学位的。杨绛第一次在文章中谈及钱锺书的学位，其题为《记钱锺书与〈围城〉》，当时她写作"副博士学位"，很快就被人指出错误，此后她进行了更正。20 世纪 80 年代，她出版小说《洗澡》，其中男女主人公颇似钱氏夫妇。书中写道，许彦成在美国毕业后随老师去了英国，杜丽琳希望许彦成读个博士学位，但他只顾钻研他喜爱的学科，不看重学位。这说的不正是钱锺书吗？

通过对钱锺书在英法留学过程的梳理可以看出，他之所以没有继续读研究生，主要是因为当时为了得一个文学学士学位，读得很辛苦，很不开心，为了这个学位，要读很多自己不感兴趣的书，浪费了很多时间。还有一点，如果他继续读研究生，时间、时局和经济上已经不允许了。通过这次留学，钱锺书除了增强了"免疫力"，其他收获也只有他自己心知肚明。这次不长的留学经历，他虽然没有载"誉"而归，以博士还乡，但作用是显而易见的。回国在即，他脚还没踏上内地的土地，已有外交部、清华大学、中山文化馆之《天下月刊》以及上海西童公学等

---

① 吴学昭：《吴宓与陈寅恪》，清华大学出版社 1992 年版，第 8 页。

② 杨绛：《我们仨》，第 94 页。

处有意聘请他去就职，在以后的求职、任职、讲学、著述中，他的这段留学经历更是成了别人眼中不可忽视的重要"招牌"。也许，留学的俗世目的已经达到了——虽然钱锺书本人"始愿不及此"。

钱锺书的学位观

学识与声名如钱锺书，是不是博士其实并不重要。但在特定历史环境下，社会的势利与一般世人狭隘的视阈，可能多少会让以"学士"之身回国的钱锺书感到些许郁闷。这些郁闷的集中发泄是在《围城》之中。

我们在对《围城》的主题与人物分析中，对方鸿渐失意人生的解读上，大多忽视了一个重要细节，那就是时时萦绕于方鸿渐心头、挥之不去的"买博"经历。这实际上是小说自始至终的一条重要线索。《围城》所描述的 20 世纪 30 年代的民国，正是钱锺书出国时的背景。方鸿渐以学中国文学的身份游学欧洲几年，兴趣很广，心得全无，什么学位都没拿到。回国前却遇到了烦心事：

> 第四年春天，他看银行里只剩四百多镑，就计划夏天回国。方老先生也写信问他是否已得博士学位，何日东归。他回信大发议论，痛骂博士头衔的毫无实际。方老先生大不谓然，可是儿子大了，不敢再把父亲的尊严去威胁他；便信上说，自己深知道头衔无用，决不勉强儿子，但周经理出钱不少，终得对他有个交代。过几天，方鸿渐又收到丈人的信，说什么："贤婿才高学

富，名满五洲，本不须以博士为夸耀。然令尊大人乃前清孝廉公，贤婿似宜举洋进士，庶几克绍箕裘，后来居上，愚亦与有荣焉。"

方鸿渐受到两面夹攻，才知道留学文凭的重要。钱锺书发挥道："这一张文凭，仿佛有亚当、夏娃下身那片树叶的功用，可以遮羞包丑；小小一方纸能把一个人的空疏、寡陋、愚笨都掩盖起来。自己没有文凭，好像精神上赤条条的，没有包裹。"钱锺书似有切身体会。为了应付父亲和岳父的虚荣心，方鸿渐无奈辗转从爱尔兰人手中买了个所谓的美国"克莱登大学"的哲学博士学位。在买之前他内心纠结。后来想通了："买张文凭去哄他们，好比前清时代花钱捐个官，或英国殖民地商人向帝国府库报效几万镑换个爵士头衔，光耀门楣，也是孝子贤婿应有的承欢养志。反正自己将来找事时，履历上决不开这个学位。"

哪知回国之后，诸般事情都和这"博士"有着"不解之缘"。回国后，他才知道自己得博士的新闻连同自己的博士照早被岳父搬上了报纸，广而告之，他"羞愤"不已，看报纸时"夹耳根、连脖子、经背脊红下去直到脚跟"。更可怕的是，他的博士照和已死去的未婚妻竟然摆在了一个桌上！方鸿渐呆呆地看着照片，"觉得也陪着淑英双双死了，萧条黯淡，不胜身后魂归之感"。回到老家听到记者一口一个"方博士"，他觉得"刺耳得很"。在苏文纨那儿，他"便痛骂《沪报》一顿，把干丈人和假博士的来由用春秋笔法叙述一下，买假文凭是自己的滑稽玩世，认干亲戚是自己的和同随俗"。可怜他那点知耻之心开始被一点点吞噬。与唐晓芙谈到留学不免又要揶揄一番：

"唐小姐,现在的留学跟前清的科举功名一样,我父亲常说,从前人不中进士,随你官做得多么大,总抱着终身遗憾。留了学也可以解脱这种自卑心理,并非为高深学问。出洋好比出痘子,出痧子,非出不可。小孩子出过痧痘,就可以安全长大,以后碰见这两种毛病,不怕传染。我们出过洋,也算了了一桩心愿,灵魂健全,见了博士硕士们这些微生虫,有抵抗力来自卫。痘出过了,我们就把出痘这一回事忘了;留过学的人也应说把留学这事忘了。像曹元朗那种念念不忘是留学生,到处挂着牛津剑桥的幌子,就像甘心出天花变成麻子,还得意自己的脸像好文章加了密圈呢。"

唐小姐笑道:"人家听了你的话,只说你嫉妒他们进的大学比你进的有名。"

就是这个方鸿渐钟情的少女,在后来的分手吵架中竟也毫不留情地往他心底这块伤疤上撒盐。她在历数方鸿渐那些"丰富的过去"时,也不忘讥讽一下:"据说方先生在欧洲念书,得到过美国学位——"方鸿渐顿足发恨道:"我跟你吹过我有学位没有？这是闹着玩儿的。""闹着玩儿的",在那个年代大概没有几个人会像他这样想,那样做。失恋后,他离开上海这块伤心地,远赴内地三间大学,在寄出去的简历上真没写上学位,结果被校长高松年"破格"聘为副教授(有博士头衔就是教授),平白受了许多窝囊气。学校随便给了他几节不痛不痒的课程,还时不时受教师和学生的排挤与轻视。同样也是"克莱登大学博士"的韩学愈却受到优待,因而他处心积虑想赶走方鸿渐,以保住自己的"博士"学位。当"韩学愈得到鸿渐停聘的消息,拉了白俄太太在家里跳跃得像青蛙和蚱蜢，从此他的隐事不会被个中人揭破了。他在七月四日——大考结束的一天——晚上大请同事，请帖上太太出面，借口是美国国庆，这当然证明他太太是货真价实的美国人。否则她怎会这样念念不忘她的祖国呢？爱国情绪是假冒不来的。太太的国籍是真的，先生的学籍还会假吗？"钱锺书对这个无耻的冒牌博士进行了浓墨重彩的嘲讽。

在小说的结尾部分，方鸿渐从三闾大学落魄"逃"出，却又经不住诱惑走进了婚姻的围城。琐碎不顺的生活，夫妻之间无处不在的口角与矛盾，一次次让方鸿渐的自尊受到打击。在失意沮丧之时，他隐隐又想起那个该死的爱尔兰人："有几个死掉的自己埋葬在记忆里，立碑志墓，偶一凭吊，像对唐晓芙的一番情感。有几个自己，仿佛是路毙的，不去收拾，让它们烂掉化掉，给鸟兽吃掉——不过始终消灭不了，譬如向爱尔兰人买文凭的自己。"他始终没有忘记那个买假文凭的自己。

方鸿渐此人本聪明而不功利，但自尊清高又不知勤奋，意志力薄弱，抵挡不住长辈的压力，终于戴上"博士帽"。从此，这个错误的决定，注定了他悲剧的人生。如果在解读时，忽视了这条线索，就无法全面理解方鸿渐的人格特质，也将忽视那个时代背景下知识分子被声名所累，人性中扭曲的、丑陋的一面。见微知著，《围城》所透视出的是一个时代知识分子海外留学的众生相，钱锺书以自己的留学读学位经历为蓝本，真切表达了自己对世相的厌恶、讽刺与批判。

萧公权在谈到陈寅恪海外求学经历时说："真有学问的人绝不需要硕士、博士头衔去装点门面。不幸是有些留学生过于重视学位而意图巧取。他们选择学校、院系、课程，以至论文题目，多务在避难就易。他们得着了学位，但所得的学问却打了折扣。更不幸的是另有一些人在国外混了几年，回国后自称曾经某大学授予某学位。他们凭着假学位做幌子，居然在国内教育界或其他事业中混迹。"①萧公权的话更加验证了《围城》中知识分子种种丑陋现象绝非杜撰之笔。

钱锺书除在《围城》中集中表达了自己对学位的看法，在其他著作及不同场合也多次谈及。兹举几例。自有科举制度以来，功名就成了封建社会文人价值实现的主要路径，以钱锺书一贯对读书人求学位的态度观之，他就非常抵触科举制度。在《〈宋诗选注〉序》中他对宋代科举制度有所谈及："又宽又滥的科举制度开放了做官的门路"，"这些诗人十之八九从大大小小的官僚地主家庭出身，经过科举保举，进身为大大小小的官僚地主"。②在《谈艺录》中，他对学业与举业，多有议论："古代取士有功令，于是士之操术，判为两途。曰举业，进身之道也；曰学业，终身之事也。苟欲合而一之，以举业为终身之学业，陋儒是矣；或以学业为进身之举业，曲儒是矣。人或偏废，而事常并行。"他还认为，不管是用朱注《四书》取士，还是其他文本，只要和功名考试联系起来，就会变俗："官学功令，争为禽犊；士风流弊，必至于斯。即使尽舍《四书》朱注，而代之以汉儒之今古文经训，甚至定商鞅韩非之书，或马迁班固之史，若屈原杜甫之诗骚，为程文取士之本，亦终沦为富贵本子、试

---

① 转引自汪荣祖：《陈寅恪评传》，百花洲文艺出版社1992年版，第32页。

② 钱锺书：《〈宋诗选注〉序》，人民文学出版社1989年第2版。

场题目、利禄之具而已，'欲尊而反卑之'矣。"①可谓一针见血。所以钱锺书对博士论文之类的态度可用"嗤之以鼻"概之。1981 年 10 月 24 日，钱锺书在给张文江的信内说："我举这两个例，绝非向你炫博，用意是要你看到对经典第一手的认识比博览博士论文来的实惠。近人的学术著作（包括我的在内）不必多看。"②傅道彬是钱锺书妹夫石声淮的研究生，1984 年 4 月他们几个研究生带着石的介绍信来见钱锺书，钱锺书谈及学位与学术的关系：

> 谈话间，他爱憎分明，对某些人学无所长而好为人师，他颇不以为然。他似乎不会掩藏自己的观点，尽管我们正读研究生，他说自己对招什么硕士、博士之类全无兴趣；尽管我们说从武汉到北京的一个主要目的是为毕业论文搜集材料，他微微一笑说："学术与学位是两回事，学位论文是写给评委们看的，因此它只是个差事，好的学术著作大都不是学位论文。"③

　　钱锺书的清华学生资中筠回忆，当年她在女儿出国留学前，曾带女儿去登门拜访老师。钱锺书第一句话就是："你记住，学位和学问是两回事，留学不必追求学位。"给他们留下了深刻印象。后来，资中筠女儿还是读了博士学位。④中国社会

① 钱锺书：《谈艺录》（补订本），第 353、359 页。

② 张文江：《钱先生的一封信》，《记钱锺书先生》，第 105 页。

③ 傅道彬：《〈古槐树下的钟声〉序》，吉林人民出版社 2001 年版。

④ 资中筠：《蜉蝣天地话沧桑——资中筠九十自述》，牛津大学出版社 2019 年版，第127 页。

科学院外国文学研究所研究员黄梅在 20 世纪 80 年代末获得美国博士学位,回国后钱锺书笑着对其说:"这下好了,你'痘'也出了,可以安心读书了。"①这是他延续在《围城》里的一贯看法。从钱锺书的著作以及言谈可以看出,他认为所谓博士及其论文根本不必过于重视,真正有学问的人,有学术价值的书,都不是因为是博士才会出现,学位与真正的学术是两码事。出过洋,拿到学位,增强了"免疫力",获得了一个进入高端领域的通行证,受到一定的学术训练,也就可以了。他极其讨厌那些没有真才实学而徒有博士头衔、喜欢到处招摇炫耀的伪学者。他崇尚学术与思想的自由,对条条框框的限制显示出他的无奈和不满,对那些唯读学位为要的人很不以为意。在钱锺书的学位观念形成上,他早年海外求学的那段经历,显然产生了极其重要的影响。

　　笔者曾听钱锺书的侄子、南京大学钱佼汝教授(钱锺英之子)说过一则有关钱锺书谈学位无用的旧事。1978 年,钱瑗考到英国去进修,钱佼汝考到澳大利亚去学习。走之前他去看望钱锺书,问是否需要读一个学位。钱锺书问他,你看什么东西的 degree(有度数、学位等意)最多? 然后他自己说,温度计上的 degree 最多! 可它们除了表示度数(学位)多之外,还有其他用处吗?②这其实是钱锺书对学位一贯的看法。

---

① 黄梅:《和钱锺书先生做邻居》,见丁伟志主编:《钱锺书先生百年诞辰纪念文集》,生活·读书·新知三联书店 2010 年版,第 175 页。
② 2014 年 3 月 19 日,钱佼汝在"从无锡到牛津:钱锺书的人生历程与学术成就"国际学术研讨会(无锡)上的发言。

人生的讽刺

杨宪益曾说，《围城》虽是讽刺小说，并不都是真事，更不是自传，但是书中主人公方鸿渐的经历也或多或少反映了作者本人在那个时期的遭遇。[①]那么，钱锺书回国后究竟面临着怎样的现实呢？他在《围城》中表达的学位观除了和他自己海外求学经历有关，是否和他回国前后的遭遇也有关呢？

1938 年，钱锺书从欧洲还没回到国内时，已经应聘清华的教职（联大同时发了聘书）。他进清华直接任教授，冯友兰说"这是破例的事"，按清华旧例，应该从讲师、副教授再到教授。聘请钱锺书，冯友兰出了不少力，他在清华校长梅贻琦面前力陈要"不拘一格降人才"。从后来披露的冯友兰给梅贻琦的信可以看出，当时清华大学要求钱锺书开列出他的海外学历："钱锺书来一航空信，言可到清华……弟前嘱其开在国外学历，此航空信说已有一信来，但尚未接到。弟意或可即将聘书寄去，因现别处约钱者有外交部、中山文化馆之《天下月刊》及上海西童公学，我方须将待遇条件先确定与说。弟意名义可与教授，月薪三百，不知近聘王竹溪、华罗庚条件如何，钱之待遇不减于此二人方好。"[②]原来清华当时并不知道钱锺书的海外学历，似乎也并不在乎，从对人才的引进上看这是今天很多大学都做不到的。信中提及的华罗庚，是个自学成才的数学奇才，1936 年至 1938 年他以访问学者的身份在英国剑桥大学学

① 杨宪益：《回忆钱锺书兄》，《博览群书》2000 年第 7 期。

② 谢泳：《钱锺书与西南联大》，《太原日报》1996 年 9 月 2 日。

习,没有取得过任何学位。1938 年回国后,清华也破格聘其为教授。

可以说,学位没有在钱锺书就业上成为拦路虎,从信中可看出回国时有几个职位可供选择,只不过在西南联大与国立师范学院时期甚至往后的工作中,和其他人的海外学历比起来有些不突出。一般留学海外的人中,大多数都有博士或硕士头衔,留学海外而拿学士学位或者不拿学位的不多。笔者曾试图对《辞海》(缩印本)中近现代学者获得海外学位情况进行统计,结果只查到 215 位就停止了,不仅因为量实在太大,也因为没有必要再查下去。在这 200 多位学者中,有 88 位获博士学位,另外一部分人拿硕士学位或者没拿学位,像早期留学日本的人基本都没有学位。总的来说,海外研究生比重还是比较大的。钱锺书在与他们的实际交往中,大约深切体验到这种唬人头衔背后的势利与虚无。

钱锺书回国后开始工作的西南联大与国立师范学院里的海归派对他影响很大,直接影响了他创作《围城》。西南联大成立时,179 名教授和副教授中,只有 23 人未曾留洋。即使是国立师范学院这样很不起眼的高校,虽然学生很少,但海归教师也不少。如院长廖世承是美国勃朗大学哲学博士,虽然廖院长与钱基博是至交,可与他儿子钱锺书关系却不太好;①教务主任兼生物学教授汪德耀是法国巴黎大学理学博士;英语系教授汪梧树是法国巴黎大学文学博士;教育系主任孟宪承是华盛顿大学硕士;教育系教授罗睿是美国希腊古大学教育硕

---

① 李洪岩:《钱锺书与近代学人》,百花文艺出版社 2007 年版,第 93 页。

士；谢承平是美国哥伦比亚大学历史学硕士；王克仁是留美教育硕士；高昌运是英国爱丁堡大学文科硕士……有趣的是，钱锺书进入国立师范学院后，他与父亲钱基博成了英语系与国文系职位最高而学位最低的人。两人同是系主任，钱锺书只是本科毕业，而钱基博什么学位都没有。但父子两人在学院里的威望还是非常高的。在这样一个海归密集、学位优先的小环境下，谁能说钱锺书能淡然处之呢？吴忠匡说钱锺书在国立师范学院时，看不起那些所谓的教授。对那些来自三家村学究式的种种自欺欺人的生活态度看不惯，生气厌恶。[①]已经被许多人公认的是，国立师范学院里的人与事，后来很多被写进《围城》里的三闾大学。据当年曾就读国立师院的陈思卓回忆：

学校曾聘请两位美国籍博士来教授英文，钱公认为这事为何不先征得他这个系主任的同意，因此不予接纳。校长说：他们都是博士啊！钱公说：博士又怎样？博士究竟算得了什么！于是便把他们两人都请来谈话，大考了他们一阵，弄得这两位洋教授瞠目结舌，哑口无言。于是钱公说："只有这么一点水平，配做教授吗？只能做学生呢！"这两位洋人只好卷起行李怏怏离去了。结果廖世承校长也弄得十分尴尬。[②]

钱锺书留学海外，家族中非常看重。他的叔叔钱基厚在其

---

① 《记钱锺书先生》，第 131 页。

② 刘衍文：《漫话钱锺书先生》，《钱锺书研究集刊》第 2 辑，第 102—103 页。

《孙庵年谱》中详尽记录了每个子女的求学情况，甚至连侄子钱锺书的妻子杨绛读清华研究院、"亦赴牛津留学"的事也不放过，对海外留学得学位一事是"斤斤计较"，笔意颇有"春秋笔法"。他是这样记载钱锺书的："长侄锺书于民国二十二年在国立清华大学毕业，至是国内服务期满，膺英庚款第三届留学生考试，得分独多，全榜第一，以西洋文学系派赴英国牛津大学留学，旋又转赴法国巴黎大学，均得学位。"①巴黎大学得学位云云显然是想当然耳。钱锺韩留学英国未获任何学位，他父亲在自编年谱中详细解释说这是当时教育部要求的："鉴于博士头衔不尽适于国用，特奉部准，注重实习，不读学位。"②倒是钱锺书的父亲钱基博在《堠山钱氏丹桂堂家谱》中记录得实诚："留学两年，得文学士学位。"只是在介绍儿媳时用了一个极尽冗长的定语："娶同县江苏省高等审判厅厅长、浙江省高等审判厅厅长、京师高等审判厅厅长、日本早稻田大学法学士、美国本雪凡尼亚大学文学硕士杨圃堂公荫杭第四女季康。"③在我们长长吐一口气时，是不是能感觉出从未接受过新式教育的钱老先生对权力与学历的过分崇拜，隐约还有对长子留学而未得博士学位的遗憾呢？我们不知道钱锺书当年是否如方鸿渐一样受到过来自父亲与丈人的"精神压力"。钱家不少子嗣有留学经历，得博士学位有考的是钱基厚三子钱锺毅，他 1945 年考取清华庚款公费，与杨振宁等同期赴美留学，1948 年获美国爱华州大学博士学位。钱锺书的女儿钱瑗本来读的是俄文，两次赴英国

---

① 　钱基厚：《孙庵年谱》（卷下），第 51 页。
② 　钱基厚：《孙庵年谱》（卷下），第 43 页。
③ 　钱基博：《堠山钱氏丹桂堂家谱·行述第三》，《钱基博集·谱牒汇编》，第 198 页。

留学，都没有读学位，后来当了北京师范大学外语系英语语言文学博士生导师。

1949年后，钱锺书自己可能也没有料到会当起研究生导师来。1949年8月26日，钱锺书抵达清华大学，"开始在新中国工作"，"锺书教什么课我已忘记，主要是指导研究生"。[①]即使一年后被调去参加《毛泽东选集》（下文简称《毛选》）的翻译工作，他仍兼管研究生，每周末回清华指导他的研究生，直到他们毕业。但如今敢自言是钱锺书研究生的人几乎没有。据许渊冲说："在清华教书时，钱先生还指导过一名研究生，他就是后来在人民文学出版社工作的黄爱（雨石）。"[②]黄雨石确实是钱锺书的研究生。他毕业后也来到《毛选》英译委员会工作，给老师打下手。他说："说来惭愧，我真不配做钱锺书的学生，钱先生却百分之百地有资格当我的老师。"[③]不过钱锺书招收研究生几近苛刻，考他的研究生不容易。王水照在《〈对话〉的余思》中写道：

60年代初，他第一次招收研究生，我的一位北大同学打算报考，托我问他应该阅读哪些参考书。他回答说："用不着什么准备，准备也没有用。"后来我们在帮他评卷时，才发现这样一些试题：试卷上抄录了若干首无主名的诗作，要求辨认出它们是学习唐宋哪些大家的风格；抄录了白居易的一首代表作，要

---

① 杨绛：《我们仨》，第123页。

② 沉冰：《许渊冲眼中的钱锺书》，《不一样的记忆：与钱锺书在一起》，当代世界出版社1999年版，第237页。

③ 吴学昭：《听杨绛谈往事》，第255页。

求指出其中有否败笔，为什么是败笔，等等。这些题目的难度或许偏高，却是对考生艺术分析能力的真正测验。答卷中居然有人大谈白居易那首诗的思想特点一二三、艺术成就甲乙丙的，很可能紧张之中没有看清题目，就按流行的试题套式作答了。①

　　曾与钱锺书在一起工作的郑永晓在回答钱锺书"为何不招研究生"时说："钱先生有言，先把《说文解字》读通了再考研究生不迟；字都认不全，读什么博士？"②而他指导本科生写毕业论文并不苛刻。据1948年转入清华大学学习（1951年毕业）的资中筠回忆，她四年级时的毕业论文导师钱锺书对她并不特别苛刻，"相反他挺宽容的。他大概觉得我们这些人也就这样了。他要求并不特别苛刻，但是他说话很（机智），他特别会讽刺人"。③

　　20世纪80年代初期，钱锺书似乎指导过博士生。1981年国务院成立学位评定委员会，专门评定谁有资格做硕士生导师、博士生导师，他是其中成员之一。有关钱锺书推荐苏州大学钱仲联为博士生导师的事已传为佳话。据说当年评审现场钱锺书说过这样的话："钱仲联假使只能做硕导，我看在座的包括我钱锺书都只好做做硕导，都不能带博士生。"④可以确定的是，钱锺书带研究生的时间不长，他本人很不愿意带研究生。

①　王水照：《〈对话〉的余思》，《不一样的记忆：与钱锺书在一起》，第241—242页。
②　潘小松：《钱锺书先生轶闻》，《不一样的记忆：与钱锺书在一起》，第325页。
③　见2011年凤凰卫视资中筠的讲座《中国的文化复兴与启蒙》实录。
④　卜志君：《高山流水话知音——钱仲联谈钱锺书》，《不一样的记忆：与钱锺书在一起》，第38页。

1985 年刘永翔去三里河钱家拜访时曾问及钱锺书是否带研究生，他干脆地回答："不带。研究生不是害你的，就是借你的名字卖野人头的。"①

先生早年未读博士，晚年却有海外大学主动送上门来。1979 年访美归来后，哈佛、普林斯顿、耶鲁、哥伦比亚、芝加哥等大学都要求授予先生荣誉文学博士学位，并邀请他赴美讲学。张炯回忆说，钱先生在哈佛大学演讲，他的典雅英文和生动演讲内容赢得了哈佛师生的崇敬。之后，哈佛大学给他寄来要授予他名誉博士的通知，由于没有接到回信，对方以为他没有路费，又汇来 3 000 元美金，被他原封不动退回了。②1981 年，普林斯顿大学曾以荣誉文学博士头衔和薪金之外另赠 4 000 美元价值书籍为饵，邀钱锺书前往讲学，先生辞却了。③他甚至将送上门的荣誉视为"笑话"："香港中文大学上周忽欲以'荣誉博士'相赠，弟敬辞却不受。十余年来美国、法国此类'荣誉'，弟坚辞不能破例。虚名害人，无端生事，皆使老夫不得清净！"④

钱锺书当初写《围城》时根本不会预料到，自己竟会成为"新八股"的绝好选题，成为别人借以得学位的"工具"，真是人生的讽刺。1989 年出版的《钱锺书研究》（第一辑）的《发刊词》中提

---

① 刘永翔：《我与钱锺书先生的翰墨缘》，见李明生等编：《文化昆仑：钱锺书其人其文》，人民文学出版社 1999 年版，第 136 页。

② 张炯：《风范长存　烛照学界——社会科学界部分学者追忆钱锺书先生》，《光明日报》1998 年 12 月 22 日。

③ 1985 年钱锺书与胡绳信，《钱锺书评论》（卷一），社会科学文献出版社 1996 年版，第 303 页。

④ 1994 年 2 月 15 日，钱锺书致汪荣祖函，见汪荣祖：《槐聚心史：钱锺书的自我及其微世界》，台湾大学出版中心 2014 年版，第 166 页。

到："到 1982 年，'钱学'已在部分高校受到重视。据不完全统计，当时以'钱学'为题撰写学位论文者约有 30 人左右……海内外关于'钱学'的专著和博士论文已有多种……"①1979 年访美时，钱锺书看到胡志德写他的博士论文，他说："语多不经。"他不无洒脱地说："身外是非谁管得，隔洋听唱×××可矣。"②有人要翻译该论文，钱锺书回信说："作者人甚诚笃勤恳，而天资不高，且不能读文言；译印其书，实属无聊。"③但这本书最后还是被翻译出版。汤晏《钱锺书访哥大侧记》载，有人问他对现在香港及美国有人以他为硕士及博士论文题材的看法时，他笑着答说："博士论文是一项新兴企业（Dissertation is a crowing industry），何足道哉！"④当他得知胡河清以他为选题做博士论文时，回复说："然以不才为博士论文题目，得无小题大做、割鸡用牛刀乎？惶惶不胜。"⑤对于那些来函索取资料的研究生，他皆答以林之洋所谓"一概勿得知"，外交辞令所谓"无可奉告"。⑥当面评论较为委婉，私下交心已看出他的无奈和厌恶。他曾在给舒展的信中写道："老夫竟成为八股时文的四书射题，呜呼哀哉，几被作死矣！"⑦

多年过去了，以钱锺书为选题而得博士、硕士者又何止当初的 30 人左右！其实钱锺书当年知道有"钱迷"要成立"钱学

①　《发刊词》，《钱锺书研究》第 1 辑，文化艺术出版社 1989 年版。
②　1979 年 9 月 4 日与黄裳信，《记钱锺书先生》，第 332 页。
③　张昌华：《走近钱锺书》，《人物》1999 年 2 月。
④　《钱锺书评论》（卷一），第 25 页。
⑤　《钱锺书评论》（卷一），第 307 页。
⑥　1982 年 2 月 4 日与黄裳信，《记钱锺书先生》，第 336 页。
⑦　与舒展信，《记钱锺书先生》，第 351 页。

研究会"，还要出版刊物后，就全力阻止，他对柯灵说："我是不喜欢这类东西的人，没想到自己成为组织'学会'的借口，真是'人生的讽刺'了！人生的讽刺是免不了的，只希望缓刑到人死以后。"①

---

① 《睿智学人 蔼然长者——柯灵、黄蜀芹忆钱锺书》，《新民晚报》1998 年 12 月 22 日。

第四讲
钱锺书为何要拆"金玉良缘"？

1942年,当时在湖南蓝田国立师范学院任国文系主任的钱基博,决定把女儿钱锺霞嫁给自己的学生石声淮,这引起钱家人的一致反对,其中就包括作为钱家长子的钱锺书。钱锺书为何要反对这桩婚姻呢？钱基博又为何执意要把唯一的女儿嫁给据说其貌不扬的石声淮呢？石声淮究竟是怎样的一个人？要回答这些问题,还得从头说起。

钱 家 人

1938年11月,钱基博接受湖南蓝田国立师范学院院长廖世承邀请,辗转来到蓝田就任该院国文系主任。一直到抗战胜利后,1946年秋季开学,他才离开当时已迁往南岳衡山的湖南国立师范学院,偕女儿女婿前往湖北武昌,出任私立华中大学历史系教授。他在国立师范学院一共待了8年。

1938年9月,钱锺书回国,赴昆明西南联大任职。1939年夏,钱锺书不得已离开西南联大,受钱基博之命来到国立师范学院出任英语系主任,并照料父亲。这是钱氏父子第二次在同一所学校就职①，也是钱锺书一生中最后一次这样较长时间地照料父亲。吴忠匡在《记钱锺书先生》中写道："在蓝田的那些日子里，我们除了教学任务外，只是读书，钻书堆，每天的生活内容极其单调刻板，然其格调却又极丰富多彩。老先生每天自清晨到深夜，总是端坐在他的大书案前无间息地、不倦怠地著书立说，编撰中国文学史，写读书日记。锺书也是整天埋头苦读，足不出户。"1941年6月，钱锺书回到上海，准备暑假后继续回联大教书。从钱锺书在国师的时间来看，他应该是知道石声淮这个人的。

钱锺霞（1916—1985），钱基博四个子女中唯一的一个女儿，比大哥钱锺书小6岁。钱锺书的母亲最疼的就是小儿小女，本来钱家儿子极多，女儿极少，所以女儿非常宝贝，不同于一般的重男轻女。钱基博自己这样评价女儿：

> 女霞中学毕业，老妻遂留自佐；以故无女大学生之头衔，而亦无女大学生之习气；治家奉母，勤生节用，饭能自煮，衣能自纫；足不履剧场，手不拊赌具，口不衔纸烟；应接宾朋，指麾佣仆，米盐料量，胥女之赖！操作有暇，诗书以娱。吾家藏书多；吾女杂览亦不少；线装之书，耳濡目染；凡有涉猎，靡不通晓！然诵览之书多，而写作之功少；操管濡墨，楚楚大致，足以记姓名，写家信而已，无才为女学士，然不害为良家女！②

他是按贤妻良母的方向来培育女儿的，否则在当时的大环

---

① 第一次在光华大学。
② 钱基博：《金玉缘谱》，石声淮写录，石印线装，非卖品，1942年印。

境下,钱锺霞应该继续去上大学。钱锺书在清华刚毕业那会儿还专门写过关于妹妹的诗:"依娘小妹剧关心,鬖辫多情一往深;别后经时无只字,居然惜墨抵兼金。"[1]"依娘小妹"指的就是钱锺霞。听娘话的妹妹,对哥哥特别关心,从小就感情丰富,很是懂事。这次分别后,居然一封信都没来,把笔墨当金子似的。这首诗写出了长兄钱锺书对妹妹钱锺霞的思念与爱护。从老夫子的文字可以知晓,钱锺霞没有上过大学,是中学毕业。1938 年无锡沦陷之后,当年 2 月,钱锺霞和母亲与叔叔钱基厚一家就避居在上海。大约在 1941 年暑期,她随二哥一家一道由上海来到国立师范学院,接替哥哥照顾父亲。"抗日战争方殷,余侍先父寓湖南安化县蓝田镇。"[2]有文章说,钱锺霞此番来湖南是给老夫子送信的:"日寇陷沪后,为笼络人心,准备在上海创办一所联合大学,指使上海汉奸维持会长写信给钱先生,聘他去任校长,并命他的女儿千里迢迢从上海来到蓝田送信。钱先生接到此信,义愤填膺,当即撕毁。他认为:'寇深矣!国危矣!吾人当此危急存亡之秋,安可不思所以自处!'终于稳坐国师任教不动。"[3]但钱基博说女儿是"间关数千里,奉母命以来省疾,欲侍我以还江南"[4],就是来看病,并准备接他回江南的,并无特别任务。据当年国师租借地的主人李氏后人李忠忻回忆:因为身体不好,钱基博每天由他女儿、被称为"钱小姐"的提着公文包,搀扶着去上课。钱锺霞因为容貌端丽、身材高

[1]　《国风半月刊》第 3 卷第 11 期,1933 年 12 月 1 日。

[2]　钱锺霞:《〈中国文学史〉后记三》,中华书局 1993 年版,第 1144 页。

[3]　彭锦棠:《经传三尺讲台外,情系万家烽火中——钱基博先生在蓝田国师》,转自傅宏星编著:《钱基博年谱》,华中师范大学出版社 2007 年版,第 154—155 页。

[4]　钱基博:《金玉缘谱》。

挑、楚楚动人，远近闻名，来求婚者络绎不绝，钱基博一概婉言辞谢。

石声淮其人

石声淮（1913—1997），湖南长沙人。1938 年考入国立师范学院国文系，1943 年毕业留校任教，是国师首届毕业生。大学三年级的时候，石声淮曾因家庭贫苦无力交学费而提出退学申请。钱基博知道后，让石声淮以学生身份在校担任助教，不仅让他完成了学业，还能将长沙乡下的母亲接来赡养。1946 年，石声淮随岳父钱基博一起受聘于华中大学，后一直工作于此（即今华中师范大学）。在如今的华中师范大学，他是作为文学院（前中文系）的"祖师爷"不断被追忆、被缅怀的。但当年这个人从外形上看确实很不出众。李忠忻的老伴康海初说起钱小姐，印象最深的是她的婚姻。她说石声淮"长得丑"，一眼斜视，"还龅牙"。石声淮毕业实习时的国师附中高三学生傅业葵也回忆说，石老师"长相奇特"：一双斗鸡眼，一只鹰钩鼻，一张手掌宽的脸，一缕长发斜斜地遮住半只眼睛；他那很少换洗的蓝布长衫的前襟有一块块的稀饭渍印。[1]简直就是邋遢不堪。更可怖的是，还有人说他患有皮肤病。[2]

但这些回忆者都会话锋一转，说石声淮这个人多才多艺，人不可貌相。康海初说他"有才华"，擅长国文、英文、德文和声

---

[1]　傅业葵：《记实习教师石声淮》，见孔春辉主编：《师范弦歌——从蓝田到岳麓》，湖南师范大学出版社 2008 年版，第 217 页。

[2]　徐仁甫：《钱锺霞与石声淮的金玉良缘》，《随笔》1987 年第 3 期。

乐。傅业葵说石声淮说得一口纯正的德语，他同数学系主任李达教授的德国太太用德语交谈时，不但言语流利，而且谈笑风生，挥洒自如。他还弹得一手漂亮的钢琴。国师举行音乐会，别人都是西装革履，风度翩翩，只有他仍旧是那件污渍斑斑的蓝布长衫，两只手交叉着插在袖筒里，耸着肩头，慢吞吞地走上舞台，走向那硕大的平台钢琴。看着他那模样，许多人忍不住要笑。然而，当他的指尖一阵清风似的掠过琴键时，半闭着眼睛的听众仿佛徜徉于蓝天白云、垂杨流水之中；当他重重地叩击着琴键，那粗犷豪迈的乐音在人们的意念中，描绘出了一只在暴风雨中翱翔盘旋的海燕。一曲终了，人们如梦初醒地慢慢睁开眼睛，一瞬间的寂静之后，紧接着的是声震屋瓦的掌声。石声淮从琴凳上站起来，微微地一弯腰，一缕头发滑下来，遮住了他的半边脸。[①]石声淮不仅钢琴弹得好，绘画也很精，上课时有边讲边画的本事。他的古典文学修养很好，记忆力强，有"活字典""活辞海"的美誉，尤其擅长背诵经典。他的华中师大本科学生回忆道："他给我们讲课从来不带书，有时带几张卡片也是用英文、法文写的。讲课时先大段地背诵，然后边讲解边信手在黑板上画速写，数笔画过，人或物神形毕肖，直观而形象，易懂而有趣。"[②]作家唐浩明也是石声淮在华中师大时的学生，他对老师当年随手画在黑板上的古代服饰与器物印象深刻。在唐浩明看来，石先生虽然致力于历史文献研究，却有诗人、艺

---

①　傅业葵：《记实习教师石声淮》，《师范弦歌——从蓝田到岳麓》，第217页。

②　万献初：《国学名师与经典背诵——并记石声淮先生一二事》，《石声淮文存》，华中师范大学出版社2016年版，第214页。

术家的气质，"有音乐和绘画的天赋"①。

石声淮这个人没有留过学，也没有读更高的学位，青年时期在如此偏僻的地方就有如此难得的表现，怎么不让钱基博赏识？更何况他对老夫子亦步亦趋，模仿他文章风格已到乱真的程度。日常生活中他对钱基博也照顾有加："在湖南一住八年，到了最后，行动需人照顾，全仗同学们对我爱护，石声淮就是其中的一人。"②钱基博甚至认为石声淮在"诸生之中，性行特类我"③，给予他极高的认可。

石声淮第一次见到钱基博之女钱锺霞，就为其倾倒。他曾对学生回忆过这段往事：

师母暑期来探望在蓝田任教的父亲，在钱老先生的书房里第一次见到了娴雅端庄富有书卷气的师母，先生说，那一刻我竟说不出话来。回到家里，先生与自己的母亲说起钱老先生的女儿，母亲怂恿先生说："那你赶快向老先生求婚啊。"当先生红着脸向钱基博老先生求婚的时候，钱老先生沉吟良久说："我并无准备，容我想想。三天以后告诉你。"④

老夫子看人一向重德才兼备，而不重身家外貌，因此石声淮在那时他的视野范围内就是他理想的东床之选——更重要的是，他觉得石声淮是个可授受其学术衣钵的合适人选，在他

---

① 《石声淮先生：教授的教授　老师的老师》，《楚天都市报》2012 年 9 月 10 日。

② 钱基博：《自我检讨书》，《钱基博年谱》，第 283 页。

③ 钱基博：《金玉缘谱》。

④ 傅道彬：《东风化雨昙华林——我的导师石声淮教授》，《石声淮文存·代前言》。

的培育下,日后必能成才。再说,嫁个书生,虽然清贫,"粗茶淡饭足矣"。他决定把女儿嫁给石声淮。三天以后,老夫子对石声淮说:"我同意了。"石声淮晚年对学生感慨地说:"他老人家对我是大恩德啊。"①

反　对

自从钱基博决定把如花似玉的女儿许配给石声淮后,国文系的男生都用嫉妒的眼光审视石声淮,暗暗地问自己:"我哪一点比不上他?"国文系的女生愤激得眼睛里噙着泪花,愤愤不平地涨红了脸,差点儿上门去质问老先生:"为什么亲手把一朵千娇百媚的鲜花插在牛粪上?"②钱锺霞本人也不中意父亲替自己的选择,但又不敢违拗父亲的意愿,心中十分苦闷。

这桩婚事更多更直接的是遭到了钱家人的反对。当时在汉口的老二钱锺纬来信报告母亲,说爹爹已将妹妹许配给他的学生某某,但妹妹不愿意,常在河边独自徘徊,怕有轻生之想;并且说爹爹选的这个人并不合适。老夫人只因为石声淮是外地人,就认为不合适,让钱锺书写信劝阻这门亲事。钱锺书代母亲委婉陈词,说生平只此一女,不愿她嫁外地人,希望父亲再加考虑。钱锺书自己也私下单独写信给妹妹,给她打气,叫她抗拒。不料钱锺霞不敢违抗父命,就拿出哥哥的信来代她说话。钱基博见信更加恼火。他回信说,储安平是自由结婚的,正在闹离婚呢!(当时储在国师任职。)他讥诮说,现在做父母

---

① 傅道彬:《东风化雨昙华林——我的导师石声淮教授》,《石声淮文存·代前言》。
② 傅业葵:《记实习教师石声淮》,《师范弦歌——从蓝田到岳麓》,第217—218页。

的,要等待子女来教育了!①钱基博在这件事上,充分展现了封建家长包办婚姻的那种独断专行。

这期间,钱基博的同胞兄弟钱基厚同情他的嫂子,也写信劝阻。他观点开明,说家里一对对小夫妻都爱吵架,唯独锺书夫妇不吵,可见婚姻还是自由的好。这是一个非常有趣的鲜明对比。钱基厚的女儿钱锺元当初就是钱基博介绍对象的,但他为了让侄女接受那场婚姻,可谓态度和蔼,循循善诱。钱锺元比钱锺霞要幸运得多,她父亲比伯父钱基博要开明得多,她因此成了无锡国专最早的一批女生之一。她进入无锡国专读书时,钱基博正在该校任教,她就成了伯父的学生,故她一向很听伯父的话。当时同乡许建人之子许景渊,毕业于北平税务专门学校,在上海海关工作,钱基博很赏识这个年轻人,认为他谈吐英爽、酬对得体,便甘做月老,撮合侄女与许景渊两人成就婚姻。双方家长都表示满意,只是钱锺元有所踌躇,不很愿意。钱基博于是数次致函侄女,劝其善体父母心意,打消顾虑。钱锺元最后打定主意,同意了这桩婚事。1935年底,钱锺元与许景渊结婚。钱基厚将此前一年多来双方的议婚函札辑为一小集,名为《议婚集》②。《元女议婚集》是这本小册子的主体,内收"议婚函札"共十通。第一封就是钱基博致钱基厚函,老夫子提出了家长选婿的原则:"人才第一要紧,其次职业与环境。"第二封是钱基博寄钱锺元函,告知为便于相互考察了解,特与景渊约定"以三个月为犹豫期"(这也算是老夫子的一项发明了),

---

① 杨绛:《我们仨》,第113页。
② 钱基厚辑撰,铅印线装,非卖品,1935年印。

双方无异议即可订婚。第十封还是钱基博寄钱锺元函，奉劝侄女"勿自托大"，一定要听从长辈意见；最后，他还拿出了撒手锏，举了钱锺元长兄长嫂钱锺书与杨绛的故事来开导她。[①]其实钱锺书夫妇当年是自由恋爱，只是结婚时走了老式婚姻的程序而已，本质上并不一样。

订　婚

1942 年冬至日，钱基博不听家人劝阻，在其坚持下，让女儿与石声淮订婚。老夫子特编撰《金玉缘谱》一册，权当证婚书，详细记录了嫁女儿的全过程，石印百部，贻送国师师生及亲友，声明当前国难深重，一切从俭，即时订婚，他日合卺，均不举行任何仪式。谱中略谓："男子氏石；女出裔钱；钱从金旁；石为玉根；永以为好，坚如金玉。"在这本小册子里，钱基博绘声绘色地描述了当时订婚的情形，语句神情令人捧腹：

基博谓声淮曰："内子王生三男一女。十年之前，长次两男咸游英伦；季男锺英侍余负笈。余有四方之志，而不问家人生事谁何；门户支撑，独有老妻！女霞中学毕业……知女莫若父，不敢不以诚告也！尔声淮闻言，倘愿得为偶耶。"

声淮对曰："女公子性行淑均，大惧声淮之不足以辱！倘许下嫁，极所愿也！特不知师母意若何？"

基傅曰："妇人以顺为正；夫倡妇随。吾之所为，老妻未尝

---

① 详见傅宏星：《嫁女择佳婿——读〈议婚集〉与〈金玉缘谱〉随想》，《中国图书评论》2012年第5期。

有异议！"顾语锺霞曰："汝间关数千里，奉母命以来省疾，欲侍我以还江南；此汝之孝也！然女子生而愿为之有家，抑亦汝母之所同愿！声淮从学四年；吾相其人，相非富贵而秉德不回，持己以介，用情则挚；诸生之中，性行特类我！吾以汝归；吾信声淮必能以爱我者敬汝！汝意何如？"

锺霞曰："女惟父命！"

基博谓声淮曰："老夫仅此一女；走数千里来省我，尤倍怜爱！吾今以爱女相托；幸汝终始善护持之！吾信吾女亦必能体汝意以事母夫人！"

声淮曰："唯！敬受教！"

基博谓锺霞曰："汝母之事我，汝所睹也！吾与汝母结婚三十六年，未尝为制一首饰，添一新衣！汝母淡泊明志，勤俭持家；善抚我室，毋我贻雁！吾之读书稽古以获专志于学而不以家事为忧者，汝母之力也！愿汝视汝母之所以事我者以视声淮！声淮厉学敦行；汝则约己勤生，善抚有声淮以室；相与以有成，此吾之意也！"

锺霞曰："敢不率母教以如父意！"

基博起携锺霞之手以付声淮曰："汝二人愿为夫妇，可握手以盟心也，吾为尸盟，有如天日！"声淮、锺霞握手如命；已而返坐。

钱基博顶着压力把女儿许给石声淮，也并非完全放心，故一再叮嘱，万般交代，希望两个年轻人能永结同好。他把到湖南后写成的《中国文学史》和《孙武书注》二书手稿作为嫁妆送给女儿："凡二书之所获，不论国家之学术著作奖金，抑书店之版税稿费,惟尔锺霞实有之!"钱基博还特别将二百余册日记赠予石声淮,作为给新女婿的礼物,也寓意授受老先生读书治学之衣钵。"吾箧中日记二百余册,即以相付;以翁婿言,则觌仪也;以师弟论,则衣钵也!"这哪里是在选婿,分明是在选学术接班人!

钱锺书为何反对

钱锺书为何要反对这桩婚事呢? 钱锺书首先当然站在妹妹的立场上,为唯一的妹妹着想,妹妹不愿意,就是不合适。这是出于他对妹妹的爱护。本质上来说,他较全面地接受过西方教育,从大学起读的就是西洋文学,对自由婚姻的主张其来有自。晚年在名著《管锥编》中他就阐述过对自由婚姻的推崇:"盖婚姻之道,多出于倘来偶遇,智力每无所用之。重以父母之命、媒妁之言,几于暗中摸索。""好述怨耦,同室方知,只有以宿世姻缘、前生注定为解。故切身遭际,使男女言'命'而或怨之、或安之者,匹配尤甚。虽贵居九重,富有四海,亦或不克强致,事与愿违。""'因缘'、'宿生'不过巧立名目,善为譬释,苟穷根究柢,乃无奈何之饰词、不可晓之遁词,与'命'只是唯阿之问尔。"①他和杨绛在清华园里相识相恋,是最好的注脚。虽然他们最后结婚走了老式程序,但也只是走走过场而已,双方父母都没有过多干预。对于自己女儿钱瑗的婚姻,钱锺书夫妇干预得也很少,这也是基于对女儿的爱与尊重,虽然从钱瑗的一生看,她的婚姻之路走得并不平坦。

①　钱锺书:《管锥编》第1册,中华书局1986年第2版,第295—296页。

其次,钱锺书本人也不是很满意石声淮这个人。他在国立师范学院两年,正是石声淮在校做大学生的时候,石声淮"以学生身份兼任助教"①,钱锺书对石应该是比较知根知底的。钱锺书只比石声淮大3岁,而他此时已从世界一流大学留学归国,被清华大学破格聘为教授,在学界早已小有名气,在学院里也是年轻的系主任,你说他怎么不会高标准严要求地选择一个至少和他妹妹般配的妹婿呢? 以他的眼光他怎么能接受像石声淮这样其貌不扬、邋里邋遢的人? 从学术研究的能力潜质来看,他大概也不看好石声淮。从现在石声淮留下的成果可以看得出来,他像样的专著基本没有,论文写得也不多。唐浩明说,他不轻易著书立说,连论文也不多写。如果有论文发表,他必定送他们这些学生一份。1950年他受聘为副教授,直到1980年才晋升为教授,时年67岁,任副教授整整30年。这正如启功先生自撰墓志铭中说的:"六十六,副教授。"如果一定要说石声淮继承了钱基博的衣钵,那他倒是继承了"笃学慎思"的学风。华中师大谭邦和教授也是石声淮的学生,他说:"石先生的论文肯定没有现在的教授那么多,他最优秀的作品应该是一届又一届的学生。他自己就是一件作品,风范后人。"②这个评价还是比较恰当与公允的吧。

交 往

1945年秋,石声淮与钱锺霞在湖南溆浦结婚。他们的女

---

① 杨绛回忆录中说他"曾和锺书同事",大约指的就是这个经历。
② 《石声淮先生:教授的教授 老师的老师》,《楚天都市报》2012年9月10日。

儿石定果说："妈妈爸爸是 1945 年 8 月 15 日结婚的。当天日本宣布投降，消息传来，街上鞭炮齐鸣，热闹极了。妈妈也就是在那个时候怀上了我。"①结婚后，他们随钱基博一起来到武汉私立华中大学任职。新中国成立前夕，老夫人终于也搬到了武汉，和女儿女婿一起住。钱锺霞夫妇此后一共生了 4 个子女。杨绛认为，"爹爹一手操办的婚姻该算美满"②。但从钱锺书往来文字与谈话中却鲜见他对这桩婚姻再发表过看法，更少看到他与石声淮的交往记录。石声淮对那些"钱迷"来访者，只字不提钱锺书的事。钱锺书和堂妹钱锺元的丈夫许景渊往来密切，有谈诗论学的文字，虽然许并非文学圈内人。这也是一种态度吧。

因为父亲和母亲的关系，钱锺书与妹妹一家一直保持联系。新中国成立后，对于远在武汉的父母，钱锺书多次在寒暑假去探望。据当年住在武昌朴园的人回忆，钱锺书夫妇和女儿常来探望老人，每次来都在屋前大朴树下捏煤球。那时还没蜂窝煤，都是自己买回煤后，掺黄泥兑水和，然后用手捏成煤球，放在空场上晒干。武汉的冬天，手沾着水生冷，可两人边捏边聊，有说有笑，捏完煤球，还帮着父亲买菜。现为北京语言大学教授的石定果也在回忆文章中记述了钱锺书夫妇到武汉省亲小住的情形，以及钱锺书关爱她们姐妹几个的往事。③

石声淮与钱锺霞也几次到北京看望过钱锺书与杨绛。

---

① 傅宏星：《钱基博年谱》，第 172 页。
② 杨绛：《我们仨》，第 113—114 页。
③ 石定果：《追忆舅舅钱锺书先生》，《钱锺书先生百年诞辰纪念文集》。

据石声淮外孙女张姗回忆，1977 年她就曾随外公外婆到三里河新居做过客。"自幼带大我的外公外婆从武汉来北京避暑……带着我来北京南沙沟的寓所看望哥嫂。那时我非常淘气，大人们坐在那里说话，我基本上手脚不停，令大舅婆非常头痛。"①

据石声淮指导的硕士研究生傅道彬回忆，1984 年 4 月，他们几个研究生带着石声淮的书信来到北京拜见钱锺书。石声淮特地将一部清代著名学者谭献的日记手稿托他们带给钱锺书。他对学生说："带给默存先生吧，放在他那里比放在我这里有意义。"钱锺书见到日记手稿后特别高兴，大声招呼杨绛来欣赏。那天，钱锺书谈话的兴致很高，讲起话来手舞足蹈，神采飞扬，一派诗人的天真本色。②有时候石声淮的信也是没用的。陆永品《深切缅怀钱锺书先生》记毛庆请钱锺书为《中国古典文学鉴赏》双月刊题签，特先拿出石声淮的信："毛庆拿出那封信，结果遭到拒绝。我看情况不妙，赶忙说情。钱先生便改口对毛庆说：'看永品的面子，就给你写罢。你那封信，没有用。'"所以石声淮轻易是不会写信找钱锺书帮忙的。一位外地学者想联合几位学者成立一个学术研究会，写信给石声淮，请其邀钱锺书出面帮助说项，并请其"奔走呼号"。石声淮回信说："我已老迈，故不能奔走；我声音嘶哑，故不能呼号。"③1987 年，钱基博诞辰百年。时隔 30 年，华中师范大学准备隆重举办钱基博诞辰百年纪念活动，有意邀请钱锺书参加。校方希望石声淮出面

---

① 张姗：《我和舅婆的点滴故事》，见周绚隆主编：《杨绛：永远的女先生》，人民文学出版社 2016 年版，第 348 页。

②③ 傅道彬：《东风化雨昙华林——我的导师石声淮教授》，《石声淮文存·代前言》。

相邀,石声淮明确表示:"他不会来的。"后来是通过钱基博的弟子彭祖年去函邀请的,得到的是钱锺书那个著名的"六不"回函。1990 年,华中师范大学出版社出版石声淮与人合著的《东坡乐府编年笺注》,该书名由钱锺书题签。

1993 年 3 月,钱锺霞石声淮夫妇先前整理的《中国文学史》终于付印,涉及合约及稿费处置,钱锺书致函中华书局表示由周振甫先生全权处理。周振甫于是让人把稿费寄给石声淮,由石声淮再分给四个子女。实际上,这笔稿费是应该给钱锺霞的,只是此时她再也收不到父亲当年送给她的嫁妆了。

有一件事,钱锺书去世前可能还一直蒙在鼓里。钱基博生前两次将其规模庞大的日记和笔记交付女婿保管使用,一次是订婚之日,一次是 1957 年 11 月钱基博弥留之日。最后一次他将自 1937 年任教前国立浙江大学起,所著论学日记,历时逾 20 年,都数百万言,及其他手稿,全部留给女婿保管。[①]没想到"文化大革命"中,石声淮鉴于笔迹留存之可怕,遂将其全部销毁。[②]而钱锺书一直认为父亲的日记是被红卫兵所毁。1979 年 10 月 11 日下午,钱锺书在日本京都大学参加人文科学研究所为他举行的一个小型座谈会,会上有人问及钱基博,他庄重而惋惜地说:父亲其实还有许多未刊的遗稿,包括日记、文集等,因为晚年与幼女同住,所以稿本多存于武汉师大教书的妹夫家里,"文化大革命"时期被红卫兵们统统烧了![③]你能说,钱锺书当年反对错了吗? 当然,这是后话了。

---

① 1937 年前的日记,则因抗战初未及运出而丧失。

② 王继如:《钱锺书的六"不"说》,《文汇报》2009 年 8 月 24 日。

③ 孔芳卿:《钱锺书京都座谈记》,《钱锺书研究》第 2 辑,第 335 页。

【附一】

金 玉 缘 谱

钱基博编　　石声淮写录

惟中华民国纪元之三十一年，长至之日，震阳来复，坤行顺成。长沙男子石声淮，奉母而求；无锡女子钱锺霞，待父之严；而谐婚作配于蓝田之镇，光明之山；一见倾心，终身骤诺，撰次问对，以当盟书。而男子氏石；女出裔钱；钱从金旁；石为玉根；永以为好，坚如金玉；遂署其端曰《金玉缘谱》；而为之主者，钱基博也。

基博谓声淮曰："内子王生三男一女。十年之前，长次两男，咸游英伦；季男锺英，侍余负笈。余有四方之志，而不问家人生事谁何；门户支撑，独有老妻！女霞中学毕业，老妻遂留自佐；以故无女大学生之头衔，而亦无女大学生之习气；治家奉母，勤生节用，饭能自煮，衣能自纫；足不履剧场，手不拊赌具，口不衔纸烟；应接宾朋，指麾佣仆，米盐料量，胥女之赖！操作有暇，诗书以娱。吾家藏书多；吾女杂览亦不少；线装之书，耳濡目染；凡有涉猎，靡不通晓！然诵览之书多，而写作之功少；操管濡墨，楚楚大致，足以记姓名，写家信而已，无才为女学士，然不害为良家女！知女莫若父，不敢不以诚告也！尔声淮闻言，倘愿得为偶耶！"

声淮对曰："女公子性行淑均，大惧声淮之不足以辱！倘许下嫁，极所愿也！特不知师母意若何？"

基傅曰："妇人以顺为正；夫倡妇随。吾之所为，老妻未尝有异议！"顾语锺霞曰："汝间关数千里，奉母命以来省疾，欲侍我以还江南；此汝之孝也！然女子生而愿为之有家，抑亦汝母之所同愿！声淮从学四年；吾相其人，相非富贵而秉德不回，持己以介，用情则挚；诸生之中，性行特类我！吾以汝归；吾信声淮必能以爱我者敬汝！汝意何如？"

锺霞曰："女惟父命！"

基博谓声淮曰："老夫仅此一女；走数千里来省我，尤倍怜爱！吾今以爱女相托；幸汝终始善护持之！吾信吾女亦必能体汝意以事母夫人！"

声淮曰："唯！敬受教！"

基博谓锺霞曰："汝母之事我，汝所睹也！吾与汝母结婚三十六年，未尝为制一首饰，添一新衣！汝母淡泊明志，勤俭持家；善抚我室，毋我贻罹！吾之读书稽古以获专志于学而不以家事为忧者，汝母之力也！愿汝视汝母之所以事我者以视声淮！声淮厉学敦行；汝则约己勤生，善抚有声淮以室；相与以有成，此吾之意也！"

锺霞曰："敢不率母教以如父意！"

基博起携锺霞之手以付声淮曰："汝二人愿为夫妇，可握手以盟心也，吾为尸盟，有如天日！"声淮、锺霞握手如命；已而返坐。

少间，基博左右顾而言曰："尔夫妇从今携手矣，抑吾有以相告：吾行身极迂谨，而做事极通侻！世俗之繁文缛节；吾所不耐也；世俗之穷奢极欲，尤所力戒也！吾不敢为而敢不为！吾三子娶妇，不发帖，不受礼。纵有强而受焉；吾受少而不受多。

虽或以此为亲党所怪；然国奢则示之以俭；吾固无虞人怪！吾寒儒未尝以财振人之急；何敢以儿女之事，破人之财而受人礼乎！故不为也！吾三娶人家女为新妇。吾亲家翁无不谅吾清贫，不索衣饰，不讲财礼；人以女来，吾以子配。尔声淮娶吾女；吾敢以多费于尔，而不念我亲家翁所以托女之意乎！尔声淮寡母抚教，幸睹尔长大成学以有室；更何忍以烦费不给萦老母虑也！世人结婚，必有约指；银之为薄，而多以金；金之不足，而侈以钻；此心不能约以清静；此指何用炫以灿烂！约指愈灿烂，扪心愈昏浊！吾耻之；吾欲唾之！锺霞！尔亦记尔母之所以相诏乎！尔外曾祖柏庭先生，早聘于顾；而母寡家贫，久不具礼！一夕中秋，顾翁呼女曰：'月色佳，盍出游乎？'遂携女叩王氏之门而拜母焉。母惶遽不知所为！翁笑曰：'毋然！此我之女，母之新妇也！'顾语女曰：'天上月圆；人间缘好！善承夫子，无违可也！'此老通侻任真，谈者无不侈为佳话！而顾太夫人善承夫子以生三子：长子萃锄先生，以名进士官户部郎，一出为福建乡试主考。次旭丹先生，以诸生官浙江同知，而与盛杏荪雅故，笕领苏州电报局二十年；是即西神阿舅之父也。尔外祖笏唐先生其季，亦以制举文有声南北，称名师。而顾太夫人之耄年康强以就养京邸；婚礼虽俭而后福则隆！老子曰：'治人事天莫若啬。'此可法也！又不仅是！犹忆二十年前，实为民国十一年夏历之正；吾在邑里赴人家寿燕，与顾述之同席，遂偕以归；中途，遇娶者，从骑数十，仪仗夹衢，笙歌沸天；问谁家娶？有人从旁应曰：'杨仲远也！'述之戁然曰：'此吾弟子也！仲远以小学教师，月入几何，而娶妻华侈乃尔！吾虑其无以保终也！'其后仲远不安于贫，无恶不作；始而入乱党，继而为土豪劣绅；及二十六年，以奸人下狱；家山唱破而自狱出，搜劫巨室，破稿废地，幸灾乐祸；东人亦怒，缚沉于河。传者以为告；而叹述之之前识，知人则哲；不节则嗟；殷监不远，可为大戒也！于斯二者，何去何从？尔夫妇善自择之！男女居室，尔夫妇间事；何可劳民伤财以破费人家！夫妇好合，抑性情中事，焉用踵事增华以涂饰耳目！耳目侈，则性情漓！今日之事，我实尸盟；以为订婚，可也；即以为结婚，亦无不可也！尔夫妇如欲同居，则同居可尔；老夫无所容心！惟声淮有嗣母之丧，欲终丧而后成礼，亦犹行古之道！我闻在昔，方望溪娶妻而有期丧；合卺共牢之既毕，而出居于外；越月踰时而后觌会焉！前辈典型，可以为式也！尔声淮归告太夫人；吾将择日相延！尔锺霞治肴五簋以飨太夫人！唐人诗云：'三日作新妇，洗手作羹汤。'妇礼当然，不可忽也！尔声淮尚告太夫人以爱子者怜吾女！吾女少不更事，惟太夫人之宥谅之！"

声淮、锺霞咸应曰："唯！敢不率父师之教！"

既而基博又言曰："吾笔耕舌耨，身无长物；尔锺霞所知也！吾违寇来湘，写成《中国文学史》及《孙武书注》二书，见者颇称其精博；吾亦自信二书之非一文不值！今以赀汝为赠嫁！凡二书之所获，不论国家之学术著作奖金，抑书店之版税稿费，惟尔锺霞实有之！昔罗贯中嫁女无赀，而草《三国演义》以付女，曰：'此嫁奁也！'吾自信二书之殚见洽闻，足以张皇耳目，开拓心胸；胜于罗之笔墨游戏也！吾之为奁也大矣！尔锺霞其善承吾赀！尔声淮新婚初见；吾翁何可无觌仪！吾箧中日记二百余册，即以相付；以翁婿言，则觌仪也；以师弟论，则衣钵也！吾虽老病，未尝一日废书；而来湘三年，读书三千六百余册提要钩玄，皆有日记；而湘贤著书，居十之三。尔声淮尚其善承乡先辈之贞性毅力，不懈益修以努力所学所事，而无负国家作育之意；此吾之望也！吾儿锺书来书，欲为我撰年谱；傥有资于日记，尔声淮其助成之！"

声淮、锺霞咸应曰："唯！长者赐，不敢辞！"

于是基博卒言之曰："吾兹所言；尔夫妇心心相印，言莫予违；抑亦亡于礼者之礼也！尔声淮尚其记录成册，写付石印以散亲友，告成礼，而为证婚书焉，可也。"声淮敬谨写录如右方。

结婚人：石声淮

钱锺霞

主婚人：钱基博

跋寄家属三首

一、王夫人览：阿霞已嫁，此婚帖也！女得所归，与卿同喜！愿婿多文为富如我；祝女有子能文如卿！一脉斯文，延卿与我：孕蓝田之玉，钟衡岳之灵；世世子孙，人文蔚起，为国耿光，不亦休乎！老泉。

二、孙卿吾弟：阿霞已嫁，此婚帖也；简易如帖，得未曾有！惟兄读书通古今，能嫁女简；亦惟霞婉娈听从，肯任我简！婿以德选，不以贿嫁；随身服装，不添衣饰。孟东野《静女吟》曰："任礼耻任妆，嫁德不嫁容！君子易求聘，小人难自从！"霞不以衣饰求婿；是以静女自待，以君子待婿也！婿不以衣饰夸霞；是以静女待霞，以君子自待也！非好学深思，心知其意，固难为浅见寡闻道也！吾弟豪士，亦能度外；傥不掀髯大笑曰："毋乃太简乎！"并告弟妇同发一笑！兄博。

三、梅安侄女览：霞妹已嫁，此婚帖也！霞不容饰；婿不财聘；草草成礼，必有大怪！然我思之熟矣！婿而不德，女谁为容；苟得聘金，何异卖身；匪所以重吾霞也！焉有君子而可以货取乎！我不染一尘；婿不纳一铢！我以德嫁，婿以文贽。冰清玉润，以喻翁婿；古人闻其语，今我措诸躬！数十百年后，羡我冰玉，得此帖，必有缅怀风流，而欲易以千金者；其为霞重也大矣！重跋数行，并告侄婿知之！阿叔。①

【附二】

钱锺书与叶崇范小姐

吴学昭有幸得聆晚年杨绛闲谈往事,撰成《听杨绛谈往事》一书,她这本书可视为杨氏另一种形式的《我们仨》。杨先生的回忆散文总是吸引读者无数,她凭其惊人的记忆,每每总会透露些 20 世纪文坛以及家庭内外的新掌故,情节之细腻、生动,让后辈晚生都惭愧记忆力之不如。此番新书中不仅细述自己与钱锺书才子佳人的来龙去脉,还不紧不慢地挪揄了一下费孝通。而尤令人注目的是,杨先生在回忆与钱锺书初定终身时,又"节外生枝"出一条钱氏拒婚的"秘闻"!

1932 年早春,杨绛北上借读于燕京大学,同行有好友周芬,同班学友孙令衔、徐献瑜和沈福彭。到北京后,杨绛和孙令衔同去清华,她去看望老友蒋恩钿,孙去看望表兄。正是姻缘巧合,孙的这位表兄不是别人,正是钱锺书。在清华的女生宿舍古月堂,钱锺书和杨绛在孙令衔的介绍下初次见面。书中特别写道:"这是钱锺书和杨绛第一次见面,偶然相逢,却好像姻缘前定。两人都很珍重这第一次见面,因为阿季和钱锺书相见之前,从没有和任何人谈过恋爱。"[1]因晚年费孝通常对别人说,他的初恋是杨绛,害得杨先生一再强调,"费的初恋不是我的初恋"[2],是郎有情而妹无意。

---

① 吴学昭:《听杨绛谈往事》,第 70—71 页。
② 吴学昭:《听杨绛谈往事》,第 74 页。

　　在钱锺书与杨绛此番见面之前，二人并非彼此陌生。杨绛的好友蒋恩钿早已在给杨的信中对同班钱锺书的聪明和才华夸赞不已，给她留下了很深的印象。保不准蒋恩钿早就有意把钱大才子介绍给这位据传"娇滴滴"的杨妹妹。如果还要附会姻缘的话，那么杨在童年时就已进过钱家的大门。杨先生多年前在名文《记钱锺书与〈围城〉》中说过，1919 年秋天，杨家由北京搬到无锡，他们不想住老家，就另找房子。在亲友的介绍下，杨荫杭夫妇带了杨绛去看一处房子，这房子正好是被钱家租住着的①。这姻缘好像真是前定的一般。

　　在北京，杨绛在好友蒋恩钿的帮助下，很快又转入清华借读。钱锺书和杨绛自从由孙令衔介绍后，彼此一见倾心。但此时那位孙令衔却莫名其妙地告诉双方：杨季康早已有男朋友，钱锺书也已订婚。说杨绛有男朋友，大概是误会她与费孝通；说钱锺书已订婚也并非无中生有。孙令衔的远房姑妈（称叶姑太太）是叶恭绰的夫人，叶夫妇有个养女名叫叶崇范，洋名Julia，据说是宋庆龄的干女儿。这位叶小姐其实是杨绛的"先后同学"，"叶小姐是启明学生，是我的先后同学。我常听到大姐寿康和后来又回启明上学的三姐闰康谈起她的淘气。姐姐们说，这位叶小姐皮肤不白，相貌不错，生性很大胆淘气；食量大，半打奶油蛋糕她一顿吃完，半打花旗橙子，她也一顿吃光。所以绰号'饭桶'（'崇范'二字倒过来）。一次养母叶姑太太到永安公司买东西，叫她小坐等候，她乘间吃了三十客冰淇淋，吃得病了。她在启明，曾自己编造请假信，请得假回家，换上男

---

① 钱家五年后才搬入七尺场他们自建的新屋。

装,骑自行车在大马路(今南京路)一带玩上一圈,吃了个足够,再回学校。"①

谁想到,这位叶姑太太看中了钱锺书,亲自带女儿到钱家去,想招钱锺书为女婿。叶恭绰很赞成,钱基博夫妇也很乐意。唯独钱锺书和叶小姐两位当事人不同意。钱锺书这期间偶遇杨绛,一见钟情,是坚决不干。叶小姐也早已有男朋友,是一位律师的儿子。不久,这位叶大小姐竟然和这位男友私奔,最终结了婚。杨绛说:"我第一次见到钱锺书时,就想到了这位淘气的'饭桶',觉得和眼前这个穿一件青布大褂,一双毛布底鞋,戴一副老式大眼镜的书生是不合适的。当时只闪过这个念头而已。"②看来心里还在吃那没影儿的醋呢!据说后来叶小姐和私奔的男友正式结婚时,把一口不整齐的牙齿全拔掉了,换上了整齐的假牙,看起来还不错。能看得出,这位叶大小姐并非传言的"饭桶",是一位敢爱敢恨的豪爽的民国女子。据了解,叶崇范的婚姻之路并不顺利,后来带着两个孩子改嫁了。后半生定居美国芝加哥。

钱锺书拒绝叶大小姐,自然得罪了叶家。叶家及其亲友都认为钱锺书很不好,说他狂妄、骄傲等。其实钱家、杨家和叶家都彼此沾亲带故,关系复杂。钱锺书的表兄是孙令衔,而孙令衔的远房姑妈又是叶恭绰的夫人,所以当时叶家求亲时,钱基博和叶恭绰都很乐意,也算亲上加亲吧。除此之外,叶姑太太的亲兄弟孙奕英还是杨绛父亲杨荫杭(老圃先生)的好友,杨绛和孙奕英的女儿、叶姑太太最宠爱的内侄女孙燕华从小也是闺

①② 吴学昭:《听杨绛谈往事》,第76页。

中密友。叶家关于钱锺书的很多坏话就是通过孙燕华告诉杨绛的。更让人骇笑的是，钱氏父子后来到苏州杨家提亲，找的媒人居然就是孙奕英！

钱锺书从清华毕业后，到光华大学任教。与此同时，杨绛考上了清华研究院，继续在清华读书。钱锺书拒绝叶大小姐，此事并未就此打住，后续"花絮"不断。

钱锺书清华老师叶公超(字崇智)是叶恭绰的侄子，也正是叶崇范小姐的堂兄。叶公超早年失去父母，主要由叔父叶恭绰抚养成人，和叔父关系很好。在清华，叶公超很器重钱锺书这位不同寻常的学生，常在其主编的《新月》杂志上发表钱氏作品。叶公超听说钱锺书的女朋友就在清华读研究生，执意要和她见面，非要看看拒绝和他堂妹结婚的钱锺书究竟相中了怎样一位女子。杨绛并未选修叶的课。叶公超就让他的研究生赵萝蕤去邀请杨绛到家里吃饭。杨绛也没拒绝，就在赵萝蕤的陪同下到了叶公超家。叶很会招待，吃饭时，和杨绛讲了很多她儿时好友孙燕华的事，还说叶恭绰有官瘾等。两人因为有不少共同话题，很快就熟了。叶公超后来还叫杨绛译了篇《共产主义是不可避免的吗？》，发表在《新月》上。附带一说，在清华时，赵萝蕤的追求者很多，传说钱锺书也曾追过她，不过晚年赵本人否认了此事[①]。钱锺书和杨绛结婚时，同学中，只有赵萝蕤和陈梦家去参加了。

1933年早春，钱锺书将他从中学毕业后1930年春到1932年冬所写的诗，编写成《中书君诗》(手抄自订本)一册，分送杨

---

① 可参阅爱默：《鱼雁抉微》，《记钱锺书先生》。

绛及诸师友。老夫子钱基博竟不通世故地送了一本给叶恭绰"教正"，还将儿子的家信也拿给叶看！叶恭绰看到钱、杨的唱和往来之作，气不打一处来，愤愤然道，钱锺书不肯与叶家联姻，还说什么"齐大非偶"①。其实两个"老丈人"的名气可有的一比呢。叶恭绰在民国时期，历任路政司司长，交通部次长、总长，并兼理交通银行、交通大学等要职，于交通、财政、经济、文化、教育诸方面均有建树。杨绛的父亲老圃先生是留过洋的大律师、大法官，做过江苏省高等审判厅长兼司法筹备处处长、浙江省高等审判厅长、京师高等检察厅长等要职，也是民国知名人物。

在这以后，钱锺书和叶恭绰之间仍"藕断丝连"的有过联系。兹举几例。1935年，钱锺书考得第三届中英庚款公费留学，新婚妻子杨绛以自费生身份出国，凭教育部发给的留学证书办签证、买船票，留学护照上的身份是杨季康小姐。杨先生似乎有意强调一点："由于当时任中英庚款董事会董事的叶恭绰规定，庚款学生出国留学不得携眷同行。"②有趣的是，这条规定杨先生怎么知道就是叶董事提出的呢？难道巴巴的就是针对钱锺书么？当时中英庚款董事会董事有朱家骅、李书华、叶恭绰等14人（其中4人为英籍），朱家骅是董事长（钱锺书考试时的主考）。1946年，钱锺书开始任国立中央图书馆总纂，英文馆刊《书林季刊》（*Philobiblon*）主编，在《书林季刊》的第二期刊载了叶恭绰名为《汉刻佛藏》的论文一篇。同年，钱锺书开始发表《围城》，在小说中，钱锺书描述方鸿渐在欧洲游学的

---

① 指辞婚者表示自己门第或势位卑微，不敢高攀。
② 吴学昭：《听杨绛谈往事》，第102页。

经历时写道："方鸿渐到了欧洲，既不钞敦煌卷子，又不访《永乐大典》，也不找太平天国文献，更不学蒙古文、西藏文或梵文。"这里不知有无揶揄叶恭绰的影射？叶恭绰曾在 1920 年于欧洲偶得《永乐大典》中戏文三种，此后一直为中国敦煌学的建立与发展贡献着自己的力量。

总之，钱锺书与叶恭绰之间的成见也许并没有那么深，毕竟儿女之事不可勉强。一定要说相互之间有误会成见，那么可能没有叶恭绰的侄子叶公超对钱锺书来得深。这是后话了。

第五讲
钱锺书当家庭教师

　　钱锺书虽然成名很早，但是在新中国成立前也经历了一段很艰难的岁月。抗战期间，被困上海，迫于生活压力，他竟也做起了家庭教师，以贴补生活之需。这在钱锺书的几种传记中都鲜有提及。

　　1938年11月，钱锺书学成回国，被清华大学破格以教授身份邀回母校任教，于是到昆明西南联大任职。1939年夏，钱锺书不得已离开西南联大，受父亲钱基博之命来到湖南蓝田国立师范学院出任英语系主任，兼顾照料父亲。1941年6月，钱锺书向国立师院辞职回到上海。这次他准备暑假后再回联大教书，因为联大的师友写信告诉他，清华请他返校任教是校系都已认定的事，大家也都欢迎他回去。但是清华外文系的聘书一直收不到，按理说7月份就到了，而直到10月下旬，联大开学已三周，系主任陈福田才到上海钱家请钱锺书回清华任教。钱锺书知道陈福田的迟来并非无心，自己不受他欢迎，就客客气气地推辞，推让不去了。12月，珍珠港事件突然发生，上海旋即沦陷于日寇之手，成为孤岛，再想出去已经不可能了。从此，钱锺书开始了他沦陷上海最艰苦的日子。

钱锺书在辞了蓝田的工作等待清华聘书期间,也生怕两头落空,面临失业的危险,就去向时任暨南大学英文系主任的清华老学长、好友陈麟瑞①求职。陈麟瑞于是让他顶替孙大雨,据说系里对孙有些意见。钱锺书当然不肯夺取别人的职位,于是一口回绝。他知道当时在孤岛上找份工作不容易,一人失业,可能全家挨饿。多年以后,孙大雨见到钱锺书提及此事时还表示了感激之情。钱锺书的岳父杨荫杭当时在震旦女子文理学院教《诗经》,知道女婿工作没着落,就把每周两小时的课让给了他。震旦女校的负责人 Mother Thornton(方凳妈妈)是位爱好文学的英国修女,很欢迎钱锺书,见面之后立刻为他增加了钟点。但即使震旦给他增加了钟点,薪俸仍不足以维持生活,因此他就兼职做起家庭教师。夏志清估计,当时"不少有钱人家把子女交钱锺书补习"②,所以钱锺书的"拜门学生"肯定不止本文将谈及的三位学生。第一位拜门学生是到了震旦后就收的,此后又增添了两位。杨绛说:"我们沦陷上海,最艰苦的日子在珍珠港事变之后,抗日胜利之前。锺书除了在教会大学教课,又增添了两名拜门学生(三家一姓周、一姓钱、一姓方)。但我们的生活还是愈来愈艰苦。""锺书留在上海没个可以维持生活的职业,还得依仗几个拜门学生的束脩。"③道出了当时生活的辛酸。钱锺书后来在读书笔记中,有意无意写出了当年做家庭教师的辛苦:"Noctes Atticae 述当日哲学家卑己屈躬,登门往教,如恐不及,而弟子宿酒未醒,为师者枯坐以待。

① 柳亚子女婿,柳无忌妹妹柳无非的丈夫。
② 夏志清:《追念钱锺书先生》,《不一样的记忆:与钱锺书在一起》,第56页。
③ 杨绛:《我们仨》,第115—116页。

道尽解放之前补习教师苦趣，较之 Palladas of Alexandria 诗仅叹教书生涯清苦，学生赖束脩者（*The Greek Antholog*，IX，169，173，174；'The Loeb Classical Library'，tr. W. R. Paton，III，pp.89，91），可谓每况愈下。……"①

钱锺书如何对这三位拜门学生进行补习，在陆续发表的相关回忆中，我们已约略能还原当年的一些情形。

第一位拜门学生姓周，叫周节之，家境富裕，所以给钱锺书的报酬也是随着物价涨。这个拜门学生不断请老师代为买书，自己却并不读，专供老师借阅。在当时的环境下，钱锺书同样能买到读到很多他想要读的书，这对他来说是再快意不过的事了。他高兴地在买来的书上一一写上"借痴斋藏书"，盖上"借痴斋"印章。②"文化大革命"期间书籍流散，曾有人就买到"借痴斋"的书，还寄还给了钱锺书。钱锺书对这个拜门学生其实还是比较喜欢的。1948 年，上海开明书店出版《谈艺录》，在序里他提及这位学生："乃得李丈拔可、徐丈森玉、李先生玄伯、徐君调孚、陈君麟瑞、李君健吾、徐君承谟、顾君起潜、郑君朝宗、周君节之，或录文相邮，或发箧而授。皆指馈贫之困，不索借书之瓻。并书以志仁人嘉惠云尔。"这是很荣耀的事了。这本书是在 1939 年到 1942 年间写的，序也是在 1942 年写的，那时周节之正是他的补习学生。1949 年 3 月，钱锺书夫妇同游杭州，由周节之陪同兼做导游。在上海期间，钱锺书还曾带他到合众图书馆，以

---

① 《容安馆日札》第 81 则，转自范旭仑：《钱默存收女弟子》，《掌故》第 2 集，中华书局 2017 年版，第 150 页。

② 吴学昭：《听杨绛谈往事》，第 186 页。

及拜访朋友。[①]1949年后，他们仍然保持联系。《槐聚诗存》收1952年作《生日》诗，脚注云："与家人及周生节之共饮市楼。"[②]周与钱氏家人一起庆贺生日，直如家人矣。

晚年杨绛在《走到人生边上》一书中，曾提到一位有钱的、迷信算命的拜门学生，应该就是周节之。她说，钱锺书沦陷上海的时候，有个拜门学生最迷信算命。"这位拜门弟子家赀巨万，早年丧父，寡母善理财，也信命。她算定家产要荡尽，儿子赖贵人扶助，贵人就是钱先生。所以她郑重把儿子托付给先生。她儿子相貌俊秀，在有名的教会大学上学。"[③]据杨先生说，当时很多漂亮小姐看上他，他都不中意，因为他迷信命。这个学生倒是看上了杨绛的妹妹杨必。因他属鼠，鼠是"子"，"子"是水之源；杨必大他两岁，属狗，狗是戌，戌是火土，可以治水。但杨必断然拒绝。新中国成立后，1953年或1954年，这位学生陪他妈妈到北京游玩，还特地看望了钱锺书一家。但是他妈妈后来因为变卖家中珍宝被捕，全部家财没收国有。再后来，这位学生生活拮据，钱锺书夫妇长时间寄钱接济，"贵人扶助"大概此时才应验了吧。

第二位拜门学生似乎不姓钱，[④]姓何，叫何灵琰。何灵琰是钱锺书在震旦女校的学生，也是他的补习学生之一，是何竞

---

① 可参《顾廷龙年谱》。

② 钱锺书：《槐聚诗存》，第109页。

③ 《杨绛全集》第4卷，人民文学出版社2014年版，第236—237页。

④ 姓钱的学生应该也有。夏志清《追念钱锺书先生》："我沪江同班同学有位钱小姐，也同钱锺书是亲戚，毕业两年后尚待字在家，她父母亲倒有些着急了。那时她弟弟在跟钱读书(看来不少有钱人家把子女交钱锺书补习，纽约市亨德学院有位中文讲师黄赓，他太太当年也跟钱读过书)……"见《不一样的记忆：与钱锺书在一起》，第56—57页。

武将军的女儿。此女 1923 年生，比钱锺书小 13 岁，据言"细挑身材，大眼睛，白皮肤，月眉玉齿，鸭蛋脸上有两个深酒涡"①。据何女士在《钱锺书·〈围城〉·才人》一文中回忆，1944 年，她的父亲为让她的英文不成为留学的障碍，四下里托朋友，给她找一位高水平的英文家庭教师。结果时任故宫博物院古物馆馆长的徐森玉向她父亲推荐了一位英文教师。徐对这位年轻人相当推崇，说这位家庭教师从英国回来，有相当深厚的英文和中国文学功底。于是她父亲接受了徐森玉的提议。没过两天，那位年轻人来到她家，竟然就是何灵琰的大学英文教师钱锺书。钱锺书开始婉言谢绝了徐森玉的提议，是在其再三请求之下，才勉强同意的。钱锺书 1944 年 11 月 26 日致函徐森玉有云："今雨能来，古道可感。何女士从学事，既承尊命，不敢固辞。惟不才病齿，间日就医，俟阳历新年开课，何如？每周二次，时间当与何女士面洽，不敢复劳吾丈骑驿。但不才又着手新作一书，张彦远之无益遣有涯，陈师道之有益苦无多，聊堪自解；微恐此馆不能持久，姑暂定以寒假终了为限，及期再议。何女士名门淑媛，重以吾丈道地，不才决破例往教。苟遇风雪，或偶援《北梦琐言》四不出之成说，何女士万勿先过。其他节文，悉从捐弃。难用出世之法，而寡适俗之韵，以省事不着相为尚，亦不向虚空中钉橛之旨。此乃开宗第一义，务求亮察。余容面白。"因而补习时间也不是何灵琰父亲要求的每天一次，而是一周上课两次，即使这样也不保证每次都来。钱锺书由此一直做了她一年多的家庭教师。

---

　　① 范旭仑：《钱默存收女弟子》，《掌故》第 2 集，第 148 页。

一开始,钱锺书负责辅导何灵琰英文,没过多久,他发现这个学生对英文没兴趣,中国文学倒是有不错的基础。于是,他们上课的时候,谈论最多的竟是中国诗词。那时,钱锺书已经着手在写《围城》,所以,《围城》又成了少不了的话题。每逢上课的时候,钱锺书总要先把他新写出来的章节拿给她看,上课时英文的教授只占了一小部分时间,大多数的时间是在讨论《围城》。有一回,钱锺书对她说,在《围城》里,以她为原型写了一个人物,就是那个会画画儿却写不好字的太太。那时候,钱锺书每次都是下午两三点钟到何家,上完课后,他们还经常一起踏着夕阳的余晖,到附近的一家叫梅龙镇的铺子,叫上两客嫩鸡焖面,一边吃东西,一边继续讨论《围城》。所以,《围城》里的人物都有谁、出自哪里、以什么人为原型,对于何灵琰来说真是烂熟于心。

在一年多的补习期间,钱锺书因事有时未能按时去上课,他会郑重去函请假。如1945年3月30日,钱锺书给何灵琰去一短札即为请假:

灵琰女士文几:

不才须赴苏州奔外氏之丧。如得车票,今晨便行,至迟不过后日。少则十日,多则半月必归。特此请假。王右军《兰亭序》始于"暮春三月",而终以"死生亦大矣,岂不痛哉",真有同感。匆布即颂

侍安

钱锺书顿首　星期五晨①

---

① 范旭仑:《钱默存收女弟子》,《掌故》第2集,第152页。

　　钱锺书给何灵琰补习结束大约在 1946 年上半年。补习结束，何灵琰的父亲为了答谢钱锺书对他女儿的教诲，专门带着女儿来探望老师。那么长时间的交往，他们已经建立了朋友一样的关系。在后来的若干年中，师生两人还一直保持着书信往来。但钱锺书的信何灵琰不能完全看懂："没有一封能够完全读懂，只于能看懂的只言片语中，揣测先生的意思。更可笑的是，每次回信的大任，竟然交由我的母亲来完成。"[①]20 多年后，钱锺书访美，在哥伦比亚大学，何灵琰激动地和钱老师打招呼，钱锺书在她稍微提醒下，就脱口喊出她的英文名字"Julia"，让她感动不已。后来，何灵琰回国也曾拜访过钱锺书。

　　第三位补习学生姓方，叫方资敏。方资敏在 1942 年成了钱锺书的英文补习学生之一。他当时还在雷士德工学院（Lester Technical Institute）上高中二年级，英文基础不错，但不久学校英籍教师被押进集中营，日本教员进驻学校，开始传授日文，他们就默然抗议，退出了变质的中学。这时他的老师郑朝强向他推荐英文补习教师——他的一位留学牛津的朋友，在本地大学授课。后来才知道就是钱锺书。这位老师告诉他，能否录取，还须经严谨评核。方资敏回忆道：

　　在那晴朗的下午，我在法租的一栋三层楼房前，敲打钱教授住宅大门。经人引进后，我见到了钱教授和旁边的钱夫人。钱教授态度亲切谦逊，我根本没有想到面对着的是世上罕有的文学天才。简单的面试后，钱教授要我在一星期内写一篇文

---

① 何灵琰：《春分感怀》，转自范旭仑：《钱默存收女弟子》，《掌故》第 2 集，第 152 页。钱锺书给何灵琰的这些信，前些年她已将其公布于世，具体可阅范旭仑文。

章,题目不拘,要评阅及格,才会收我做学生。幸运得很,测验通过了。第二个星期六上午开学,跟着每个星期六上课。①

补习正式开始后,钱锺书要求方资敏每周写一篇散文,次周会拿到他写的评改稿,有严厉的批阅,也有激励的话语。在此期间,方资敏还每周一次骑脚踏车到广藏英国文学书籍的公共图书馆,帮钱锺书借几本要看的书。方资敏回忆说,钱教授阅读侦探小说作消遣,尤喜陶乐妃·塞耶丝(Dorothy Sayers)的,阅读起来如饥似渴。钱锺书教他的第一本课本是杰罗姆(Jerome K. Jerome,1859—1927)的散文集《闲人闲想》(*The Idle Thoughts of an Idle Fellow*),第二本课本是查尔斯·布勒·菲宾斯(Charles Bullard Fairbanks,1827—1859)的《我不认识的老朋友——阿乔戚》(*My Unknown Chien-Aguecheck*),也是本散文集。

两年后,钱锺书和方资敏都觉得如果能转攻科技,将来发展会更好,因为中国最需要的就是科技人才。于是,补习课程由英文转为中文,来应付竞争激烈的入学考试,投考国立交通大学。1944 年,方资敏考入交大工学院,补习也就停止了。但他仍然替钱锺书跑腿,到图书馆借书。1947 年,政局动荡,上海大学生经常抗议罢课,有时学习甚至完全停顿。这时方资敏找到一个机会,可以以大学三年级肄业的资格转校到美国就读大学四年级。当时听人介绍,麻省理工是美国最好的工科大学,他就准备报考此校。钱锺书替他写了一封强而有力的推荐

信,在他被麻省理工录取中发挥了作用。

可以看出,钱锺书与几个拜门学生关系融洽,很受他们的欢迎,后来都逐渐由师生关系变成了朋友关系。而这些学生有时也会给他带来意外的惊喜。杨绛回忆说,有一个夏天,有人送来一担西瓜。他们认为绝不是送他们的,让堂弟们都搬上三楼。一会儿钱锺书的学生打来电话,问西瓜送到没有。堂弟们忙又把西瓜搬下来。女儿圆圆大为惊奇。这么大的瓜! 又这么多! 她看爸爸把西瓜分送了楼上,自己还留下许多,佩服得不得了。①何灵琰曾给钱锺书家送过枇杷。钱锺书去一致谢长函:"承惠佳果,感刻感刻。清恙想差,甚念。雨后微凉,伏惟晚来胜常。……"②

钱锺书当时做补习教师,学生并没有今天这样的考试压力,所以辅导的过程很轻松,而对于这样的大学者,做起"一对一"辅导教师,确是大材小用。但是,抗战时期,像这种现象并不少见,这是历史造就的无奈之选。钱锺书当时如果真到了西南联大,日子或许会更难过。1941 年上半年,也就是钱锺书准备去的那一年,西南联大教授的平均月薪已降到战前的十二分之一,即降到如同一个码头搬运工的水平。而那些年轻的教员、助教们,每月收入还不如当时一个扫马路的清道夫。这样的收入水平,已临近城市贫民的最低生活线。为补贴家用,教授们只能想办法,如典当出卖衣物等。吴大猷先生因夫人患肺结核病,要花很多钱买药,不得不把抗战初年托人从香港、上海带来的衣物用品都陆续卖出去。化学系的高崇熙教授善种花,

---

① 杨绛:《我们仨》,第 116 页。
② 范旭仑:《钱默存收女弟子》,《掌故》第 2 集,第 154 页。

就种植了一大片唐菖蒲(剑兰)来卖。校长梅贻琦家里的日子也不好过,梅夫人一开始就想去做工,后来被人家认出来,堂堂校长夫人,如何敢雇? 有时只好在联大校门旁摆地摊,变卖儿女们孩童时的衣服以补家用,又做一种点心取名"定胜糕",到昆明冠生园小店寄卖。此外,还有一些教授开小商店、茶馆、餐厅等。而许多无力经营的教授为了糊口,只好出去谋兼职。有的教授便在昆明的其他大学、专门学校和中小学兼课,或者去教家馆等;有的教授为云南土司当幕僚,撰写寿文、墓志铭,换取酬金。例如,闻一多除在昆华中学兼任教员外,晚上还要在油灯下埋头为人刻治印章,以换取一家八口的糊口费用。[①]这样的情形直到抗日战争胜利后才有所好转。

抗战末期,杨绛说:"那时候知识分子在沦陷的上海,真不知'长夜漫漫何时旦'。但我们还年轻,有的是希望和信心,只待熬过黎明前的黑暗,就想看到云开日出。"[②]抗战胜利后,他们终于走过最黑暗的这段岁月。钱锺书陆续结束了靠做家庭教师补贴生活的日子,也辞去了震旦女子文理学院的几个小时课,任中央图书馆英文总纂,主编《书林季刊》,后又兼任暨南大学教授,英国文化委员会(British Council)顾问等,几本重要的作品也陆续出版。生活变得忙碌而充实起来。

---

① 陈明远:《那时的文化界》,山西人民出版社 2011 年版。

② 杨绛:《记傅雷》,《杨绛散文》,浙江文艺出版社 1994 年版,第 74 页。

　　2009 年，上海私立合众图书馆创办 70 周年，上海图书馆王世伟特撰文告诉我们不该忘记当初创馆的三位重要学者：叶景葵、张元济和顾廷龙。①文中两次提及钱锺书："在读者服务方面，为各大学及各界之研究文史学者服务，如顾颉刚、郭绍虞、钱锺书、李平心、周谷城、钱南扬、蔡尚思、郑振铎、周予同、黄永年等，也有一些有志于文史研究的青年，虽每天读者仅数人，但'合众'以其便捷专业的优质服务在学术界形成了良好的口碑。""合众图书馆的创办发展过程中，除了以上三位主要创办人外，我们同样也应当记住以下人物的姓名：担任过首任董事长的陈陶遗，担任过董事和常务董事的徐森玉，担任过董事的陈叔通、李拔可、陈朵如、谢仁冰、裴延九、胡慧春、陈次青、唐弢，担任过名誉顾问的顾颉刚、钱锺书、潘承弼，担任过职员的朱子毅，担任过助理和干事的胡世范，担任过书记员的黄筠、杜桢等。"查看所有关于钱锺书的传记，对其与合众图书馆之间的生平史实钩沉都鲜有提及，笔者仅就所见资料对钱先生与合众

---

① 　王世伟：《合众图书馆的三位主要创办人——写在合众图书馆创办七十周年之际》，《文汇读书周报》2009 年 4 月 24 日。

之联系略作梳理，以作钱氏传记之补充。

　　钱锺书自 1941 年夏从国立师范学院回上海后，一直到上海解放，都困居此地。他在上海经历了几个重要的历史时期，包括上海沦陷的孤岛时期、抗战胜利以及上海解放时期。从上海刚沦陷到抗战胜利，他没有固定的工作，生活状况甚是窘迫。在教会学校震旦女子文理学院几个钟点的课还是他岳父杨荫杭给的。到抗战胜利他也只出版了《写在人生边上》[①]，发表的文章也很少。抗战胜利后，他在上海的社会兼职才开始多起来，在学界的声望也渐高。社会兼职多，加之声名在外，社交应酬也开始多起来。李洪岩说，"在此期间，钱锺书时常与一些老辈文人交往"，"与'现代中国文学界'以及现代学人发生了大概他一生中最广泛的联系与交往。在此之前与之后，他似乎再没有集中见过这么多中国文化界的知名人士"[②]。这些文化界名人的出现，此前我们从《郑振铎日记》、夏承焘《天风阁学词日记》、《叶圣陶日记》等文献的记载已可看出，《顾廷龙年谱》[③]出版后，又增补了不少我们对钱先生在上海时期生活的了解。[④]因为顾廷龙先生与合众图书馆的特殊关系（他是总干事），加之顾老有记日记的习惯，所以《顾廷龙年谱》[⑤]是我们了解钱锺书与合众关系的一个重要窗口。《年谱》所记涉及钱锺书者，横跨

---

① 　1941 年 12 月初版。

② 　李洪岩：《钱锺书与近代学人》，第 132、138 页。

③ 　沈津编著，上海古籍出版社 2004 年版。

④ 　该《年谱》人物小传"钱锺书"条有不准确处。钱先生当不仅是"古典文学专家"，至少也是作家；他没有获"英国牛津大学博士学位"，他在牛津只带走毕业证书，未领文学学士学位；是《管锥编》而非《管锥篇》。著者对钱先生生平与著作似了解不多，参考的文献很有局限性，再版时当改正。

⑤ 　年谱中相关内容多采自顾老的日记。

时间不短（从 1943 年到 1952 年），不仅能看出钱与合众图书馆以及顾廷龙之间的联系与交往，还能对其与近代学人的交往情况略窥一二。

钱锺书第一次出现在《顾廷龙年谱》或日记中，时间为 1943 年 2 月 19 日，正是旧历年的正月十五。这天过节，李宣龚（字拔可）请人吃午餐，多人参加。《年谱》云："李宣龚招午餐，座有陈灨一、夏敬观剑丞、陈伯治、沈剑知、钱锺书、朱象甫诸人。"[①]这是否是钱锺书与顾廷龙第一次见面不可知。第二次提到钱顾见面仍是因李宣龚请客。老辈学人中，李宣龚是比较赏识钱锺书的一位，在上海时期，钱锺书是李家的常客，两人还时有诗作往来。纪健生《吴孟复心目中的钱氏父子》："拔可先生诗名远播，人格可敬，'主持海上坛坫四十年，爱惜朋友，奖励后进，不树宗派'（陈声聪《兼于阁诗话》），所以时贤乐与交往。常于家中置酒高会，宾朋满座，飞觞吟诗，为一时文坛佳话。尤其每逢重九，必聚客酬唱……钱锺书对拔可先生也十分推崇，并早成为硕果亭中的座上客。"[②]实际上，李宣龚也是合众图书馆的董事，也算始创者之一，他对图书馆的贡献也很大。对于合众图书馆的创办，钱锺书应该早就耳闻[③]。合众从 1939 年 5 月始，图书馆的筹备处、最初馆址就在辣斐德路（今复兴中路）614 号，而钱锺书到上海后就一直住在辣斐德路钱家（避乱从无锡搬来）；新馆 1941 年在法租界蒲石路（今长乐路）746 号

① 本文所引当日年谱内容，不相干的皆省去，没注页码的皆出自《顾廷龙年谱》。
② 《钱锺书评论》（卷一），第 18 页。
③ 合众的好几位董事和钱都私交甚密。

初落成①,其后很长时间图书馆都在陆陆续续地搬迁,所以钱锺书对合众的情况肯定不会陌生。

钱锺书在顾廷龙日记中头两次出现以后,到是年 8 月份,他出现的次数略多起来。8 月、9 月、10 月都有出现,主要是到合众图书馆阅书、借书②,但也有顾廷龙去访问钱的记录。如1943 年 8 月 15 日:"还单镇《杨子卓诗稿》等两种,便道视钱锺书,并以《匏庐诗话》借之,畅谈。"想来两人已相当熟识了,而且有共同语可谈。屏溪(沈立人)在《记钱锺书》一文中说:"去年春天我在上海读书,偶或到合众图书馆去游玩,常遇到一个风趣极颠的学者态型的中年人,大约三十余岁,在书林里埋首工作,不时跟周遭的读者说笑话,那就是梁溪名国学家钱基博老先生的郎公忠恕先生,得过英国的博士学位③,是一中西兼长的通人。""他在合众图书馆三年,对管理员讲话向来不嵌洋话,他人自然不知道他就是精通英法德的语言家……他现在除了替中央图书馆编辑英文书刊外,还担任好几座大学的讲席。"④这说明钱锺书确实是从此时开始和合众图书馆联系起来的,并且可能还帮忙整理古籍。

1944 年除 5 月、11 月、12 月外,钱锺书都有到合众图书馆的记录,他到合众不仅借书、看书,还多次赠书(有时帮别人赠)。如是年 2 月 1 日,有向合众捐书的记录:"钱锺书来阅书,并赠《苓泉年谱》。"7 月 5 日,"钱锺书来赠吴董卿集。"9 月 27

---

① 1949 年钱锺书一家也搬至蒲石路蒲园租的房子。

② 日记中多以"钱锺书来"简记。

③ 没有得过英国的博士学位。

④ 原载苏州《力行日报》1946 年 9 月 6 日,转自《记钱锺书先生》,第 150 页。

日，"钱锺书来，为金天翮见赠所著《皖志列传稿》及《天放楼文言续》，并谓函中'询及鄙况，因念睽违函丈，忽将十年，尺素未通，转承垂念，为之惶愧'。"钱锺书还常带人来图书馆参观。如是年 4 月 3 日："钱锺书偕其友周君来参观'合众'。"①除此次带周君来合众外，在以后还几次带人来参观过，颇有推荐之意。合众的工作人员很少，除去几位董事外，十几年中实际工作的人员只有三四人，皆因经费紧张，所以很多事必由实际主持者顾廷龙亲力亲为。有人来馆看书，顾廷龙在馆时大多由他接待，帮助读者查书和到书库取书、还书，外出时才由他人接待②。因而合众图书馆是不对外开放的③，一般人不易进去，除非有单位介绍信或者专家学者的绍介。如是年 6 月 17 日，震旦大学图书馆主任熊秉辰来参观合众，还是拿着李宣龚的介绍信才进去的。而有些人想进去，如无人介绍，还得自我推介。如 4 月 6 日，李芳馥来，"自介现任沪江大学图书馆长，欲一参观。余知其原任平馆事，近以生计兼职，因许之，导其周览。适锺书在此阅书，遂同谈"。

　　1945 年 1 月、4 月、9 月、11 月、12 月都有钱锺书去合众的记载。顾先生记日记有时也会中断，如是年 9 月末至 11 月初，有一个多月未记，盖因"日本投降前后，观局势之浑沌，意趣索然，遂不能日日作记。然经过诸事，每感健忘，姑仍约略识之"。所以顾先生日记中未记载到钱锺书的，并不一定说明他就没去（而且顾的日记也不是每天都记的）。也正是因为顾先生的怕

① 此"周君"可能是钱的拜门学生周节之。
② 王煦华：《顾廷龙年谱·序二》。
③ 抗战期间一般只开后门不开大门。

健忘,才有了其后钱锺书的继续出现。其中 9 月 18 日,顾廷龙致信顾颉刚①,提及钱锺书:"足下归来,尚祈领导后学从事建设,事务方面,龙当努力为公臂助。敝馆筹备以来,杜门校理,罕与外接,读者皆系熟识之士,若秉农山、王以中、钱锺书,其他老辈及商界中人,中幸未遭日军检查,地方上亦未经麻烦。虽偶有调查,尚易应付。今后进展,将俟币制折定,基金筹妥,俟台驾来沪,尚祈代为策划。龙略有计划,将来面求教益也。"此信说得很清楚,钱锺书是不多的合众常客之一。

1946 年前 5 个月都有钱先生去合众的记录(顾 8 月和 12 月份似没记日记)。是年 1 月 24 日,顾廷龙将"呈为设立合众图书馆申请立案事"之呈文致上海市教育局。其中内容提及钱锺书:

窃(陶遗、景葵、元济)等当昔国军西移以后,每痛倭寇侵略之深,辄念典籍为文化所系,东南实荟萃之区,因谋国故之保存,用维民族之精神,爰于中华民国二十八年五月发起筹设合众图书馆于上海,拾遗补阙,为后来之征。命名合众者,取众擎易举之义,各出所藏为创。初设筹备处,赁屋辣斐德路六百十四号,从事布置,先后承蒋抑卮、叶恭绰、闽侯李氏、长乐高氏、杭州陈氏等加以赞助,捐书甚多……赖有清高绩学若秉志、章鸿钊、马叙伦、郑振铎、陈聘丞、徐调孚、王庸、钱锺书等数十人

---

① 顾廷龙与顾颉刚在辈分上是叔侄关系,但顾廷龙要比顾颉刚小十来岁(顾廷龙生于1904 年,顾颉刚生于 1893 年)。从《年谱》记载的信息来看,顾廷龙很是推崇甚至尊敬这位族侄,他们之间的书信往来很多,家长里短少,而谈学论道多。此前两人因战争之故,三年多未联系,此番顾颉刚说将来上海,顾廷龙极为高兴,以后请其做顾问就不难理解了。

以及社会潜修之士同情匡助，现在积存藏书约十四万册，正事
陆续整理，准备供众阅览。

1946 年的钱锺书已经开始忙起来了。他是国立中央图书
馆总纂，英文馆刊《书林季刊》主编，还是国立暨南大学外文系
教授，英国文化委员会顾问。邵洵美的女儿邵绡红在其回忆录
《我的爸爸邵洵美》中还说，抗战胜利后，钱锺书应其父邵洵美
之邀还做过《自由论坛报》主编（杨绛已否认）等。此间他除发
表不少文章外，还出版了《人・兽・鬼》（1946 年 6 月初版），长
篇小说《围城》也开始在杂志连载。顾的日记显示，钱这段时间
还曾带《书林季刊》后来的助编章克椮来（3 月 8 日），还来赠送
过"《周报》"（3 月 30 日）。是年 5 月 5 日顾廷龙终与一别 8 年
的顾颉刚见面，"相对欢然"。5 月 7 日，顾廷龙即请他吃饭，除
了顾颉刚，还有洪业、郑振铎、张天泽、钱锺书、徐森玉、叶景葵、
高君珊、雷洁琼。《书林季刊》1946 年 6 月创刊，钱锺书几乎每
期都在上面发表文章，还忙着约稿、编稿，常在南京、上海两地
奔波，杨绛回忆说："锺书每月要到南京汇报工作，早车去，晚上
老晚回家。"①没去合众也很正常。

根据《顾廷龙年谱》，1947 年钱锺书去合众图书馆的次数
最频繁，除 12 月份无记录外，其余都有出现。1 月、4 月和 9 月
他还向图书馆赠过书。本年钱锺书正式被聘为合众图书馆顾
问。5 月 7 日，下午四时，合众图书馆开董事会第六次临时会
议。出席者张元济、陈叔通、李宣龚、叶景葵、徐森玉，主席张元

① 杨绛：《我们仨》，第 121 页。

济,书记顾廷龙。讨论事项三项:

1. 叶常务提根据董事会办事规则第十三条,关于组织大纲第二条第二项、第四项得由董事会聘专家审理之,拟聘专家若干人为本馆顾问,以资请益案。决议:聘专家三人为顾问。通过。

2. 叶常务提拟聘顾颉刚、钱锺书、潘景郑三先生为本馆顾问案。决议:由董事长函聘之。通过。

3. 叶常务提嗣后关于本馆对外日常例行文件,得由总干事签署行之。决议:通过。

5月10日,在一次聚会上,顾廷龙"即将'合众'顾问聘书面递之"。合众的三位顾问中,当时年龄最长、名气最大的是顾颉刚。潘景郑长期从事图书馆古籍整理,专于明史、版本目录和金石学,又工词曲、擅书法,但为人低调谦虚,所以三人中名气声望要稍逊一筹。论关系,顾廷龙还是潘景郑的姐夫。[①]三位顾问中,只有潘景郑在合众做的实际工作最多,时间最长。他早在1940年8月就在顾廷龙的推荐之下到合众工作,已做了大量实务。

钱锺书做图书馆顾问也并非第一次。北京语言学院《中国文学家词典》(1979年)现代第二册"钱锺书"条说他曾担任"北京图书馆英文馆刊顾问"。词典有关钱锺书生平绍介的条目似乎得到过钱本人的认可,故较为可信。钱锺书在蓝田国师期

---

① 可参陈先行:《心香一瓣图史千秋——纪念潘景郑先生》,《文汇读书周报》2007年8月24日;王世伟:《潘景郑先生之读书与校书生涯》,《图书馆杂志》2004年第2期。

间,袁同礼正在昆明主编北平图书馆英文馆刊《图书季刊》(*Quarterly Bulletin of Chinese Bibliography*),有说袁此时聘请钱锺书做了该刊"首席编委"①。《为钱锺书声辩》亦云:"北京图书馆馆长袁同礼当于此时获悉钱锺书厚重的牛津大学毕业论文尚未刊布,第二年就把它发表在他主编的在昆明出版的《图书季刊》英文版上,并聘任钱锺书为该刊编委。"②不管是"顾问"还是"编委",对钱来说,可能更多只是挂虚衔,他不一定有时间有条件为《图书季刊》做太多事③,毕竟不能和他自己做图书馆刊物主编时相比。

但在合众期间,钱锺书这个顾问似乎做得有名有实。除前引屏溪文说钱"在合众图书馆三年","在书林里埋首工作"外,晚年其同乡加同窗孙克定老先生也回忆说,1949年上海解放,他是上海合众图书馆军管会的负责人,而钱正在该图书馆工作。他们分别二十多年,出于同窗之谊,钱锺书请孙到他家做客,吃的是点心,喝的是清茶。当时钱留给孙的印象是:他不愿趋时,也不求闻达,一派学者之风,没有一点儿请他"多加关照"之意。"我想,他请我吃点心,喝清茶,也是为了表示君子之交淡如水吧!"④也就是说,钱锺书在合众图书馆不是挂虚名,还做一些实际工作,而且这份工作一直延续到上海解放。

1949年初开始,钱家人从各地陆续聚到上海辣斐德路租

---

① 叶瘦秋:《钱默存先生交游录》,《记钱锺书先生》,第316页。
② 李洪岩、范旭仑:《为钱锺书声辩》,百花文艺出版社2000年版,第72页。
③ 目前也鲜见有关钱锺书与《图书季刊》联系的更多文献。
④ 严宽:《钱锺书轶事新知》,《人民日报·海外版》2001年12月27日第7版。

处,房子不够住,钱锺书一家三口就搬到蒲石路蒲园了。钱锺书有空仍去合众。合众图书馆为数不多的馆员之一沈燮元回忆:

> 钱锺书先生当时住在蒲石路的蒲园,和合众相距不远,因此常来看书。合众当时大门不开,由后门出入,装有门铃。门铃响了,每次开门不是保姆,便是顾老自己开。有一次,保姆和顾老都不在,铃响了,由我去开,一看是锺书先生(因钱先生经常来,虽未接谈,但知道他是钱锺书)。因顾老不在家,只好由我接待。他问我"尊姓大名",我据实以对。后来他又听出我讲话有无锡口音,索性用无锡话来和我谈话。谈话中,得悉我是无锡国专毕业的,他听后特别兴奋(因为锺书先生的尊人子泉先生曾在国专教过),又问我有哪些老师。我告诉他有朱东润先生,讲中国文学批评史,我说朱先生跟吴稚晖先生去过英国,曾在伦敦西南学院肄业,同时又谈到了他的叔叔孙卿先生,谈话一下子从平淡无奇转入了热烈的高潮,他称我为"密斯脱沈",最后主动把他的地址给了我,嘱我有空可以去看他。但天下事并不如人们所想象得那么圆满,蒲园我曾去过一次,但钱锺书、杨绛先生两位都不在家。否则的话,还有许多值得记载的东西记下来。①

从 1948 年开始,时局动荡,钱锺书在顾的日记中出现次数越来越少。1948 年只有 2 月份有去的记录。是年 3 月中旬到

---

① 沈燮元:《〈合众图书馆董事会议事录〉跋》,转自桑农:《关于钱锺书与合众图书馆的三条史料》,《文汇读书周报》2009 年 9 月 25 日。

4 月下旬,钱锺书随民国教育部组织的文化代表团访问台湾。1949 年 8 月 23 日,《年谱》载:"题《百尺楼诗集》。陈庆森撰。庆森为前京沪铁路局长陈伯庄之父。书为钱锺书赠。"不知此书是否为钱当日去赠送的。这大概是钱锺书最后一次与合众图书馆的直接联系了。第二天(8 月 24 日),钱锺书即携妻带女登上火车,离开上海,26 日抵达清华。此前他们夫妇已经得到清华的聘约,并接受了聘约,他说:"换换空气吧,也许换了地方,你的病就好了。"[1]此前,杨绛的身体一直不好,查不出病因。钱锺书就这样结束了自己困居上海的八年,也结束了与合众图书馆之间的联系。离开上海后,钱锺书在《年谱》中只出现过三次,是几次书信往来的记录,和顾廷龙以及合众图书馆的关系似逐渐疏远。

杨绛先生在《怀念陈衡哲》文中透露:

不久后,锺书对我说:"我见过胡适了。"锺书常到合众图书馆查书。胡适有好几箱书信寄存在合众图书馆楼上,他也常到这图书馆去。锺书遇见胡适,大概是图书馆馆长顾廷龙(起潜)为他们介绍的。锺书告诉我,胡适对他说,"听说你做旧诗,我也做。"说着就在一小方白纸上用铅笔写下了他的一首近作,并且说:"我可以给你用墨笔写。"我只记得这首诗的后两句:"几支无用笔,半打有心人。"我有一本红木板面的宣纸册子,上面有几位诗人的墨宝。我并不想请胡适为我用墨笔写上这样的诗。所以我想,这胡适很坦率,他就没想想,也许有人并不想求

---

① 杨绛:《我们仨》,第 119 页。

他的墨宝呢。可是他那一小方纸，我也直保留到"文化大革命"，才和罗家伦赠锺书的八页大大的胖字一起毁掉。

　　文中还交代，钱锺书夫妇到任鸿隽家，同他们夫妇与胡适聚谈形势和个人去留。钱锺书和杨绛早已决定留下，任鸿隽夫妇一年多前才从美国回来定居，也决定不走，只有胡适不便不走，没过几天他就去美国了。2008 年出版的《听杨绛谈往事》同样引用，而且在钱去合众的原因上还加了句："锺书有段时间在读《宋诗纪事》，常到附近的合众图书馆去查书……"①这段回忆是值得玩味的。胡适是否寄存了好几箱书信在合众图书馆，至少在《顾廷龙年谱》里还看不出来。倒是胡适最后到合众图书馆的时间在胡适日记和《顾廷龙年谱》中都有记录。胡适因为一直在搞有关《水经注》的考据，要查相关文献，和合众图书馆之前就有联系，而且受到合众同人的厚待和"种种帮助"。胡适 1949 年 1 月份就到沪，即几次来合众②。在胡适日记中，也有记录：2 月 22 日，"到合众图书馆工作，拟写一跋，记馆中三种《全氏校〈水经〉》，未成"。2 月 24 日，"在合众图书馆工作了一天"。2 月 25 日，"在'合众'工作一点钟"。③《顾廷龙年谱》载 3 月份胡适也去了合众。4 月 6 日，胡适乘"威尔逊总统号"轮船离沪赴美，《顾廷龙年谱》载临行前胡特至合众图书馆向顾廷龙等道别，并写字数幅。这段时间钱、胡完全有见面的可能，虽然胡适晚年说他从未见过钱锺书。

----

① 　吴学昭：《听杨绛谈往事》，第 223 页。
② 　主要还是查有关《水经注》资料。
③ 　曹伯言整理：《胡适日记全编》第 7 卷，安徽教育出版社 2001 年版，第 745—746 页。

事实上，从近年披露的最新材料分析，钱锺书与胡适之第一次见面的地点正是合众图书馆，时间在 1948 年 10—11 月。杨绛所记见面情形大致是对的。第一次见面后，在胡适离开大陆前，他们在上海至少又见了两次面。上海的三次见面，给钱锺书留下深刻印象，晚年他记忆犹初。1984 年 7 月 17 日，钱锺书致函汪荣祖，追忆了与胡适之上海三次见面的细节：

上海解放前一年，博士来沪，遇合众图书馆，弟适在翻检（弟挂名为该馆顾问），主者介绍握手。博士满面春风曰："听说你是个 humanist（似有春秋之笔，当知弟为吴宓先生学生之故），做的旧诗很好。我也做旧诗，昨天还写了一首五律（图书馆主者忙送上拍纸簿、铅笔），写出来请教大家。"写出后，以纸交弟曰："你给我宣纸，我为你用毛笔写。"诗只记有"半打有心人"句。此纸保存至"文革"时，与其他师友翰同付一炬。弟并未受宠若惊，因此结识。过数月，博士又来沪，从陈衡哲女士处，得悉内人家世（陈女士极偏爱内人），欲相认识。陈因在家请喝茶，弟叨陪末座；胡与内人谈话，略见内人《我的父亲》文中。敝寓近一小吃店，以"鸡肉包子"得名，陈女士夫妇皆爱吃，内人常以此馈遗之，是日亦携往，博士大赏"好吃"，而陈甚节俭，备点心只是"蟹壳黄"小烧饼，博士嗤之以鼻曰："此等物如何可以请客！"陈怫然，事后谓内人曰："适之做了官，spoild 了！"合众图书馆主人叶景葵先生请博士在家晚饭，弟与郑西谛先生皆被邀作陪，听其政论，后见 *Foreign Affairs*（外交季刊），渠发表一文，即席上所言也。弟 Saunter down the memory lane，而渠 Sink down the memory hale，此犹家宾四《忆双亲》中有关弟一节之全属子虚，Galieo 嘲历史家为"记忆专家"（O istorici o dottori di memoria）；胡、钱皆以史学自负，岂记忆之"专"，只在思想史、国史，而私史固容自由任意欤？一笑。①

　　新中国成立后，合众图书馆依然在发挥作用。但时隔不久，不仅董事有了变化，办馆方针也发生了改变。1951 年，经董事会议决，确定了新的办馆方针，增加了"传播马列主义毛泽东思想，为新民主主义文化建设而努力"的内容。1953 年，董事会第 14 次临时会议决定，将合众图书馆捐献给上海市人民政府，由市文化局接办，遂改名上海市合众图书馆。1954 年，上海市合众图书馆又改名上海市历史文献图书馆；1958 年，历史文献图书馆又并入上海图书馆。而早在 1949 年 8 月 24 日，钱默存就已离开上海，举家北上重新回到清华园，回首前尘往事，真有人去楼空、风流云散之叹。

---

① 汪荣祖：《槐聚心史：钱锺书的自我及其微世界》，第 123—124 页。

【附】

《顾廷龙年谱》里的钱锺书

钱之俊整理

一九四三年

二月十九日，"李宣龚招午餐，座有陈灟一、夏敬观剑丞、陈伯治、沈剑知、钱锺书、朱象甫诸人。"

四月四日，"李宣龚招食茶点，座有冒广生、夏敬观、沈昆三、沈剑知、瞿凤起、瞿旭初、顾公雄、黄霭农、钱锺书。"

八月十五日，"还单镇《杨子卓诗稿》等两种，便道视钱锺书，并以《匏庐诗话》借之，畅谈。"

八月十六日，"钱锺书来。"

九月十三日，"钱锺书来。"

九月二十二日，"李宣龚、钱锺书、王以中来畅谈。"

十月二十六日，"致钱锺书函，索《念劬庐丛刻》。"

一九四四年

一月六日，"钱锺书来阅书。"

一月二十日，"钱锺书来，阅《榕村语录》等。"

二月一日，"钱锺书来阅书，并赠《苓泉年谱》。"

三月二日，"访钱锺书，介其夫人杨绛（季康）女士相见，绛为先生父弟子也。"

三月九日，"钱锺书来，见借《谭仲修师友尺牍》一册，为许增、陈豪等。"

四月三日，"钱锺书偕其友周君来参观'合众'。"

四月六日，李芳馥来，"自介现任沪江大学图书馆长，欲一参观。余知其原任平馆事，近以生计兼职，因许之，导其周览。适锺书在此阅书，遂同谈。"

四月十八日，"钱锺书来。"

六月十九日，"钱锺书、诸仲芳等来。"

七月五日，"钱锺书来赠吴董卿集。"

八月六日，"访钱锺书，还《复堂师友手札》两册，又借一册。"

九月四日，"钱锺书等来。"

九月五日，"钱锺书为题宋阑七绝三章。"

九月七日，"钱锺书来，见假《杂志》及《天地》两册。"

九月二十七日，"钱锺书来，为金天翮见赠所著《皖志列传稿》及《天放楼文言续》，并谓函中'询及鄙况，因念暌违函丈，忽将十年，尺素未通，转承垂念，为之惶媿'。"

十月二十七日，"钱锺书来，略查《朱子语类》。"

一九四五年

一月十九日，"晤佩秋、钱锺书。"

四月三日，"钱锺书来，见假《复堂师友手札》首册。"

九月十八日，顾廷龙致信顾颉刚，提及钱锺书："足下归来，尚祈领导后学从事建设，事务方面，龙当努力为公臂助。敝馆筹备以来，杜门校理，罕与外接，读者皆系熟识之士，若秉农山、王以中、钱锺书，其他老辈及商界中人，中幸未遭日军检查，地方上亦未经麻烦。虽偶有调查，尚易应付。今后进展，将俟币制折定，基金筹妥，俟台驾来沪，尚祈代为策划。龙略有计划，将来面求教益也。"

十一月五日，"钱锺书来。"

十一月六日，"钱锺书来。"

十一月十八日，顾廷龙致信顾颉刚，其中谈到他欲参加赴日调查遗失文物团事，提及钱先生。这个调查团团长是张道藩，团员有徐森玉、贺昌群、向达、伍蠡甫和张凤举。当初，赴日调查团委由徐森玉主持，"龙颇欲随往，一开眼界，因敝馆进展财力所限，决不能仿英美，至日本规模，或有可采。钱锺书君为言于森老，森老极赞成。不意改张为首长，且人选由部派定者，惟森老与钱锺书云，此事全由杭立武主管，渠尚欲为龙设法，已飞笺与杭接洽，尚无回音。"他还是希望顾颉刚替他问问。但事情已经定夺，去是去不成了。半月后，他颇自慰言："龙一时之兴奋，遽动漫游之想，今亦淡然矣。"（十二月一日致顾颉刚信）

十一月二十一日，"钱锺书来。"

十二月二日，"应《国文月刊》社邀饮，座由吕思勉、唐弢、曹聚仁、吴文祺、赵泉澄、顾雍如、钱锺书、王以中。"

十二月十一日，覆顾颉刚信，内言"'开明'将出《国文月刊》，由夏丏尊、郭绍虞主编……钱锺书来"。

十二月十二日，"钱锺书偕周节之来，同访徐森玉，不值。"

十二月十八日，"李英年、钱锺书来。"

一九四六年

一月八日，"归，知钱锺书、李英年先后来，皆失迎。"

一月二十一日，"钱锺书来。"

一月二十四日，顾廷龙将"呈为设立合众图书馆申请立案事"之呈文致上海市教育局。其中内容又提及钱先生：

窃（陶遗、景葵、元济）等当昔国军西移以后，每痛倭寇侵略之深，辄念典籍为文化所系，东南实荟萃之区，因谋国故之保存，用维民族之精神，爰于中华民国二十八年五月发起筹设合众图书馆于上海，拾遗补阙，为后来之征。命名合众者，取众擎易举之义，各出所藏为创。初设筹备处，赁屋辣斐德路六百十四号，从事布置，先后承蒋抑卮、叶恭绰、闽侯李氏、长乐高氏、杭州陈氏等加以赞助，捐书甚多……赖有清高绩学若秉志、章鸿钊、马叙伦、郑振铎、陈聘丞、徐调孚、王庸、钱锺书等数十人以及社会潜修之士同情匡助，现在积存藏书约十四万册，正事陆续整理，准备供众阅览。

二月十一日，"钱锺书来。"

三月八日，"钱锺书偕章克椠来。"

三月二十日，"钱锺书来。"

三月二十七日，"钱锺书来。"

三月三十日，"钱锺书来，赠《周报》。"

四月二日，"钱锺书来。"

四月二十二日，"钱锺书来。"

五月七日，顾廷龙请顾颉刚吃饭，座有洪业、郑振铎、张天泽、钱锺书、徐森玉、叶景葵、高君珊、雷洁琼。

一九四七年

一月二十八日，"钱锺书来，赠《思想与时代》。"

二月十一日，"诸仲芳、李庚年、钱锺书、顾翼东来。"

三月十一日，"诸仲芳、钱锺书、夏朴山来。"

三月三十一日，"钱锺书来借书。"

四月十七日，"钱锺书来赠书。"

五月七日，下午四时，合众图书馆开董事会第六次临时会议。出席者张元济、陈叔通、李宣龚、叶景葵、徐森玉。主席张元济，书记顾廷龙。讨论事项三项：

1. 叶常务提根据董事会办事规则第十三条，关于组织大纲第二条第二项、第四项得由董事会聘专家审理之，拟聘专家若干人为本馆顾问，以资请益案。决议：聘专家三人为顾问。通过。

2. 叶常务提拟聘顾颉刚、钱锺书、潘景郑三先生为本馆顾问案。决议：由董事长函聘之。通过。

3. 叶常务提嗣后关于本馆对外日常例行文件，得由总干事签署行之。决议：通过。

五月十日，"应节之招饮，钱锺书亦在座，先生即将'合众'顾问聘书面递之。"

六月二日，"钱锺书、陆萼庭来阅书。"

七月六日，"访钱锺书等。"

七月十一日，"钱锺书来借《广东新语》。"

八月一日，"李宣龚招饮，座有梁思成、温源宁、林崇墉、钱锺书、徐森玉、瞿旭初等。"

九月九日，"钱锺书来，赠远东教育会议所发印刷品。"

九月十五日，"钱锺书来。"

九月二十一日，"访钱锺书，未值。"

九月二十二日，"钱锺书来。"

十月七日，"又访钱锺书，长谈。"

十月二十二日，"钱锺书来，同访郑振铎、蒋复璁，商定后日为徐森玉饯行。"

十一月五日,"徐森玉、钱锺书来。徐森玉为向达洗尘,邀先生作陪,座有郑振铎、徐伯郊。郑振铎约先生晚餐,先生与钱锺书合请。"

十一月十九日,"钱锺书来。"

一九四八年

二月三日,"邀郝昺衡、孙蜀丞、钱锺书、牟润孙等晤叙。"

二月五日,"郑明哲、钱锺书来。"

一九四九年

八月二十三日,"题《百尺楼诗集》。陈庆森撰。庆森为前京沪铁路局长陈伯庄之父。书为钱锺书赠。"

一九五〇年

十月二十四日,"覆潘景郑、钱锺书。"

一九五一年

九月六日,"得钱锺书信,于诵芬远行甚关切。"

一九五二年

十二月二十五日,"覆钱锺书。"

第七讲
钱锺书在 1957

一

    1949 年，面对国家政权巨变，钱锺书夫妇最终选择留在大陆。杨绛说："解放前，我们是读过大量反苏小说的。但我们不愿远走他乡去当二等公民，仰洋人鼻息。我们爱祖国的语言文化，也不愿用外文创作，所以在世局嬗变之际选择留下。谣言传说共产党要'杀四十五岁以上的知识分子'，凭常情可以否定，或只算我们'短命死矣'，不愿离开父母之邦。这是实话实说。""我们发现新中国并不像反苏小说中所说的。我们既然只求'坐冷板'，端上'金银饭碗'生活无忧，有书可读，还要求什么呢？"[1]"我们如要逃跑，不是无路可走。"[2]其实早在 1948 年，香港大学就曾邀钱锺书去任文学院院长，1949 年，杭立武邀他去台湾大学任教授，朱家骅许给他联合国教科文组织的职位，牛津大学也邀他去任 Reader，但他们都不愿离开大陆这片故土，

---

①   吴学昭：《钱锺书为什么没有被划成右派》，《大公报》2010 年 11 月 7 日。

②   杨绛：《我们仨》，第 122 页。

以最坏的打算留在国内，以最低的要求求生于新中国，所以结果往往使他们有"始愿不及此"之感。

1949 年 8 月 26 日，钱锺书从上海抵达清华。工作一年后，在清华同学乔冠华的介绍下，他被调往《毛泽东选集》英译委员会工作。钱锺书不是中共党员，获得如此极具政治意义的工作，在当时一般人眼中无疑是一件很荣耀的事。在某种程度上，这确实抬升了钱锺书的政治地位，给他增加了一层保护膜。1951 年"三反"运动开始后，钱锺书在城里参加了"洗澡"运动，"洗了一个中盆澡"，还回清华学习，参加各式会议，最后顺利过关。一位党代表和钱锺书握手说："党信任你。"杨绛说："'三反'是旧知识分子第一次受到的改造运动，对我们是'触及灵魂的'。"①1952 年院系调整，夫妇两人同被调任文学研究所外文组研究员，暂属北大，后划入中科院（后转为中国社科院）。钱锺书调离教学岗位，对他来说并非坏事。美国的胡志德说："如果一直教书，那么他的尖锐辞锋和那刺人风格，在政治斗争中，必定会被狂热的学生取其所需地改造成用来攻击他自己的武器。"②"三反"时期，杨绛就遇到类似遭遇，学生反映她在课堂上大讲恋爱，因此受到批评。

不久发生的"间谍案"，让钱锺书心生恐惧，留下阴影。这是影响他 1949 年后言行的一件大事。1951 年 7 月和 1952 年 9 月，燕京大学美籍教师李克和李又安夫妇先后以"间谍罪"被捕。这就是当时震惊中国知识界的清华间谍案。李氏夫妇1948 年 10 月从费城抵达中国，11 月应聘为国立清华大学外国

---

① 杨绛：《我们仨》，第 127—128 页。
② ［美］胡志德：《钱锺书》，中国广播电视出版社 1990 年版，第 13 页。

语文学系讲师,同时在中国文学系注册为学生。1950 年 7 月被清华大学解聘,8 月至私立燕京大学读书。李克夫妇最初只是打算到中国学习语言的,没想到来华之前,美国海军部第 13 战区司令部西雅图情报司交给了李克一个任务,就是搜集有关中国的情报提供给他们。事实上,他充当了间谍的角色,而他自己并不这样认为。

李克被捕,钱锺书也被牵连。钱锺书到清华后,与温德一起指导研究生,据说就在这时与李克相识,并很快成为好友。1949 年 12 月 1 日,李克在一封信中写道:"著名的《书林季刊》的钱锺书,在这里的外语系教书,我们已成莫逆。他是我至今所见最自负的人,但也是少有的才子。"①钱锺书初回清华时,还和以前一样,意气风发,说话大胆直接并且尖锐。据李克回忆,1950 年春,钱锺书在他家做客时,对当时局势等发表过很多人所不敢言者。比如谈到他参加的政治讨论,他大声说道:"那根本不是讨论,而是瞎扯。他们所谓的逻辑简直是一派胡言,亚理斯多德在九泉之下听着也不会瞑目。所有马克思主义的思想都是这样。这里面一点内容都没有。幼稚得很呀,这些东西真幼稚。"②李氏夫妇回忆录 *Prisoners of Liberation* 1957 年 3 月由纽约 Cameron Associates 出版公司出版。北京群众出版社 1958 年出版中文译本,即《两个美国间谍的自述》。好在这本书引进得迟,而且书中的钱锺书被化名为"赵先生",减少了许多不必要的麻烦。谢泳说:"还原到当时的历

---

① 谢泳:《钱锺书与清华间谍案》,《二十一世纪》2009 年 8 月号,总第 114 期。
② 〔美〕李克、李又安著,青珂译:《两个美国间谍的自述》,群众出版社 1958 年版,第 35 页。

史处境中,如果要坐实钱锺书的那些言论,无疑要置钱锺书于死地。"①

李克夫妇被捕后,供出了与其交往之人的情况。钱锺书、周一良等俱在。这些人都不同程度地受到影响和监控,尤其是在思想改造运动中,许多知识分子被与清华间谍案联系起来。周一良回忆,公安机关根据供词,不顾司法机关原来的处理,硬诬他向美国间谍提供情报,给他加上一顶"美国特务"的帽子。②钱锺书受到牵连,《容安馆札记》第165则(作于1954年初)曾隐晦地提及:"余记儿猫行事甚多,去春遭难,与他稿都拉杂摧烧。"范旭仑断定:其遭受审讯,创巨痛深,都在默尔不言处(les silences de l'histoire),读者须会心文外。③谢泳认为:"清华间谍案的发生,带给当时凡与李克夫妇有过正常交往的中国自由主义知识分子的恐惧非常明显","当时与李克夫妇有正常交往的知识分子,事实上也确实受到了监控,钱锺书应当在这个监控之列,这样的经历对中国知识分子内心产生的影响是深远的,在相当大的程度上直接影响了他们后来的行为"。④

间谍案对钱锺书的影响是不可低估的。文学研究所刘世德回忆:

我亲自经历了"三反""五反"。我是1951年进的清华大学,当时钱锺书先生在清华大学西语系(西方语言文学系)任教

---

①④ 谢泳:《钱锺书与清华间谍案》,《二十一世纪》2009年8月号,总第114期。

② 周一良:《毕竟是书生》,十月文艺出版社1998年版,第68—69页。

③ 范旭仑:《钱默存因李克案遭受祸难》,《万象》2010年1月号。

授。我参加运动时，有一次坐车到城里来参加一个活动，清华大学文法学院党总支书记高望之，他是学法国文学的。在车上，给我们做参加"三反""五反"的动员报告。然后指出，清华大学的问题是如何严重，我们的运动该怎么搞，我们的第一号目标——钱锺书。那时候我不认识钱锺书先生，第一次听到他的名字。因为他是西语系，我是中文系，所以以后钱先生受到了什么待遇，运动是如何进行的，我都不知道，但我想他应该是受到了不小的冲击。①

　　翻译《毛选》工作于 1954 年底告一段落，钱锺书回文学研究所工作。他本该进外文组工作，可是这个组已经满了，郑振铎就借调他到古典组，要他选注宋诗。为了少犯错误、不沾染是非，他们变得"离群索居"，日常就在家里工作，每月汇报工作进程。1955 年 2 月，李又安被审判并被释放。1955 年 9 月，李克被审判并被提前释放。钱锺书受到查讯是预料之中的，而事实也查清，他没有提供"情报"给李克，因此没被戴上"特务的帽子"。他没有遭受实质的处分，这和文学所负责具体事务的副所长何其芳的保护分不开。文学研究所原书记王平凡通过众多事例，回顾了何其芳在长期担任文学所领导工作过程中如何保护知识分子的事实。他说，像清华间谍案曾将钱锺书牵扯其中，是何其芳力保其免于遭受迫害。②钱锺书未曾料到，间谍案的影响并未消除，对后来一些事情的发展还是产生了一些不良

----

① 《追忆犹及——刘世德访谈录》，《甲子春秋——我与文学所六十年》，社会科学文献出版社 2013 年版，第 115 页。

② 程凯：《纪念何其芳同志逝世三十周年座谈会侧记》，《文学评论》2008 年第 1 期。

影响。

1956年9月，中共八大召开，成批的大教授担任了外事翻译，其中定稿由钱锺书负责。国庆前大会闭幕，他和王佐良、巫宁坤奉命留下来，对全部会议文件的英文译文再次加工定稿。[①]这期间有关钱锺书"黑材料"一事不得不提。思想改造运动过后，相当一批知识分子要求入党，北大教师也不例外，他们频频向组织汇报个人思想，反映他人情况，要求入党。中共也考虑吸收一批知识分子入党。这时传言周扬曾问过何其芳："为什么不发展钱锺书入党?"钱锺书听闻此说之后，惴惴不安，发愁不已，生怕组织找他谈话，思想遂产生负担。但就在上级主管部门领导示意文研所发展钱锺书入党不久，一份反映他"思想反动""政治历史复杂"的"黑材料"出现在文研所党政领导的案头，这使他成了北大反动教授的典型。钱锺书入党之事戛然而止。这份"黑材料"是1955年肃反运动中，新北大背靠背搜集的知识分子政治排队材料，后被收入高等教育部报送中央的关于北京大学的情况简报中，题为《北京大学典型调查材料》，供高层参考。材料中记载了钱锺书多种"反动言论"，如说他在新中国成立前和美国间谍特务及清华特务关系密切，曾见过蒋介石，为他译《中国之命运》，在新中国成立后散布反苏反共和污蔑毛泽东的话云云。这份未经调查论证的材料，在钱锺书不知情的情况下，被装进了他的人事档案。1956年1月，在中央召开全国知识分子问题会议期间，该材料又被印发给与会者参考。钱锺书的反动名声由此越传越

---

① 巫宁坤:《我所认识的钱锺书先生》,《文汇读书周报》2005年7月1日。

广。直到"文化大革命"初期别人写他的大字报，他本人才知道
有这份材料。

关于入党，据说他的清华同学胡乔木就多次动员他，而
他总是感叹不已，认为自己不符合共产党员的标准。[1]不仅是
共产党要统战他，当年国民党也曾争取过。据说朱家骅曾游说
介绍他加入国民党，被他拒绝了。[2]

二

1957 年的春天，天气异常。《顾颉刚日记》4 月 9 日记："今
日仍大雪，北风颇厉，以清明后四日而有此，为我生所未见。气
候又降至零度下，如此候寒候暖，不知又病倒几人！"[3]京城里
病毒肆意，流感流行。

就在这个早春时节，杨绛说钱锺书被请到中南海，亲耳听
到毛泽东关于正确处理人民内部矛盾的讲话。他可能参加了
3 月份的全国宣传工作会议。当时多数知识分子都认为毛泽
东决定发动反对官僚主义、宗派主义、主观主义的整风运动，号
召鸣放是真心诚意的，感到很兴奋。钱锺书的好友傅雷参加完
全国宣传工作会议后，在给国外的儿子傅聪的信中写道："此次
会议，是党内会议，党外人一起参加是破天荒第一次"；"我们党
外人士都畅所欲言，毫无顾忌，倒是党内人还有些胆小"；"毛

① 陈子谦：《"天赋通儒自圣狂"——正确理解钱锺书》，《文化昆仑》，第 155 页。
② 朱寨：《走在人生边上的钱锺书先生》，《不一样的记忆：与钱锺书在一起》，第
302 页。
③ 顾颉刚：《顾颉刚日记》第 8 卷，联经出版事业股份有限公司 2007 年版，第229 页。

主席的讲话,那种口吻、音调,特别亲切平易,极富于幽默感;而且没有教训口气,速度恰当,间以适当的 pause,笔记无法传达。他的马克思主义是到了化境的,随手拈来,都成妙谛,出之以极自然的态度,无形中渗透听众的心。讲话的逻辑都是隐而不露,真是艺术高手";"我的感觉是百花齐放、百家争鸣确是数十年的教育事业,我们既要耐心等待,又要友好斗争;自己也要时时刻刻求进步——所谓自我改造"。①他的兴奋、激动、虔诚溢于纸面。即使如此,像钱锺书这类知识分子,对形势的认识仍保持了足够的冷静和保留。费孝通的《知识分子的早春天气》写出了当时这一部分知识分子的顾虑:"对百家争鸣的方针不明白的人当然还有,怕是个圈套,搜集些思想情况,等又来个运动时可以好好整一整……'明哲保身''不吃眼前亏'的思想还没有全消的知识分子,想到了不鸣无妨,鸣了吃不定自讨麻烦,结果是何必开口。"②"早春天气",说出了许多人对形势的看法,传达了他们复杂的心绪,从一个侧面"标示当时一部分知识分子在社会政治潮流中所处的'夹缝'位置,以及他们难以把握自身命运所必然产生的复杂的思虑"③。

初春时节,天寒料峭,钱锺书心里惦记着父亲钱基博的病。这时,他来到武昌。对当时的社会政治情势,他似有预料,在这一年写下的《赴鄂道中》诗五首最后两首中,他写道:

① 转引自刘中国:《钱锺书:20 世纪的人文悲歌》,花城出版社 1999 年版,第 552 页。
② 费孝通:《知识分子的早春天气》,《人民日报》1957 年 3 月 24 日。
③ 洪子诚:《1956:百花时代》,山东教育出版社 1998 年版,第 23—24 页。

弈棋转烛事多端，饮水差知等暖寒。

如膜妄念应褪尽，居然无梦过邯郸。

驻车清旷小徘徊，隐隐遥空碾懑雷。

脱叶犹飞风不定，啼鸠忽喋雨将来。

杨绛说后两首诗寄寓了钱锺书对当时情形的感受。许景渊解读后两首诗说："'反右'之大潮即将到来，山雨欲来，风满高楼，一时人心惴惴，诗中'脱叶''啼鸠'句喻知识分子之心态也。'邯郸无梦''妄膜尽褪'则言先生胸怀高旷，超然物外，妄念全消，自不致再堕尘劫矣。足徵诗人颖悟，见微知著，故能摆脱尘烦，得非所谓机动心应者乎？"①"脱叶"二句尤其形象地表现了"放"而将"收"前夕知识分子的惶惑心理。脱叶犹飞，风向未定；古人过此，尚有黄粱美梦可做，而他夜过邯郸，正是入梦之时，却早已妄心全息，如膜褪尽，连梦都没有了……②钱锺书曾在 1986 年 4 月把这两首诗写赠予钱基博的学生吴忠匡，以纪念吴在"反右"运动里的遭遇③。

钱基博在 1949 年后，也选择留在大陆，一直在武汉华中师范学院（即今华中师范大学）任职。这位著作等身、深受尊重的国学大师，对新中国充满了热情和期望，只是他的付出没有得到应有的回报。1953 年（67 岁）开始，他身体转差，说话有困难，不再去教室上课，而是在家帮助指导青年教师。1957 年

---

① 许景渊：《从钱锺书先生学诗散记》，《记钱锺书先生》，第 9 页。
② 吴忠匡：《记钱锺书先生》，《随笔》1988 年第 4 期。
③ 1957 年吴被补划成右派。

春,儿子钱锺书再次来探望他时,他已病势沉重。此前,钱锺书每年寒暑假都会来武汉探望双亲。谁也没料到,此番一别,父子竟成永诀。

4月,中共中央正式号召党外人士"帮助党整风"。文学所内立即组织号召鸣放。但钱锺书并不买账,依旧守口如瓶。"我们认为号召的事,就是政治运动。我们对政治运动一贯地不理解。"①"风和日暖,鸟语花放,原是自然的事,一经号召,我们就警惕了。上面一再号召鸣放,四面八方不断动员催促,请客吃饭座谈,鼓动鸣放。其中有我们的老相识,也有人是我们心目中的政客。几位老相识还亲自登门来敦劝我们鸣放;当初号召知识分子改造是他们,这会儿号召鸣放骂党也是他们。我们两个不鸣也不放,说话都正确。钱锺书说:'难得有一次运动不用随声附和。'"②

5月,他的叔叔钱基厚参加全国人大会议。当时有部分民主人士代表的座谈会,钱基厚十分犹豫是否要提意见,就召集在京亲戚商议。大家意见纷纭,钱锺书夫妇却一言不发,只是静静听着。但在最后,钱锺书很坚决地说:"根本就不要说。"③就在"反右"开始之前,有出版社编辑来京向他组稿。他说,这几年自己专注于翻译,没有创作,拿不出东西来支持出版社。即使被要求再版《围城》,他也婉言拒绝。编辑对他说了一些"百花齐放"一类的话,"他呢,好像早拿定了主意,只是微笑,总

---

① 杨绛:《我们仨》,第 135 页。
② 吴学昭:《钱锺书为什么没有被划成右派》,《大公报》2010 年 11 月 7 日。
③ 许大雄:《我与〈围城〉中的赵辛楣》,《文汇报》2010 年 9 月 11 日。

不点头"。①

钱锺书从武汉回京后，"只愁爹爹乱发议论"②。没想到担心什么来什么。这一年，年已古稀、疾病缠身的政协委员钱基博，响应号召，"本着爱国爱党爱民族的良好愿望"，给湖北省委第一书记王任重写了一封后被人称为"万言书"的信。信中，他敞开心扉，提了很多事关党和国家建设大计的意见。

很快，形势发生了变化。对于知识界的"鸣放"，中共中央认为是右派分子向党进攻，决定反击。1957 年 5 月 15 日，毛泽东发表《事情正在起变化》一文，要求全党认清阶级斗争形势，注意右派进攻。这篇文章的发表，标志着中央指导思想发生变化，运动的主题开始由正确处理人民内部矛盾转向对敌斗争，由党内整风转向反击右派。6 月 8 日，中共中央发出《关于组织力量准备反击右派分子进攻的指示》，同日《人民日报》发表社论《这是为什么？》，全国开始开展大规模反右派斗争。钱锺书的众多师友和亲属接连受到影响。文学界的冯雪峰、周勃、何直等相继落马。家人中钱基厚、许景渊、钱锺汉、钱锺毅都被划为"右派"，钱基博受到批判。

钱基博的"上书"震惊湖北省委。省委当即将这封信转交中共华中师范学院党委，要求学校组织对其批判。1957 年夏，华师校园内开始出现揭发与批判钱基博的大字报。7 月初，钱锺书有"突击任务外调工作"，未能请假探亲。③在父亲因言获

---

① 刘金：《已到春暖花开时》，《记钱锺书先生》，第 206 页。
② 杨绛：《我们仨》，第 136 页。
③ 罗厚：《钱锺书书札书钞续一》，《记钱锺书先生》，第 329 页。

罪后,组织上派人来京就此事"征询"他的意见,他回话说:"他年岁大了,你们认为该怎么处理就怎么处理吧。"①虽不说饶其一劫,只是提醒人家父亲年事已高,何必追究;也深知大势所在,难左右大局,露出不尽无奈。9月26日至29日,历史系和中文系组织教师连续几次对钱基博进行了批判。夏天过后,钱基博的病情急转直下。1957年11月21日,在病痛的折磨下,在极度的压抑与忧郁中,钱基博溘然长逝,享年71岁。在这个批斗的过程中,以及去世后,他是否被打成"右派",学界一直存在争议。

"反右"开始后,文学研究所内形势复杂,人心浮动。一开始,文学所负责人并未认识到形势的严峻。朱寨说:"总的说来,文学所在跟运动方面是比别的单位慢半拍的。从当时看是缺点,但事后看是优点,不抢先,后跟上。"②7月4日,副所长何其芳向党支部传达党中央关于反右派斗争的指示精神。他说,我所知识分子队伍基本上是好的。我们主要是学习,受教育。他根据文件中提出的"批判右派,不要具体点名"的精神,要求文学所人员主要进行说理批判。后来,他的讲话被当作右倾思想,受到全所批判。在上级党组织指示和群众的批判下,何其芳代表所领导小组在全所检查右倾思想,并号召全所同志用大鸣、大放、大辩论、大字报方式进行反右派斗争。经所内外群众揭发批判,荒芜、高光启、卢兴基、张国玉、高国藩、杨思仲(陈涌)、王智量、姚汉昭等8人被错划为"右派分子"。部分党团员

---

① 王武子:《关于六"不"说之说》,《文汇读书周报》2009年11月27日。
② 《甲子春秋——我与文学所六十年》,第22页。

也受到不公正的处分。①

文学所内的"反右"，基本上是迫于形势和上级的压力。郑振铎和何其芳两位所长其实还是非常开明的。在是否划现代文学组组长、所领导小组成员杨思仲为右派问题上，就曾发生激烈争论。郑振铎和何其芳都力保他能免于"戴帽"。何其芳从延安鲁艺、马列学院到文学所，全面说明情况，要求不划为右派。但他们的意见没有被上级采纳。1957 年 8 月 2 日，文学所召开批判杨思仲大会。会后，何其芳问郑振铎的意见。郑振铎说，杨思仲除了和冯雪峰的关系外，他听不出他有什么右派言论，建议不要再批判了。郑振铎在 8 月 2 日的日记中，是这样写的："陈涌是一老党员，文艺理论家，乃亦加入反党集团，实缘其有资产阶级右派思想也。"可中宣部根据杨思仲的言行，认定他是右派。王平凡说，反右派运动是中国科学院党组、党委领导的，文学所领导骨干的任命和处分，是由中宣部决定的。文学所被错划为右派的同志，长期受到压抑和委屈，不能在社会主义建设中发挥作用。②言外之意，并不是文学所领导层故意整人。

这时钱锺书的《宋诗选注》已脱稿，并在这一年发表了其中的十篇宋代诗人短论和序言，虽然他在 1957 年 6 月写的序言中引用了毛泽东《在延安文艺座谈会上的讲话》，但是该书照样受到批判。后来他在香港版《宋诗选注》前言中说："在当时学术界的大气压力下，我企图识时务，守规矩，而又忍不住自作聪

---

① 王平凡：《深切怀念老所长郑振铎、何其芳同志》，《岁月熔金——文学研究所五十年记事》，中国社会科学出版社 2003 年版，第 7 页。

② 同上，第 8 页。

明,稍微别出心裁。结果就像在两个凳子的间隙里坐了个落空,或宋代常语所谓'半间不架'。"余英时认为"他不能不引几句'语录'作挡箭牌,而他的征引的方式也实在轻描淡写到了最大限度"①。其实这本书出版后受到很多人的好评,如胡乔木和周扬当时都有称赞的话;而小川环树的高度评价,更是很快扭转了批评的方向。

对于反右派运动,钱锺书夫妇本以为是"人民内部矛盾",不足为奇,直到运动结束,才知道右派的严重。据杨绛说,运动总结时,他们"很正确很诚实地"说:"对右派言论有共鸣。"②不知此话对何人总结。在当时的特殊气候下,以他们两人的个性,敢对组织承认右派言论吗?

总的来说,钱锺书有惊无险地度过了 1957 年,并没有被戴上右派的帽子。

三

王水照感叹 1957 年的钱锺书"个性率直,放言无忌,月旦人物,褒贬世事,都未罹五七丁酉之厄,被视为'奇迹'"。③钱锺书为什么没有被划成右派?与晚年杨绛关系密切的吴学昭曾撰有《钱锺书为什么没有被划成右派》一文,大量引述杨绛的文字(实际上就是转达杨的观点)。杨绛说:

---

① 余英时:《我所认识的钱锺书先生》,《文化昆仑》,第 207 页。
② 杨绛:《我们仨》,第 136 页。
③ 王水照:《钱锺书先生横遭青蝇之玷》,《悦读 MOOK》第 16 卷,二十一世纪出版社 2010 年 4 月版,第 12 页。

钱锺书凭什么应该是右派分子呀？1957 年大鸣大放，他没说一句错话，说的全都正确，却也不是违心之谈，凭什么该是右派呢？无非凭那份黑材料，认定他是"全国最反动的知识分子"，还有别的理由吗？

我们也见到共产党确为人民办了好事。经过三反、思想改造运动，直以为人都变得没有人性了，心上害怕。看了大字报，原来一点没变。只要知道人性未改，我们就很称心。

我们从未参加过"大合唱"，鸣放也是"大合唱"，这回是大合唱骂共产党。我们不参与"大合唱"，完全是自然的。①

钱锺书能避过"右派"的帽子，是不是对时事的认知有先见之明呢？杨绛回答说："哪有什么先见之明。钱锺书和我都'脱离政治'，历次运动都不积极。""我们只是'不靠拢'，从来未表示过入党之求。不爱开会，勉强应景。对一切运动存戒心。我们觉得政治运动总爱走极端，一切运动都运动过头。""多年后看到各种记载，听到各种论说，才知道'引蛇出洞'是经过长期策划的手段，使我们想起来都后怕，对'政治'更加悚然畏惧。所幸我们当时虽对右派言论思想上有种共鸣，却没有发表一言半语的右派言论，逃过了厄运。"②

钱锺书的"不说"在当时的大环境下确实产生了很大的作用。新中国成立后，他最明智之处也就在于，很多事他看在眼里，思在心里，决不说不写，因为他知道"祸从口出"。这和以前

---

① 吴学昭：《钱锺书为什么没有被划成右派》，《大公报》2010 年 11 月 7 日。类似表述亦见《我们仨》。

② 吴学昭：《钱锺书为什么没有被划成右派》，《大公报》2010 年 11 月 7 日。

比变化很大。吴学昭认为："对政治夸夸其谈，不是钱锺书的风格。以钱先生对社会政治的极度清醒，对人间世态的深悉洞察，不论会上会下，谈话绝不直接涉及政治。即使是学术讨论，一旦牵入政治，钱先生即三缄其口，绝不发言。""他说过：'If we don't have freedom of speech, at least we have freedom of silence.'[1]多少年来，他保持沉默，不做颂圣诗，不做歌德式表态，但也谨言慎行，从不贸然就政治发表意见。"[2]

钱锺书不说不代表没有看法，也不是完全销声匿迹。文人士子，以文字笔墨曲笔含沙者并不少见，钱锺书也不例外。李慎之回忆说，他在20世纪60年代初读到《宋诗选注》时，曾为书中注语里"偶尔爆发的狂言大语"而捏一把汗，还说乔冠华认为《宋诗选注》是"那年头惟一可看的有个性的书"。[3]这种曲笔言志的写法，在"文化大革命"后推出的《管锥编》中更为常见。刘永翔说："余读《管锥编》，觉先生蒿目时艰，于目击身经之事有不能己于言者，常借前言往行而言之。"[4]钱锺书"黑材料"中"污蔑领袖著作"等言论，我想不是无中生有，它符合钱氏说话的风格，这间接也说明了他对做《毛选》翻译、外事翻译的一种态度，对现政权的一些看法。

今者有人批评钱锺书的"默默无言"，缺少"知识分子在现实生活中的道义和责任"，"没看到与他地位相称的担

---

[1] 翻译：如果我们无法拥有言论的自由，我们至少还拥有沉默的自由。

[2] 吴学昭：《听杨绛谈往事》，第276页。

[3] 邓绍基：《斯世当以同怀视之——记中国社科院文学所前辈学者之间的情谊》，《光明日报》2003年10月15日。

[4] 刘永翔：《读〈管锥编〉札记》，《钱锺书研究集刊》第3辑，上海三联书店2002年版，第59页。

当"。①这是缺乏历史体验、哗众取宠、标新立异的无知妄语，他们恨不得所有人都像储安平那样，言人所不敢言，最后被迫而竟不知去向。刘衍文先生曾说："要是钱公真的挺身而出，与那些不可理喻的豺狼抗争，这无谓的牺牲究竟于中华文化何补？……在运动中钱公洁身自好，'危行言孙'，绝不卖友求荣，助纣为虐，更不作弦箭之文、上劝进之表。箕子明夷，先生有焉。比之梁效诸公，何啻云泥？不意责人者却责之以死，其心何冷酷至此？此辈皆'文革'后所生，事后高论，以炫其'新'其'锐'，不关痛痒故也。"②钱锺书的"不说"，在当时的大气候下是大智慧的表现。没有洞悉政治本质的远见，没有坚守个人独立人格的决心，是不可能做到的。

钱锺书的"不说"，与其1949年前的锋芒毕露形成了鲜明对比，这是有原因的。避过"间谍案"一劫后，他深知"人世太险恶"。王水照曾私下对笔者说，钱锺书的沉默，其中一个重要原因是对新中国成立初期发生的"间谍案"的忌惮。教训太深刻了。③刘再复说："我接触交往的人很多，但没有见到一个像钱先生这样清醒地看人看世界。他对身处的环境、身处的社会并不信任，显然觉得人世太险恶（这可能是钱先生最真实的内心）。因为把社会看得太险恶，所以就太多防范。他对我说：'我们的头发，一根也不要给魔鬼抓住。'这是钱先生才能说得出来的天才之语，但是当我第一次听到时，身心真受了

① 蒋寅：《在学术的边缘上》，《钱锺书评说七十年》，文化艺术出版社2010年版，第154页。
② 刘衍文：《漫话钱锺书先生》，《钱锺书研究集刊》第2辑，第75页。
③ 2014年3月19于江南大学。

一次强烈的震撼。"①刘再复到美国后,钱锺书一再告诫他:"在海外不要参加任何政治活动。政治不是我钱某能搞的,也不是你能搞的。""在海外千万不要参加任何政治活动,政治不是我们这些人能搞的。"钱锺书这种沉默,是特殊政治环境下知识分子对自身的本能保护。王水照也认为,"面对命运不能自主的生存环境,致慨于'处世难于摄生',钱先生养成了自觉的自我保护意识"。他之所以能避祸,"端赖于这种生存智慧"。②

钱锺书在《管锥编》中,曾就"恶口""多言"发出专论,如:"然既'恶口'、'多言',为诸余之所'憎'、'疾',人将望望去之,苟逊避不及,亦必严周身之防、效朕舌之扪。太公乃使此曹要问察伺、刺取阴私,几何不如张弓以祝鸡欤! 朱庆馀《宫词》:'含情欲说宫中事,鹦鹉前头不敢言';杨万里《题沈子寿〈旁观录〉》云:'逢着诗人沈竹斋,丁宁有口不须开,被渠谱入《旁观录》,四马如何挽得回!'"③这不是夫子自道吗? 钱锺书晚年经常劝告年轻人,说话务必谨慎,这都是他用人生教训换来的切身体验:

一个人对自己身边的人甚至自己的朋友,在与他们说话时要十分谨慎。如果他是一个表里不一的人,他可能会抓住你话中的漏洞从你身后边捅你一刀,把你卖了;如果他是一个软弱的人,在他人的恐吓、威胁下,他可能会做一些伪证,捏造一些

① 刘再复:《钱锺书先生纪事》,《师友纪事》,生活·读书·新知三联书店2011年版,第7页。
② 王水照:《钱锺书先生横遭青蝇之玷》,《悦读MOOK》第16卷,第12页。
③ 钱锺书:《管锥编》第3册,中华书局1986年第2版,第862页。

无中生有的事件来；如果他是一个正直诚实的人，他可能会十分坦率地承认一些对你十分不利的事情；如果他是一个可以信赖的知心朋友，他可能会因保护你而牺牲了他自己。总之，心中毫无阻碍，说话毫无顾忌的人，很可能害人又害己。①

钱锺书自己分析，他能轻易逃过关，主要是他非共产党员，从未出过风头，骂过什么人，捧过什么人，所以也没有什么"劣迹"给人抓住。②这显然是书生看法。其实"反右"中大多数知识分子都是无辜的，都没有说错什么话，都没有理由被划为"右派"，放在人民的对立面。仅仅因为自己的谨言慎行就能免于浩劫，这是天真的认识。在当时的大气候下，已被传闻说过"反动言论"的钱锺书，能免于被划为"右派"，应该不仅仅像杨绛说的这么简单。李慎之说："我也一直怀疑50年代就一直有些不良言论在社会上流传的锺书，何以竟能躲过1957年的大劫。"③

除了谨言慎行，一个很重要的原因就是钱锺书的《毛选》翻译""外事翻译"等身份，使其身罩保护伞。在1957年之前，"《毛选》翻译""外事翻译"这些经历一度让海外盛传他是毛泽东的英文秘书。胡适当时认为钱锺书大概颇得毛泽东宠任④。钱锺书曾对夏志清苦笑着说，他非共产党员，怎么会有资格去

---

① 董磊、孙小玲：《钱锺书、杨绛先生寄语青年》，见何晖、方天星编：《一寸千思：忆钱锺书先生》，辽海出版社1999年版，第447页。

② 夏志清：《重会钱锺书纪实》，《记钱锺书先生》，第183页。

③ 李慎之：《千秋万岁名　寂寞身后事》，《文化昆仑》，第4页。

④ 胡颂平：《胡适之先生年谱长编初稿》第8册，台湾联经出版公司1984年版，第2904页。

当毛泽东的秘书？[1]海外之所以会有他担任过毛泽东的秘书的传闻，据周恩来的秘书回忆，毛泽东、周恩来和胡乔木等中央高层都曾因外事顾问过钱锺书。[2]有人说，钱锺书翻译《毛选》，"此事具有明显而光荣的政治意义"。"不论钱、杨主观上是否有不问政治、甚至有意疏远政治、清高超脱的倾向，但这件事却使得他们实际上进入了比较高层的政治领域。"[3]海外学者也有类似看法，认为50年代钱锺书从事《毛泽东选集》的翻译工作，并进行了宋朝诗歌的研究，这两项工作做得十分出色，或许是这令他躲过了初期的政治运动。[4] 由此也认为"钱锺书处在颇具特权的位置之上"[5]。

不仅如此，高层中的"二乔"（胡乔木、乔冠华）都是他的同学，"朝中有人好办事"，虽说钱锺书并没有献媚于他们，但是谁敢轻易去自找麻烦？夏志清猜测说："钱自称多少享受'沉默的自由'，我想情形并不这样简单。很可能上面有人包庇他，不让当代第一博学鸿儒卷入无谓的斗争之中。"[6]尤其作为毛泽东秘书的胡乔木，从"文化大革命"后他主动为钱锺书分配房子一事，就能看出他对钱的重视。胡乔木直接负责了1950年和1951年的整风，毛泽东关于人民内部矛盾的学说，也是通过他的笔第一次公布于世的。1957年的运动前后，胡乔木都是紧

① 夏志清：《重会钱锺书纪实》，《记钱锺书先生》，第180页。
② 陆纬：《清华狂才子 当代一鸿儒》，《文化昆仑》，第256页。
③ 柳鸣九：《君子之泽，润物无声——心目中的钱锺书、杨绛》，《"翰林院"内外》，长江文艺出版社2006年版，第88页。
④ Francis Deron：《钱锺书：一位伟大的中国思想家》，法国《世界报》1998年12月27日。
⑤ ［美］胡志德：《钱锺书论》，见张泉编译：《钱锺书和他的〈围城〉》，中国和平出版社1991年版，第129页。
⑥ 夏志清：《重会钱锺书纪实》，《记钱锺书先生》，第183页。

紧迎合毛泽东的思想，为运动推波助澜，他还不清楚这场运动的走向吗？"文化大革命"中曾与钱锺书夫妇大打出手的林非、肖凤夫妇撰文称，在打架之后的第二天，单位的领导就找林非谈话，"训斥他怎么敢跟大有后台的钱锺书吵架，说是他已将我们告到他的一位声势显赫的同学，当时是炙手可热的一位高官那里"。"这对夫妇用心真是凶狠，竟要搬动这么大的后台来压垮和摧毁我们。""幸亏那位当时的高官与我们素不相识，无仇无怨，所以并未听信一面之词，将林非置于死地。"①但是杨绛似乎有意撇清他们与胡乔木的关系。《听杨绛谈往事》："'文革'前，胡乔木对钱锺书比较冷淡，而'文革'后却十分亲厚，关心照顾，先后判若两人。钱锺书也不明白什么缘故。"②揣测"二乔"在钱锺书1957年命运中的影响，这种世俗的眼光，确是对他的不敬，但很多事在特殊环境下是撇不了关系的。

文学所负责人郑振铎和何其芳对所内同志的保护，也是钱锺书能避过风险的一个重要原因。钱锺书多次在外人面前忆及郑振铎，对其意外早逝表达惋惜。当时主持文学所实际事务的副所长何其芳，在"反右"期间保护大家，所内很多人一直心怀感激：

在那个时期的一些运动中，确实伤害过不少好人。但这些事具体单位的负责人往往很难做得了主。然而在相对于很多单位，文学所在反右运动时触动的人还较少，这和何先生当时的作用是分不开的，以我所知，在我们文史工作的同行中，常常

---

① 肖凤：《林非被打真相》，《作品与争鸣》2000年第4期。
② 吴学昭：《听杨绛谈往事》，第314页。

怀念两位宽厚的长者,一位是中华书局的金灿然先生,一位是何先生,他们也的确在那场运动中,尽可能地使一些同志免遭打成右派的厄运,也尽可能善待已遭打击的一些同志,使之能继续发挥其专长。但就是这样,在十年动乱中,他们都被加上了"招降纳叛"的罪名。①

文学所的老人都知道,钱锺书与何其芳彼此敬重。杨绛晚年谈及何其芳,也说他们"彼此尊重,相处融洽。何其芳曾托我去向毛选英译委员会徐永煐讨还钱锺书,徐笑:'与虎谋皮!'"②何其芳夫人牟夬鸣晚年回忆道:"何其芳生前总是跟我说,钱先生是一个了不起的人,书读得真多,不管问他什么问题,他总能对答如流,而且从来不会错。"③文学所开会,何其芳经常要征询钱锺书意见。何其芳去世前几年,还在学德文,边学边译海涅的诗。他曾向钱锺书请教他的译诗。钱锺书认为,他学德文不久,但已译得相当准确。④1977年,何其芳去世。钱锺书和杨绛同去为他送行。1987年,何其芳逝世十周年,文学研究所编了纪念文集《衷心感谢他》,书名为钱锺书题写。

20世纪80年代中期,刘梦溪在厦门大学参加一个研讨会,其间去拜望郑朝宗先生。刘梦溪提出了一个问题:"以钱先生的睿智和锋芒无法掩藏的性格,1957年的风雨环境他何以能够平安度过。"郑朝宗用很大的声音说:"那是由于他有杨绛

---

① 曹道衡:《回忆何其芳先生》,《岁月熔金——文学研究所五十年记事》,第46页。
② 吴学昭:《听杨绛谈往事》,第285页。
③ 《一寸千思:忆钱锺书先生》,第117页。
④ 《钱锺书先生百年诞辰纪念文集》,第206、217页。

先生。他有了杨绛,觉得什么都有了,何须外求。"刘梦溪认为
"郑先生讲的是知钱知人生知爱情之言"①,这当然不是主要
原因。

"反右"从开始到尾声,钱锺书目睹了知识分子之间相互揭
发甚至诋毁的丑态,看清了人与人之间的提防、冷漠。可他对
在"反右"中受伤害的人与迫害他人的人态度非常鲜明,是非分
辨得很清楚,从未失缺自己的本心。郑朝宗 1957 年因言获咎,
困顿 3 年。钱锺书听到他"归队"的消息后,第一个写信给他表
示关怀,嘱咐他要读书养气,勿因受挫而从此消沉。②萧乾 1958
年被错划为"右派",被送到柏各庄农场劳动。一次回京,路遇
钱锺书,钱热情地和他打招呼,并在熙熙攘攘的北京街头与之
交谈一刻钟。文洁若说,那年月要是让哪个急于立功的"积极
分子"撞见了,马上就会给汇报到人事部门去,成为日后挨整的
资料,然而钱锺书好像什么事也没发生。③同样是在 1958 年被
打成"右派"的吴兴华,那时也是有意回避亲友,以免连累别人,
但钱锺书见面还是主动和他打招呼,态度一如既往,并无敬鬼
神而远之的意思。④而在 1979 年出访美国时,有人谈起吴晗一
家的悲惨遭遇,钱锺书忽然对着费孝通说:"你记得吗？吴晗在
1957 年'反右'时期整起别人来不也一样地无情得很吗？"⑤他
对知识分子之间的相互倾轧深恶痛绝,这一点与乃父钱基博
有相似之处。胡志德分析说:"钱氏认为,就文人打破社会等

① 刘梦溪:《钱锺书的学问方式》,《中华读书报》2015 年 4 月 29 日。
② 郑朝宗:《怀旧》,《不一样的记忆:与钱锺书在一起》,第 115 页。
③ 文洁若:《与钱锺书先生邂逅街头》,《北京晚报》1999 年 1 月 5 日。
④ 谢蔚英:《和钱锺书做邻居的日子》,《北京晚报》1999 年 2 月 26 日。
⑤ 余英时:《我所认识的钱锺书先生》,《文化昆仑》,第 208 页。

级和背叛自己阶级地位所达到的程度而言,他们知识分子间的互相斥责,甚于国家在他们的不利处境中起的作用。依钱氏看来,最大的罪过就是 trahison des clercs,即知识分子互相出卖。"①

1957 年过去了,顾颉刚在年终日记中写道:"1957 年逝矣。此一年中,苏联贡献最多,有人造卫星,有星际火箭,有北极破冰船,又有利用太阳能之发现。中国方面,以完成长江大桥为最显著之成功,而发动反右派斗争,使人知物质建设必须赖思想改造,不能站在中间路线,亦促进觉悟之大事,有划时代之意义者也。"②言语间依然无觉醒之意。对于钱锺书以及中国多数知识分子来说,"反右"还只是一场悲剧的开始,还有一场更大的文化浩劫在不远的前方。

---

① ［美］胡志德:《钱锺书》,第 14 页。
② 《顾颉刚日记》第 8 卷,第 359 页。

第八讲
1949 年后钱锺书的翻译工作

在天涯论坛讨论钱锺书的翻译水平时，有人以"御用翻译"来称呼 1949 年后的钱锺书，言语中不无讥讽。一个以学术研究与文学创作闻名于世的学者、作家，何以被冠以"御用翻译"的头衔呢？这还得从他 1949 年后参与的一系列翻译工作说起。

翻译《毛泽东选集》

1949 年 8 月 26 日，钱锺书从上海回到阔别十余年的清华园。他在清华很受重视，工资比余冠英、吴组缃等都高。但他在清华只工作了一年，1950 年仲夏，清华同学乔冠华来找他翻译《毛选》，把他借调到中共中央《毛选》英译委员会工作。据说当初乔冠华是找费孝通参加翻译的，而费表示自己的英译水平恐不足胜任，于是推荐钱锺书担当此事。①钱锺书被推荐翻译《毛选》的消息一传出，一位住在城里的老相识，清华校庆时过

① 张冠生：《写在这部大书边上——怀念钱锺书》，《深圳商报》1998 年 12 月 26 日。

门不入,现在却马上雇了人力车专程来祝贺。钱锺书惶恐地对杨绛说:"他以为我要做'南书房行走'了。这件事不是好做的,不求有功,但求无过。"①

钱锺书不是共产党员,为什么会被调去担任这么具有政治意义的工作呢? 除了自身专业知识水平高以外,乔冠华的举荐自然不能忽视。对钱锺书一直比较关心的另一位清华同学胡乔木,时任中宣部副部长兼新闻总署署长,也是《毛选》出版委员会成员,他的作用也不能忽视。除此以外,中央对他是经过审查的。何其芳说,钱锺书被调到《毛选》英译委员会参加翻译工作时,是经过中宣部严格审查过的。党对钱先生是了解的、信任的。②也有人说,选择钱锺书参与翻译《毛选》,是因为他出身牛津,受过严格的牛津语音训练,文字风格称得上雍容大雅,最合于毛主席的气魄、风度。③

《毛选》英译委员会办公处设在北京西城堂子胡同。钱锺书平时住在城里,一般周末才回校住,并继续指导他所负责的研究生。《毛选》英译委员会主任是 1924 年毕业于清华的徐永煐。他非常欣赏钱锺书,笑说钱锺书是自己的 office wife(办公室里的夫人)。两人共事最久,由于合作愉快,后来由上下级成了很要好的朋友。《毛选》英译委员会开始参加英文翻译的有金岳霖、钱锺书、郑儒箴、王佐良等许多人,还有史沫特莱、爱泼斯坦、爱德勒等一批外国专家;一年以后,只剩下钱锺书和几个年轻助手。

---

① 吴学昭:《听杨绛谈往事》,第 253 页。
② 王平凡:《多少风雨事 旧时月色中》,《北京青年报》2009 年 7 月 24 日。
③ 唐湜:《遥悼钱锺书先生》,《文化昆仑》,第 50 页。

从 1950 年 7 月至 1954 年 12 月，钱锺书一直从事《毛选》前三卷的英译工作，"始终地和全面地参加了初版稿和旧改稿的工作"。这项工作正如他自己所说，并不是那么好做的。《毛选》的英文翻译与中文原文的编辑在同步进行，原文在编定过程中不断修改，英译也不得不跟着变动，往往是一篇已经定下来的译稿反复地动个不停。另外，也存在认识不一致的情况。杨绛说："好在锺书最顺从，否了就改，他从无主见，完全被动，只好比作一架工具。不过，他工作还是很认真的。"①"锺书在工作中总是很驯良地听从领导；同事间他能合作，不冒尖，不争先，肯帮忙，也很有用。"②因为他的认真，就有了一则被人津津乐道的关于他指正伟大领袖笔误的佳话。他在翻译中发现有段文字说孙悟空钻进牛魔王肚子里，觉得不对，应该是铁扇公主的肚子。后来证实他是正确的，"毛主席得把原文修改两句"。他做事认真，而且办事效率并不低，别人一天的活他半天就干完，甚至两个小时就能干完；省下来的时间，就偷空看书，他甚至认为《毛选》英译委员会的最大好处是人少会少，搞运动也没有声势，有时间读书。

作为翻译组里少数党外专家，钱锺书如履薄冰，工作中确实"不冒尖""不争先"。外国专家中最受组织信任的李敦白对钱锺书的印象是："他懂古英语，说话文绉绉的，像个老学究，跟其他人格格不入，好像是个外人。那个时候，我们经常在背后讽刺他。他自己也一定意识到了这种格格不入。他的意见也不太受重视，我们觉得他对政治没有领会，他的语言天才在翻

① 吴学昭：《听杨绛谈往事》，第 253 页。
② 杨绛：《我们仨》，第 124 页。

译政治作品上用不上。我们都叫他'钱教授'，好像与他都没有私人交往。有些活动，如外出到上海、广东，还有去毛主席那里，他都没有参加。那个时候因为政治的原因看不起人，现在当然知道是非常错误的，而这显然并不是他的耻辱。"①钱锺书刻意与他们保持了一定的距离。而李敦白也似乎在有意贬低钱锺书在《毛选》英译工作中的作用。

但在实际工作中，在外国翻译专家面前，钱锺书也不会轻易妥协。侯外庐之女侯均初回忆，1961年徐永煐因病住院，她去探视，恰遇钱锺书、爱泼斯坦、马海德在病房和舅舅讨论《纪念白求恩》结尾那段译稿："一个人能力有大小，但只要有这点精神，就是一个高尚的人，一个纯粹的人，一个有道德的人，一个脱离了低级趣味的人，一个有益于人民的人。"钱锺书强调它们在英文里是一个意思，如果直译，意思重叠，读者就要问为什么。舅舅说这"几种人"在中文里有细微差别，主张直译。侯均初感慨："我当时真羡慕他们有这么大的学问。"②

1952年全国院系调整，钱锺书虽然还在城内，但已被调入文学研究所外文组。文研所编制、工资属新北大，工作由中宣部直接领导③。1954年2月，翻译《毛选》工作告一段落，钱锺书回到文研所工作。在1957年"反右"运动中，除《宋诗选注》受到"缺席"批判外，他本人并没有被打成右派。1960年夏，《毛选》第四卷英译工作开始，1961年春完成。钱锺书没有参

① 李敦白口述，徐秀丽撰写：《我是一个中国的美国人：李敦白口述历史》，九州出版社2014年版，第227页。

② 徐庆来：《徐永煐纪年》，中央文献出版社2011年版，第372页。

③ 1956年正式划归中国科学院哲学社会科学部。

加第四卷的翻译工作，但作过"润色"。程镇球说："钱五十年代初即参加过《毛选》前三卷的英译定稿工作，亦曾为《毛选》第四卷英译进行过润色。徐永煐一直对他很倚重。"①

《毛选》英译分为翻译和定稿两个阶段。1958 年初到 1963 年，钱锺书成为《毛选》英译定稿组成员。据说，他成为定稿组成员是胡乔木推荐的。②1962 年 3 月，有关部门制定了一份《关于〈毛选〉前三卷定稿计划要点（讨论稿）》，其中特别强调："钱锺书的作用的确还发挥得不够，今后一方面多请他帮助翻译组的年轻同志，另一方面审稿小组的改稿继续请他仔细阅读，提出意见，并请他参加大组讨论。"③徐永煐写于 1962 年 3 月的《关于英译毛选稿再次修改问题》的请示报告，提出对前三卷"英译旧改稿"，"建议由程镇球、SOL④、钱锺书三人，组成咨询小组，专责整理历次修改建议"；在介绍钱锺书时，他写道："钱锺书政治觉悟差一些，而汉文英文却都很好，特别是始终地和全面地参加了初版稿和旧改稿的工作。文学研究所现在让他每星期在翻译组工作两天。他只能参加一部分稿子的校改。又因为陷于会议，更不能发挥全面和深思熟虑的作用。……如果把这三个人摆到一起，担任全面地、细致地衡量性的工作，则能收政治和技术、英文和汉文、旧人和新人结合的效果。"钱锺书大概是作为"技术""旧人"的一方被"结合"进去的，至于"英文汉文"兼擅于一身，比之程、SOL 两位似更具

---

① 程镇球：《〈毛选〉英译回忆片段——纪念毛泽东一百周年诞辰》，《中国翻译》1993 年第 6 期。

② 唐湜：《遥悼钱锺书先生》，《文化昆仑》，第 50 页。

③ 巫和雄：《〈毛泽东选集〉英译研究》，中国社会科学出版社 2013 年版，第 45 页。

④ 即 Sol Adler（索尔·爱德勒）。

优势,而"始终地和全面地参加了初版稿和旧改稿的工作",则是无人可比了。可见他在整个《毛选》翻译工作中的地位和作用。①

对于参加《毛选》英译工作,钱锺书对自己的评价是:尽了最大的努力,别人谁也做不到。②

亚太会议外事翻译

1952 年 10 月,亚洲及太平洋区域和平会议(简称"亚太会议")在北京召开。美国片面制造对日和约,加速了日本军国主义复活,也由于美国破坏朝鲜停战谈判和在亚洲区域建立军事基地,准备发动更大规模的战争,亚洲及太平洋区域的和平与安全遭到严重威胁,宋庆龄、郭沫若等 11 人代表中国政府,并根据世界和平理事会与国际和平保卫者的热诚建议,于 1952 年 3 月联名邀请亚洲与太平洋区域的和平人士共同发起了这次会议。1952 年 10 月 2 日至 12 日,会议在北京召开,参加会议的有来自 37 个国家的代表 414 人。

当时在北京召开如此大规模的国际会议,是一项具有高度政治意义的大事。会议提前好几个月就开始筹备。因为大会的翻译任务重,翻译人员不足,翻译处处长徐永煐还开办了应急培训班,并借调了钱锺书、吴景荣、许国璋、吴兴华、巫宁坤等许多

① 王水照:《〈毛选〉英译内情点滴》,《悦读 MOOK》第 5 卷,二十一世纪出版社 2007 年版。

② 栾贵明:《回忆钱锺书:他想做的,是开拓万古之心胸》,《北京青年报》2017 年 3 月 24 日。

学者、教授到翻译处协助翻译。大会翻译处的人员来自五湖四海，有延安时代资深的外事干部，也有从京、沪各大学临时借调的师生，还请了一批有国际会议经验的华人华侨，包括在联合国工作过的翻译。由于全国找不到一个能胜任西班牙语同声传译的人，大会筹委会还特从英国请来一批高级翻译，他们当中的许多人是参加过西班牙内战的国际纵队战士。他们的加入使会议能以英语为中介，解决了不能中西同声传译的大难题。当时新中国成立不久，要举办这样的国际会议非常不容易。中央号召的精神是：全国上下统一调动，全力支持开好大会。筹委会要什么人就给什么人，要什么物资就给什么物资。钱锺书就是作为一个纯粹技术性的工作人员被征调去的。同类学者、作家如郭沫若、马寅初、陈翰笙、老舍、曹禺、梅兰芳等都是作为各民主党派、文教、艺术等"各界一流的代表性人物"参加中国代表团的。

翻译人员 8 月中旬到北河沿翠明庄宾馆报到，然后接受培训。培训期间，筹委会多次请有关领导和专家为他们作国际形势及对外工作注意事项等专题报告，给他们灌输有关外事工作的观念，比如"政治挂帅，先公后私，外事工作无小事""在外国人面前要不卑不亢，内外有别""每个人的言行举止都代表着国家形象"。①

亚太会议全体大会共开了 12 天。钱锺书说开会期间，他连夜起草文件，第二天睡一天。② 虽然会期短，但他的工作前后持续了两三个月时间。钱锺书当时在翻译组年纪不算大，但威信还是很大的："当时许多英语专家如朱光潜、钱锺书、许国

---

① 吕宛如：《忆亚洲及太平洋区域和平会议》，《百年潮》2012 年第 4 期。

② 吴泰昌：《我认识的钱锺书》，上海文艺出版社 2005 年版，第 110 页。

璋、萧乾、卞之琳、杨宪益、李赋宁、杨周翰等人也来此担任翻译工作。朱光潜和钱锺书分别是英译中、中译英的最后定稿人。记得一天下午,当时有些专家正在为一个定冠词是否该用而难以决定,碰巧钱先生(此时只有四十多岁)精神奕奕走了进来,只听他说了一句'怎么不能用',全室的人顿时鸦雀无声,不再议论。从这件小事可以看出大家对钱先生学识的信赖。这是我第一次近距离地看到钱先生本人。"①

中共八大外事翻译

1956年9月15日至27日,中共八大在北京召开。钱锺书再次被抽调到中共八大翻译处担任外事翻译。这次调来的还有北京各大学的著名英语专家,有杨周翰、李赋宁、吴兴华、王佐良、周珏良、许国璋、吴景荣等人,南京大学副校长范存忠也在其中。翻译处设在动物园附近的西苑大旅社,钱锺书住北大,每天搭公交车上下班。后来工作紧张,他们就都在那儿过夜了。参与翻译的巫宁坤回忆当时的情形说:

我们的工作繁重,翻来覆去翻译一稿又一稿的政治报告,还有数以百计的代表发言,字斟句酌,唯恐犯"政治性错误"。有时我们还加夜班。这么多的高级知识分子,其中绝大多数是从英、美的著名学府或国内的教会大学毕业的,都心甘情愿为共产党的会议效劳,这足以显示共产党改造知识分子的成功。

---

① 张金言:《回忆钱锺书先生》,《博览群书》2005年第2期。

同时,这些年富力强的学者在当时相对宽松的政治气氛中感到自由自在,虽然大多数人仍然遵循"明哲保身"的古训。①

国庆前大会闭幕,钱锺书和王佐良、巫宁坤奉命留下来,对全部会议文件的英文译文再次加工定稿,三人合用一间办公室,一周工作六天,直到 11 月中旬。

翻译毛泽东诗词

《毛选》英译定稿工作一结束,1964 年,钱锺书又成为毛泽东诗词翻译五人小组成员,任务是修订或重译已经翻译的全部毛泽东诗词,最后出单行本。

五人中的另外四人是袁水拍、乔冠华、叶君健和赵朴初。袁水拍当时是中宣部文艺处处长,《诗刊》杂志编委;叶君健是英法文版《中国文学》主编。在五人小组成立之前,外文出版社已经出版了由 Andrew Boyd 等译的毛泽东诗词英译本,但是译文并不令人满意。袁水拍还特别撰文批评。叶君健是毛泽东诗词英译本的组织者和参加者,他就向有关领导部门建议,成立一个毛泽东诗词英译定稿小组,由袁水拍担任组长,乔冠华、钱锺书和他自己作为成员。钱锺书与叶君健主要做翻译和译文的润色工作,袁水拍与乔冠华主要负责对原作的解释和对译文的斟酌。②有关部门同意了这项建议。为了全面修订旧译

---

① 巫宁坤:《一滴泪》电子版,远景事业出版有限公司 2002 年版。

② 荣天玙:《袁水拍与毛泽东诗词英译定稿小组》,《百年潮》1999 年第 7 期。也可参考苑茵著《往事重温》。

并翻译新发表的毛泽东诗词，后来小组又增加了诗词曲名家赵朴初作为成员，并请英文专家索尔·爱德勒协助译文的润色工作。工作地点在沙滩中宣部三楼会议室。叶君健曾在回忆中提到钱锺书在五人小组中发挥的作用："所幸我们小组中有赵朴初那样著名的诗人和钱锺书那样有修养的诗评家，这样，我们最后译文的'风格'，还基本上能达到一致认可的程度。"①

乔冠华与钱锺书是清华同学，翻译期间，他经常用自己的汽车送钱锺书回家，也常到钱锺书家坐坐，说说闲话。可见，他们的关系还是比较融洽的。但就在1965年秋的一天，乔冠华却当众狠狠地批评了钱锺书。叶君健说，那天"我们毛诗（毛泽东诗词）英译定稿小组开会，乔冠华平时不常来，昨天他来了，刚坐下，看见对面坐着钱锺书，突然就劈头盖脑地对钱痛斥了一番，说他'狂妄自大，目中无人，自以为是……'等等等等，骂了一大通，不知怎么一回事？我们都惊讶得不得了，又插不上嘴……""他什么也没说，就是低着头一言不发，就这样挨训。""后来就不了了之了。大家也不吭声。乔骂完了，大家也就说别的了。"②晚年时，陈丹晨当面向钱锺书问及此事，钱先生摆摆手，一副尴尬的样子，很不情愿再提此事："……嗨！无妄之灾，无妄之灾！……"乔冠华当时的批评，针对的估计还是钱锺书的政治意识淡泊，并无恶意。

"文化大革命"开始，翻译毛泽东诗词的工作暂时停止。钱锺书此时才真正尝到运动之苦。1966年8月，他被群众"揪出

---

① 苑茵：《叶君健回忆翻译毛泽东诗词》，《文汇报》2008年5月6日。
② 陈丹晨：《无妄之灾》，《上海文学》2018年第2期。

来"，成了"牛鬼蛇神"，被打成"资产阶级反动学术权威"。1969年5月，革命青年夫妇搬进他们家合住。不久，钱锺书被下放干校。1972年3月从干校回来后，与合住者发生争执，被迫"逃离"原住处，暂住北师大，大病一场，差点送命。最后，迁入学部七号楼一间不大的办公室。翻译毛泽东诗词的后期工作就是在这间屋里完成的。

1974年11月，江青要求钱锺书和五人小组其他成员继续翻译毛泽东诗词。有文章说，是周恩来调他参加毛泽东诗词英译工作，主要是怕他下放干校被折磨而死。[①]在翻译毛泽东诗词期间，由于年初才大病，钱锺书要求"足不出户"。翻译小组成员不得不每天来陋室工作。"叶君健不嫌简陋，每天欣然跑来，和锺书脚对脚坐在书桌对面。袁水拍只好坐在侧面，竟没处容膝。周珏良有时来代表乔冠华。他挤坐在锺书旁边的椅上……幸好所有的人没一个胖子，满屋的窄道里都走得通。毛主席诗词的翻译工作就是在这间陋室里完成的。"[②]袁水拍几次想改善工作环境，换个大点的房子，江青也同意他们搬到钓鱼台，但钱锺书不愿意。1975年国庆，钱锺书还收到国宴的请帖，他请病假没去。

1976年的"五一"节时，《毛泽东诗词》英译定稿本正式由外文出版社出版。这个英译本后来成了外文出版社接着出版的法、德、日、意、西和世界语等几种译本的蓝本。

另据刘永翔撰文称，钱锺书也参与了德语版毛泽东诗词的翻译：

---

① 方丹：《我所认识的钱锺书》，《钱锺书研究》第2辑，第342页。

② 杨绛：《我们仨》，第152页。

刘子问子钱子曰："闻公译毛泽东选集,有诸?"子钱子曰:"然。"随取案头一书示之曰:"此余与乔木同志共译德文本毛泽东诗词也。"又云:"编译组中有一专家(按即爱德勒)甚倨,国人所译,必加訾议,所服者惟余一人已耳。"[1]

钱锺书对自己的翻译水平还是比较得意的。

参与国庆翻译及外事顾问

1959年,举行新中国建立十周年庆典活动,筹备委员会请钱锺书参加各种报告发言的文译和口译审定。他早出晚归、辛勤工作达半月之久。[2]

据王水照说,钱锺书还多年翻译外国发来的国庆贺电。中国和欧洲的一个小国那时建立了外交关系,每年国庆那个国家总要发来贺电,而能够翻译这些电报的人只有钱锺书。后来中国和苏联关系发生变化的那年国庆,钱锺书没有收到指定翻译的通知,他偷偷告诉王水照:"今年,那个国家没有拍贺电,大概是出了问题,说不定跟苏联一起'跑'掉了。"[3]

除被抽调参加各类翻译工作外,钱锺书还常被国家领导人"顾问"外事或外语。据周恩来的秘书回忆,毛泽东、周恩来和

---

① 刘永翔:《蓬山舟影:刘永翔文史杂说》,汉语大辞典出版社2004年版,第33—34页。

② 马靖云:《欣然于无名劳动》,《钱锺书先生百年诞辰纪念文集》,第251页。

③ 《王水照教授追忆恩师钱锺书先生 "他带着一肚子学问走了"》,《深圳商报》1998年12月27日。

胡乔木等中央高层都曾因外事顾问过钱锺书。[①]江泽民向钱锺书请教英文事，民间也版本众多。[②]

影　响

1949 年后，钱锺书从担任《毛选》翻译工作开始，就一直从事和政治关系密切的有关译事，他本人因此也确实受到一些积极影响和不一般的待遇。

1957 年的"反右"风潮中，钱锺书在 1956 年"黑材料"的风波下，居然有惊无险地度过，在很大程度上就得益于他的"《毛选》翻译""外事翻译"等身份，使其身罩保护伞。[③]

政治地位的抬升也是显而易见的。从"上调"翻译《毛选》一开始，他的政治地位在同类知识分子中就提高了。这一"上调"固然是因为钱锺书精湛的外文水平令高层不能不格外重视与重用，但无疑也相当大地提高了钱锺书作为技术专家的业务地位，使得他在同辈人文学者中更为凸显，甚至头上有了一轮小小的业务光圈。柳鸣九还说，钱锺书翻译《毛选》，"此事具有明显而光荣的政治意义。不论钱、杨主观上是否有不问政治，甚至有意疏远政治、清高超脱的倾向，但这件事却使得他们实际上进入了比较高层的政治领域。语言业务上对钱锺书的重用，首先就表明了政治上的信任，而他在这个工作岗位上的长期任职，而且在定稿工作中愈来愈重要的地位，也证明他尽心

---

① 　陆纬：《清华狂人才子　当代一鸿儒》，《文化昆仑》，第 256 页。
② 　爱默：《鱼雁抉微》，《记钱锺书先生》，第 119 页。
③ 　详见本书第七讲《钱锺书在 1957》。

尽职,为政治服务的良好的态度,以及他这种服务的优质优量,这就使得他完全成为了共和国真正的一级专家,成为党与政府重视的'国宝'"①。

在当时的政治环境下,钱锺书因为这些特殊的翻译工作经历,特别是翻译《毛泽东选集》和毛泽东诗词的工作,不仅使他避过了风头,还享受到了同时代很多知识分子无法享受的物质待遇。1958 年知识分子下乡改造,钱锺书于 12 月初下放昌黎,到 1959 年的 1 月底就回来。从 1958 年初到 1963 年,他是《毛选》英译定稿组成员。此时三年自然灾害已经开始,钱锺书回来后,因 1959 年文学所迁入城内旧海军大院,这年 5 月他们家也迁居东四头条一号文研所宿舍,房子比以前小,只有一间宽大的办公室,分隔为五小间,但并不担心吃饭问题,经常出去"逛市场""吃馆子"。杨绛说:"锺书和我常带了女儿出去吃馆子,在城里一处处吃。"②因为一同为《毛选》英译定稿的有外国人,还"常和洋人同吃高级饭。他和我又各有一份特殊供应。我们还经常吃馆子。我们生活很优裕"③。在 20 世纪 50 年代,钱锺书每年都会收到"五一"、国庆观礼的邀请。④1962 年 8 月 14 日,他们又迁居干面胡同新建的宿舍,有四个房间,还有一间厨房、一间卫生间和一个阳台,他们新添了家具,住得很"宽舒"。有回忆说,翻译《毛选》期间,吉林通化市给毛泽东送来一批葡萄酒,中宣部给了每个干部一瓶

---

① 柳鸣九:《君子之泽,润物无声——心目中的钱锺书、杨绛》,《"翰林院"内外》,第 88 页。

② 杨绛:《我们仨》,第 139 页。

③ 杨绛:《我们仨》,第 141 页。

④ 吴学昭:《听杨绛谈往事》,第 280 页。

好酒，钱锺书也得到一瓶。①

"文化大革命"中他虽也遭不幸，但没有被抄家，可以继续写日记，做笔记，并完整保存下来，在"文化大革命"一结束就拿出皇皇巨著《管锥编》，这也是其他知识分子做不到的。有人说，钱锺书之所以能在"文化大革命"期间写出代表作，是因为他曾翻译《毛泽东选集》和毛泽东诗词，"革命者"念其"革命"贡献不敢对他太"革命"。②

钱锺书是"御用翻译"吗？

1998 年 12 月，钱锺书去世。他在 1949 年后所做的这些翻译工作，被官方再次提及并被放大。时任中央政治局委员、中国社会科学院院长、党组书记的李铁映在《人民日报》撰文怀念钱锺书：

自五十年代以来，钱锺书出色完成了党和国家委托的工作。早在 1950 年他就参加了《毛泽东选集》英译委员会，并翻译了《在延安文艺座谈会上的讲话》，1960 年他又参加了《毛泽东诗词》英译定稿小组的工作，断断续续直到"文革"开始受冲击"靠边站"，工作才停顿下来。到 1972 年，他从干校返京后又于 1974 年参加了英译工作，终于使《毛泽东诗词》英译本得以出版。在将毛泽东著作推向世界的工作

---

① 唐湜：《遥悼钱锺书先生》，《文化昆仑》，第 50—51 页。
② 李霞：《谁人读懂钱锺书》，见《一寸千思：忆钱锺书先生》，第 278 页。

中，钱锺书发挥了重要而独特的作用，但他从不以此为耀，宣示他人。①

这实际上也是政府对钱锺书翻译工作的一个总体评价，是非常肯定的。"文化大革命"结束，钱锺书担任中国社会科学院副院长，是连续几届全国政协委员、常委，也都说明官方对他这位党外学者的另眼相待。那么，钱锺书是否真如有些人评价的，是"御用翻译"呢？实事求是地说，这个称呼非常不恰当。

这些翻译工作只是集体工作，是政治任务，不是他的本职工作。王水照说钱锺书翻译《毛泽东选集》与毛泽东诗词，"是最重要的学术活动"②，这种认识实际上是有失偏颇的。杨绛一再强调，"这么多年的翻译工作，都是在中央领导下的集体工作。集体很小，定稿组只二三人，翻译诗词组只五人"③。徐永煐在传记中也说："英译毛选是集体劳动成果，倾注了当时国内一批最高水平翻译家们的智慧和心血。"④在《毛选》英译小组中，钱锺书一直是以英语专家的身份被肯定的。前引徐永煐《关于英译毛选稿再次修改问题》一文还说道："钱锺书政治觉悟差一些，而汉文英文却都很好，特别是始终地和全面地参加了初版稿和旧改稿的工作……"在被问到如何看待徐永煐说钱锺书"政治觉悟差"时，杨绛笑答："这是实情。钱锺书

---

① 李铁映：《深切缅怀学术文化大师钱锺书》，《人民日报》1999年12月16日。

② 王水照：《〈毛选〉英译内情点滴》，《悦读MOOK》第5卷。

③ 杨绛：《我们仨》，第133页。

④ 徐庆来：《徐永煐纪年》，第371—372页。

的政治觉悟确实不高。"杨绛还说过："锺书从未把翻译毛选和以上这类任务当成自己的本职工作，在他自己填写的个人履历中，从未写入以上经历。""都是有关部门向锺书所在单位借调的。"①

没有当成本职工作是真，但他自己却并不回避这段经历。如在 1955 年，填写中国作协会员表时，他在"近三年来有何新作"栏写道：自 1950 年 7 月起至去年 2 月皆全部从事《毛泽东选集》英译工作（现在尚部分从事此项工作），故无暇其他活动。②

钱锺书像这样在简历中提及译《毛选》的事，在以后几乎没再看到。他并不希望自己因此而被记住，而是尽量淡化在这些工作中发挥的作用，更不会以此为炫耀的资本，向组织提要求。翻译毛泽东诗词期间，很多人写"鉴赏"类文章，连毛泽东自己都认为"注家蜂起，全是好心"。有钱锺书传记作者称，钱锺书是很有条件写的人，但"在一个阿谀奉承之风盛行的年代，钱锺书一反时流，不著时文，不发时论，仍然墨守学术独立的立场"③。"文化大革命"以后，钱锺书对这些经历更是有意轻描淡写。1979 年，他随中国社科院代表团到美国访问。在这期间，余英时向他求证是否如外界所说是毛泽东的英文秘书，他说这完全是误会，曾有一个《毛选》英译委员会，他是顾问之一，其实是挂名的，难得偶尔提供一点意见，如此而已。④自己没做过毛泽

---

① 吴学昭：《听杨绛谈往事》，第 255 页。
② 吴泰昌：《我认识的钱锺书》，第 115 页。
③ 刘中国：《钱锺书：20 世纪的人文悲歌》，第 609 页。
④ 余英时：《我所认识的钱锺书先生》，《文化昆仑》，第 207 页。

东的秘书，也没译过毛泽东"哲学"著作。①"他说不是那么回事，他翻译《毛选》也没做什么事，只是别人翻译的，他来看看。""他只校阅，未参与译事，翻译的另有其人。"②杨绛的结论是："锺书在翻译《毛泽东选集》的工作中，就'不求有功，但求无过'。他乖乖地把自己变成一具便于使用的工具，只闷头干活，不出主意不提主张。他的领导称他为'办公室里的夫人'，他很有用，但是不积极。"③

新中国成立初期，国内一般性专业人才极其缺乏，大学者从事和国家有关的诸如翻译这类事，其实是很正常的。那时，参加《毛选》④各语种翻译的专家学者难以计数⑤，钱锺书只是其中之一。在当时的大环境下，从事这类工作也是非常荣耀的事。杨宪益说："对于中国知识分子来说，从事翻译毛主席著作的工作是一种殊荣，我们还可以得到中国大学教授中最高一级的薪金。"⑥有些专家学者积极主动要求参加。翻译《毛选》第五卷时，年过六旬的北京大学著名英语教授李赋宁是工作开始后又自己主动申请来参加的。从巫宁坤的回忆中

---

① 方丹：《我所认识的钱锺书》，《钱锺书研究》第 2 辑，第 342 页。曹聚仁在 20 世纪 50 年代采访时还得知另一种传闻："钱锺书，那位学贯中西的文人，正在写毛泽东传。"见曹聚仁：《采访三记　采访新记》，生活·读书·新知三联书店 2007 年版，第 426 页。

② 陈致：《余英时访谈录》，中华书局 2012 年版，第 154—155 页。

③ 杨绛：《坐在人生的边上》，《杨绛全集》第 4 卷，第 349 页。

④ 还有《毛主席语录》《毛泽东著作选读》等。

⑤ 《毛选》前三卷有 30 多种语种的翻译版本。

⑥ 杨宪益：《漏船载酒忆当年》，第 172 页。杨宪益在该书中还说，钱锺书在毛泽东著作翻译委员会当"首席翻译"，向达向钱锺书建议，让他和夫人戴乃迭到这个翻译委员会工作。杨宪益时在南京工作，不愿离开，最终没去。在后来的多次政治运动中，"我拒绝去做把毛主席著作翻译成英文的工作这件事又被提了出来，作为我对毛主席不够崇敬的证据"。（第 173 页）

可以看出,中共八大时大批教授做外事翻译,他们的心情是愉快的,是心甘情愿的。巫宁坤在八大之后的国庆游行中,被邀请到观礼台。学院为他有幸参加国庆观礼而感到自豪,有些同事甚至感到羡慕。曾参加过《毛选》翻译的人回忆说:"作为一个翻译工作者,当时如果能参加《毛选》翻译工作,自己会认为是莫大的荣誉,而别人则会投以羡慕的目光,所以这些同志都是带着一种深深的自豪感在兢兢业业地、一丝不苟地投入工作,无一懈怠者,而且环境气氛也不容许有任何懈怠者。"①

确实,在当时的情况下,没有人敢懈怠党和政府交给的任务,正当盛年的钱锺书没有理由说"不"。他在1949年以后,坚持少说话,多做事,即使在得到信任做翻译工作期间,也谨言慎行,如履薄冰。据许渊冲回忆,钱锺书在《毛选》英译工作中,和金岳霖他们比起来,也不怎么显得出众,平时很谦虚。②1953年,翻译《毛选》期间,友人郑朝宗到其工作处看望他,他出示了一首新作,中有一联云:"疲马漫劳追十驾,沉舟犹恐触千帆。"焦急不安的心情跃然纸上。③巫宁坤回忆1956年中共八大期间,有一天,他看到一篇国家领导人的发言,觉得文字累赘,很难译成像样的英文,随口大声说:"你拿这种呆板的文章怎么办呢?"钱锺书马上把一个手指放在嘴唇上嘘了一声。巫后来回忆说:"当时双百方针甚嚣尘上,我没想到以语多锋利闻名的钱先生竟会如此谨小慎微,心里很不以为然。不过一年多以后,

① 尹承东:《回顾〈毛泽东选集〉的翻译工作和一点联想》,《中国翻译》1993年第6期。
② 许渊冲:《许渊冲眼中的钱锺书》,《不一样的记忆:与钱锺书在一起》,第238页。
③ 郑朝宗:《怀旧》,《不一样的记忆:与钱锺书在一起》,第115页。

我就以言祸获罪,从此和钱先生一别二十余年。深夜扪心,想当年少不更事,自作自受,辜负了钱先生对我爱护的一番情意。"①"文化大革命"末期,毛泽东的《鸟儿问答》被译成英文,译文没有押韵,有人说这是钱锺书翻的,许渊冲就写信给他,问是否押韵更好。钱锺书回信说:他只是"奉命定稿","并非草创之人"。②"奉命"两字,足可概全。

在 1949 年后所有这些翻译工作中,最重要的要数最先翻译的《毛选》了。那么,钱锺书对待翻译《毛选》的态度究竟是怎样的呢? 从现有的回忆文字来看,钱锺书对这些翻译工作还是非常认真的。郑朝宗对此解释为:"他一向办事认真,对业务问题更是当仁不让,从不随便附和。在此情况下,困难与烦恼自然是难免的。"③他当时内心的真实想法从"黑材料"一事或许可见一斑。1956 年 1 月,中共中央召开全国知识分子问题会议,周恩来在会上作了著名的《关于知识分子问题的报告》。为参加这次会议,参加者特别是与知识分子有关的部门,都为会议准备详细的材料。当时高等教育部在一份关于北京大学的调查报告中,对当时北大的知识分子进行了政治分类。报告提到当时北大的一部分"反动教授",特别提到钱锺书。说他在新中国成立后一贯散布反苏反共和污蔑毛主席的反动言论,1952年他在《毛选》英译委员会时,有人建议他把《毛选》拿回家去翻译,他说"这样肮脏的东西拿回家去,把空气都搞脏了",污蔑

---

① 巫宁坤:《我所认识的钱锺书先生》,《文汇读书周报》2005 年 7 月 1 日。
② 沉冰:《许渊冲眼中的钱锺书》,《不一样的记忆:与钱锺书在一起》,第 238 页。
③ 郑朝宗:《怀旧》,《不一样的记忆:与钱锺书在一起》,第 115 页。

《毛选》文字不通。[1]这份报告中还说钱锺书在新中国成立前见过"蒋匪"，并为之翻译《中国之命运》。该报告直到"文化大革命"开始的 1966 年，别人贴钱锺书的大字报时他本人才知道。他在大字报旁贴出了申辩的小字报，说自己一向敬仰毛主席，正因如此，他才认真负责地主持审定英文版的《毛泽东选集》。他根本没有也不可能对毛主席著作有丝毫不敬之处。[2]举报内容虽查无实据，但当时军宣队认为"告发"之事情节严重，料必事出有因，于是命钱锺书写了一份自我检讨。[3]杨绛晚年对这份报告一再进行反驳和否认。这份报告中关于钱锺书的有关言论是非常严重的，如果中央后来没有核实清楚的话，估计他在 1957 年是逃不了被打成右派的命运的。

这种学者专家从事一般性翻译工作的情况，直到"文化大革命"以后才慢慢发生改变，改由专门机构来负责。从 20 世纪 60 年代中期开始，与领导人著作翻译并行的另一大项中译外工作就是党代会、人代会、政协会议的文件翻译任务。党代会的文件译成外文在 1956 年中共八大时期就开始了；1969 年九大和 1973 年十大的文件由外交部和新华社牵头从各单位调集翻译人员集中到人民大会堂译出；十一大召开时正值翻译《毛选》第五卷，所以它的文件是由这个班子完成的。此后，从 1978 年的五届人大一次会议开始，以后的党代会、人代会和政

---

① 原载高等教育部《北京大学典型调查材料》《关于知识分子问题的会议参考资料》第 2 辑，转自谢泳：《中国自由知识分子的内心世界——四个著名知识分子五十年代的言论》《随笔》2005 年第 1 期。

② 刘士杰：《与大师相处的岁月》《钱锺书先生百年诞辰纪念文集》，第 218 页。

③ 杨绛：《干校六记》，中国青年出版社 2000 年版，第 45 页。

协会议的文件就都转由中央编译局文献部负责组织。1985 年以前,会议的翻译工作都是在饭店或招待所完成的。自 1985 年始,为了节省开支,又同样能很好地完成任务,这项工作便由中央编译局承包了。①

余英时说钱锺书"是一个纯净的读书人,不但半点也没有在政治上'向上爬'的雅兴,而且避之唯恐不及"②。以此话为底线,我们就不该太苛求于钱锺书。对于生活在政治社会生活比较紧张的年代里的知识分子,我们应该报之以同情的理解,不能总是罔顾事实地以所谓自由主义知识分子的标准来要求他们。如果一定要给钱锺书 1949 年后从事翻译工作的这段经历下个论断的话,那只能说:工具而已,奉命而已,仅此而已。

① 尹承东:《回顾〈毛泽东选集〉的翻译工作和一点联想》,《中国翻译》1993 年第 6 期。
② 余英时:《我所认识的钱锺书先生》,《文化昆仑》,第 207 页。

第九讲
钱锺书的日记

　　钱锺书最早写日记、读日记、评日记可以上溯到他读中学的时候。在桃坞中学时，他在《进化蠡见》一文中写道："年来颇涉猎生物学，于进化论尤为注意。凡有所见，辄择要笔之。文既芜蔓，说复鄙肤，至无当也。第颇自爱惜，不忍毁弃，亦犹魏文帝所谓'家有敝帚享之千金'之意耳。日者季报记者索稿甚急，仓卒无以应，不得已遂择记中最有系统之一篇，加以今名而归之。"①上初中时就被校报约稿，情急之中就用自己的读书札记作稿子，这是钱锺书一生常用的写作方式。这里还不知道他是否把日记与读书札记记在一起。就目前所知，《〈复堂日记续录〉序》恐怕是钱锺书最早有关日记的文章。写作此文时，他刚从辅仁中学毕业，考取清华，尚未北游。然文中已言："睹记所及，湘乡曾文正、常熟翁文恭、会稽李莼客侍御、湘潭王壬秋检讨，皆累累挟数十巨册，多矣哉！"说明此前对日记之体已有相当的了解。其父钱基博说："书儿十四五即喜翻阅《越缦堂日记》，而序《复堂日记》时年十八，尚未中学毕业，

---

　　① 《桃坞学期报》1926年第9卷第1期。

而今亦四十年头矣。"①钱锺书在《北游纪事诗》自注内言:"原念[廿]二首,今录念[廿]一首,本载日记中,故略采本事作注以资索引。"②1935 年 2 月 21 日,钱基博在连载《读清人集别录》的引言中也谈及:"儿子锺书能承余学,尤喜搜罗明清两朝人集。以章氏文史之义,抉前贤著述之隐。发凡起例,得未曾有。每叹世有知言,异日得余父子日记,取其中之有系集部者,董理为篇。乃知余父子集部之学,当继嘉定钱氏之史学以后先照映;非夸语也!"③傅敏说:"他一直写日记,我知道的,从小就有这个印象。"④这些确切地说明了他早就有记日记的习惯。

在吴学昭《听杨绛谈往事》出版之前,杨绛在《我们仨》等书中也曾证实,钱锺书有记日记的习惯,但具体内容和数量难以得悉。杨绛在《听杨绛谈往事》中展示了钱锺书非常私密的日记内容,书中还显示,钱锺书记日记的习惯一直保持到晚年。《钱锺书手稿集》出版后,更加坐实钱锺书有记日记的习惯。新中国成立后,钱锺书因参加了几次特殊工作,虽历经各种运动,却鲜闻真正受抄家之厄。故其一生日记之规模、价值也极让人期待。

---

① 1951 年 10 月 10 日钱基博致卢弼函,见范旭仑:《书各有命——谭献、卢弼、钱基博三人手稿之遭际》,《掌故》第 4 集,中华书局 2018 年版,第 182 页。而据钱锺书 1981 年 12 月 13 日复汪荣祖函:"《复堂日记》序文,仅忆成于十九岁暑假中,方考取清华,尚未北游。"有一年之差。

② 《国风》半月刊第 4 卷第 11 期,1934 年 6 月 1 日。

③ 原载《光华大学半月刊》第 4 卷第 6 期,1936 年 3 月,今见钱基博:《中国文学史》(下卷),中华书局 1993 年版,第 948 页。

④ 沉冰:《听傅敏谈钱锺书先生》,《不一样的记忆:与钱锺书在一起》,第 286 页。

早期日记的发现

最新公布的信息透露，钱锺书自 1935 年考上公费留学前数十年间的日记，一直保存在杨绛先生手中。无锡博物院陈瑞农回忆说，1981 年的盛夏，他在无锡"二清办"①发现 17 册钱锺书遗失的日记。日记全是手写的，毛边纸、大八开本，每本都精心装订而成，封面左下部款署"钱锺书"。日记以毛笔书写居多，从内容上看，是钱锺书 1935 年留学前数十年间的日记，包括他为父亲钱基博代笔给钱穆《国学概论》作序的经过，他在清华大学攻读以及和杨绛相识相知的过程，内容非常丰富。"这些日记估计是在'文革'期间，被红卫兵从新街巷的'钱绳武堂'老宅中抄出来的，是研究钱锺书的第一手资料。"②

陈瑞农去函，希望钱锺书把这些日记捐给家乡。钱锺书似乎很不愿意这批日记外传见世，没有答应请求捐赠的建议。他连续去了两封信，并让在上海的侄子赶去领回了日记，物归原主。他在给发现者的第二封信中说，正有出版社想出版他的"全集"，而 1935 年以前的旧作"只字无存"，这些日记或许有合用的。其实只是虚晃一枪，他哪里想把这些"前朝旧事"流布人间啊。信是这样的：

瑞农同志：

得信甚感。已遵示通知上海舍侄汝虎办理领取事宜，倘蒙

---

① 市查抄文物图书清理领导小组办公室。

② 《锡城举办"钱锺书诞辰 100 周年"系列活动》，《无锡商报》2010 年 11 月 20 日。

与以方便,尤所铭如何。去年以来,国内外出版家屡欲编印拙著《全集》,而一九三五年出国以前旧作,只字无存。贵处所得拾柒册拙稿,必有合用者,故拟领回细审,非有所吝也。种费清神,将来必不乏相见之缘,当面谢耳!

　　即致

敬礼!

钱锺书

十月八日①

　　2020 年,钱锺书 1933—1934 年在上海光华大学任教时的日记惊现豆瓣网。豆瓣网署名"犹今视昔"的识读者(该学者识读整理出了《钱锺书手稿集·容安馆札记》,并仍在识读整理《中文笔记》)整理披露的这部分光华日记,时间从 1933 年 10 月 25 日到 1934 年 2 月 28 日。关于这些日记的来历,"犹今视昔"特说明如下:

　　页首标蓝色圆珠笔字"钱锺书日记",不知出何人手。日记始自 1933 年 10 月 25 日,终于 1934 年 2 月 28 日。其时钱锺书执教于上海私立光华大学英文系,并兼《中国评论周报》(*The China Critic*)特约撰述,已与杨季康订婚。范旭仑先生谓:据《钱锺书手稿集·中文笔记》第 1 册第 660 页,此册日记题名"《起居注》十四"。图片皆来自匿名网友。首二页眉有"孟举次均再……苍云好士……也情牵"等字,余则模

---

① 陈瑞农:《钱锺书的两封信》,《无锡文博》总第 90 期,"纪念钱锺书诞辰 100 周年专辑"。

糊不辨。①

为探清这批日记的真正出处及真伪,笔者又请教了旅美学者范旭仑先生。范先生邮件告知:《起居注》第十四册发现于旧居;始自 1933 年 10 月 25 日,终于翌年 2 月 28 日;其中因病未记者八日,事冗未记者六日,度岁未记者五日,阙逸三日。可知此事无假。

1933 年夏,钱锺书从清华大学毕业。是年秋,他来到上海光华大学外文系任讲师。他当时到光华工作,是为了满两年服务期的条件,期满好报考公费留学。此时,他的父亲钱基博、弟弟钱锺英皆在光华任教。第一次参加工作,风华正茂,但有时也会产生无法排遣的孤独与寂寞。从这些日记大致能看出,钱锺书是如何度过这段教职生活的。日常生活中,读书、买书、做笔记、写信、习书、见学生等皆为常态。钱锺书与清华"五大恩师"之一的叶公超,此时仍延续清华时良好的师生关系。日记中收录了《槐聚诗存》未有之"佚诗"。日记往往即读书札记,此默存先生后半生日记的主要形态。光华这段日记中即有不少学术性强的,有此后札记之痕迹。这些极罕见的、连贯的钱锺书早期日记,对于了解其生平及学术成长经历有着重要的价值。②

留学英法及昆明日记的遗失

留学英法时,钱锺书在日记中不厌其烦地记下与杨绛的读

---

① 详见豆瓣网:https://www.douban.com/note/783281616/?from＝tag&_i＝8117458nlX5Wtm,8371854TWynnyp。
② 详见钱之俊:《匆匆那年:钱锺书光华大学日记里的当年人事及其他》,《太湖》2021年第 5 期。

书、生活细节。杨绛讲她在牛津时"有些小小的'歪学问'，常使锺书惊奇"，她说："一次锺书把我背的词和他刚读到的对比，一字不错，就在日记上说我想'胜过'他呢。当然是胡说。我读了诗话，苏东坡'众星烂如沸'句，被诗话作者打杠。我不服，锺书和我所见恰好一样。我读雪莱（Percy Bysshe Shelley）诗，有一句也是'鸟鸣山更幽'的意思，他十分赞成，也记在日记上。现在《管锥编》里还存此句，但未提我名。"①他们每年读书，年终还统计结果。1935 年终统计结果，两人所读书册数大体相当，但钱锺书读的全是大部头书，杨绛则把小册子也算一本，钱读的中文书全不算，杨绛全算。钱锺书就在日记中写道："季承认自己'无赖'。"②等第二年杨绛怀孕之后，她再"无赖"也不能和钱锺书比数量了。年终结算，钱锺书在日记中写道："晚，季总计今年所读书，歉然未足……"③在牛津时，杨绛总管财政，钱锺书见了好书，总忍不住要买。杨绛怕书多难以带回，只说等下次吧。有时，"下次"书卖掉了，他气得在日记上发牢骚："妇言不可听。"④这是钱锺书留学时的日记细节。

《钱锺书手稿集·中文笔记》出版后，其中有幸保存下的几页牛津日记，显得尤为珍贵，更多的细节被披露了出来。钱锺书在《饱蠹楼书记》第一册上写道："廿五年二月起，与绛约间日赴大学图书馆读书，各携笔札，露钞雪纂，聊补三箧之无；铁画银钩，虚说千毫之秃，是为引。"其中未及删除的两页日记，起于

---

① 吴学昭：《听杨绛谈往事》，第 109 页。
② 吴学昭：《听杨绛谈往事》，第 110 页。
③ 吴学昭：《听杨绛谈往事》，第 126 页。
④ 吴学昭：《听杨绛谈往事》，第 112 页。

1937 年 1 月 1 日，止于 1937 年 1 月 7 日。其中除记到饱蠹楼读书、做笔记、写论文等学习事，日常夫妇生活细节亦有可观。如 1 月 7 日记："……晚饭后与季出散步。疏星烂然，微风和如。心境恬适，盖如此矣。……"①这是多么生动的生活细节啊！

1938 年钱锺书回国到西南联大后，夫人杨绛与女儿皆不在身边，他孤身一人在昆明生活，"给阿季写信很勤，还特地为阿季写下详细的日记，并有诗多首描绘他的生活环境，抒发他对阿季不尽的思念"②。钱锺书在西南联大这一段教书生活，虽然短暂，却是研究近代学人思想学术活动与生活的一个重要侧面，也是解开钱锺书本人生平上一些疑点的重要一手材料。所以他的日记就显得尤为可贵。可惜的是，日记最终没保留下来。昆明日记直到 1949 年他们从上海迁居北京时仍然保存，只是此次搬迁，他们在仓促中丢失了。众所周知的是，钱锺书那部写了几万字的长篇小说《百合心》手稿也被弄丢，除此之外，还有没来得及去清理的存放在辣斐德路钱家大柜子里的东西，内有杨绛父亲给宝贝女儿陪嫁的名贵碑帖，文徵明的大幅条幅，赠女婿的一部善本《佩文韵府》等。除了匆忙之外，他们也想着只是暂时离开上海，说不定什么时候就会回来，可谁知这么一去，东西就永远留下了。据杨绛说，后来钱基博把碑帖交给了钱锺书，而文徵明的大幅条幅、古籍善本等都被公公捐给了公家。1962 年，钱锺书到上海参加大学文科教材会议，似未去取东西。1963 年，杨绛因小妹杨必大病，回上海一趟，未

---

① 《钱锺书手稿集·中文笔记》第 1 册，商务印书馆 2011 年版，第 663 页。
② 吴学昭：《听杨绛谈往事》，第 152 页。

去辣斐德路钱家。直到 1977 年后，堂侄阿虎忽然从上海将钱锺书的昆明日记挂号寄到北京，却已腐蚀，"一页页结成了块，无一字能辨认，锺书和杨绛就把它毁了"①。

蓝田日记及专题日记

钱锺书离开西南联大后，1939 年 12 月初来到湖南蓝田国立师范学院，任英文系主任。在《钱锺书手稿集·中文笔记》中，钱锺书的蓝田日记居然被保留了下来。钱锺书的湘居日记，解决了他生平上的一些疑问，也丰富了我们对他在国师期间生活的了解。日常的"上课"，读书论学，"温拉丁文"，开会，跑警报等皆有记载。在这期间，钱锺书与杨绛往来书信频繁，"作书致季"，比比皆是，触景生情的时候也不少。如 1939 年 12 月 24 日，圣诞前日，钱锺书记："……今日为基督诞辰，念在牛津与季围火炉听窗外唱赞美诗，怦然心动。作书与季。"②1940 年 1 月 4 日："……梧封招吃火锅。安得季与健共享之？……"③1 月 24 日："……夜月明如昼，与雪交晖，惜无可人共此良宵耳。"④夫妻关系之好也是常人不能及也。此番到蓝田，钱锺书一边教书一边伺候父亲钱基博也是行中应有之责，故日记中也记有"侍父亲散步"等情节。钱锺书的蓝田日记显然还没有得到应有的重视。⑤

① 吴学昭：《听杨绛谈往事》，第 239 页。
② 《钱锺书手稿集·中文笔记》第 2 册，第 100 页。
③ 同上，第 104 页。
④ 同上，第 111 页。
⑤ 吴勇前《钱锺书在蓝田》（世界知识出版社 2018 年版）为后出之书，却没有引用钱锺书的蓝田日记，为该书之缺憾。

1941 年暑期，钱锺书从蓝田回到上海，直至 1949 年 8 月北上，在上海 8 年。但他的日记笔者所见有限。目前，上海日记披露较多的是 1949 年春游杭州日记，实际上也算不上上海日记，因为多作于杭州了。

《听杨绛谈往事》中有关日记内容最为详细的，就是 1949 年暮春夫妇同游杭州的记录。此番夫妇同游杭州，时间仅 4 天。出游资金来自摄影家郎静山的酬金。新中国成立前夕，郎静山在上海举办摄影展览，请钱锺书为其翻译摄影作品标题及说明，之后很大方地给了钱锺书一笔酬金。钱锺书正是利用这笔钱一了自己的游杭之愿，故日记中有"四年宿愿，今日始偿"之语①。同去者除了杨绛，还有钱锺书的拜门学生周节之。他陪同照料钱锺书夫妇，兼作导游。钱锺书将这段日记特名为《钱大先生游杭州记 1949.3.27 至 1949.3.31》②。此类专题日记在钱的日记中恐不在少数。这节日记也最能看出钱锺书日记的一些特点，如学究气不重，一如其人，风趣洒脱，机智有才。

《容安馆札记》

新中国成立后，钱锺书仍保持着写日记的习惯。1949 年 8 月 26 日，钱锺书到达清华，工作一年后，被调往《毛泽东选集》英译委员会工作。1951 年"三反"运动开始后，他顺利过关。杨绛说："'三反'是旧知识分子第一次受到的改造运动，对我们

---

① 吴学昭：《听杨绛谈往事》，第 230 页。
② 具体见《听杨绛谈往事》，第 233—236 页。

是'触及灵魂的'。"①1952 年院系调整,夫妇两人同被调任文学研究所外文组研究员,暂属北大,后划入中科院。他们家就从清华搬入新北大的中关园。房子不大,就用一个屏风从客堂一端隔出小小一间书房。这间小书房就是他的"容安室""容安馆""容安斋"。商务印书馆影印的《容安馆札记》就是这时候开始的,这实际上也是新中国成立后钱锺书日记的主要组成部分。以后屡次迁居,在他都是"容膝易安"的住所,所以日札的名称一直就不改了。钱先生的读书日札一般把纯粹私密的日常生活也记上,但 20 世纪 50 年代毁掉了一部分,《听杨绛谈往事》透露:"锺书起先把中文笔记和日记写在一起,1952 年思想改造运动时传闻学生要检查'老先生'的日记,他就把日记部分剪掉毁了。所以这部分笔记支离破碎,且散乱了,也有失落的部分,整理很费工夫。"②但这个习惯并没有因此而改变。

让钱锺书真正尝到运动之苦的是在"文化大革命"开始后的八年。但在《容安馆札记》中,从没被删削的日记来看,1966年正月,"文化大革命"即将来临之时,夫妇两人还漫游北京中山公园,钱在札记中写道:

丙午[1966]正月十六日,饭后与绛意行至中山公园,归即卧病,盖积瘁而风寒乘之也。嗽喘不已,稍一言动,通身汗如濯,心跃然欲出腔子。《明文授读》卷十五李邺嗣《肺答文》云"风自外干,涎从内塞","未发云云,辄闻喀喀","积邪大涌,蕴

---

① 杨绛:《我们仨》,第 128 页。
② 吴学昭:《听杨绛谈往事》,第 394 页。

逆上溢"，"胸椎欲穿，背笤不释"，不啻为我言之。如是者十二日，始胜步武，杖而行于室中。今又一来复矣，仍奄殢无生意，杜门谢事。方疾之剧，如林黛玉临终喘甚，"躺着不受用，扶起来靠着坐坐才好"（《红楼梦》九十七回）。每夜劳绛卧起数回，真所谓"煮粥煮饭，还是自家田里的米，有病还须亲老婆"也（冯梦龙《山歌》卷[五]）。昔王壬秋八十老翁终日闷[睡]，自云"有林黛玉意思"（《湘绮楼日记》民国四年九月廿四、廿五日）。余今岁五十七，亦自拟颦儿呻吟气绝状，皆笑枋耳。病榻两梦圆女，渠去年八月赴山右四清，未返京度岁。二月初六日书。起床后阅《楚辞》自遣，偶有所得，率笔之于此。①

这就是他此类日记的特点，"日常生活与学术著述也于此'打通'"②。但《札记》出版后，像这么好看的日记似乎被有意删去了。"文化大革命"开始，翻译毛泽东诗词的工作一停止，钱锺书夫妇就先后被革命群众"揪出来"，变成了"牛鬼蛇神"。每月只发生活费若干元，存款被冻结，生活费很紧张，成了"最可欺负的人"。③据《干校六记》回忆，1969年11月，钱锺书随中科院哲学社会科学部下放干校，1972年回京。即使在这期间，钱先生还写信，读笔记，但信未能保存下来。"默存得空就写家信；三言两语，断断续续，白天黑夜都写。这些信如果保留下来，如今重读该多么有趣！但更有价值的书信都毁掉了，又何

---

① 钱锺书：《钱锺书手稿集·容安馆札记》第3册，商务印书馆2003年版，第2235—2236页。

② 王水照：《〈容安馆札记〉论宋诗初学记》，《文汇报》2004年7月11日。

③ 杨绛：《我们仨》，第143页。有关情况可参阅杨绛《丙午丁未年纪事》《干校六记》等专书。

惜那几封。"①后来杨绛也来了干校,两人相距也不是特别远,"他三言两语、断断续续,想到就写的信,可以亲自撂给我"②。这时钱是通信员。"女儿每个月都给他寄各种外国报纸。其中凡有好的,有关于文学的、学术性的,他都看。看完了就做笔记。所以即使那一段也没有中断过。"③看马恩列斯的原著,他也做笔记。从干校回来后,他们的大房间被人分占,还与年轻人动了拳脚。1973 年 12 月 9 日,他们逃到女儿工作的北京师范大学暂住。此间钱锺书哮喘严重,差点没了命。两相对比,"形成残酷的对照"。尽管处境不佳,身体未愈,他仍"躺在椅里看书,也写笔记,却手不应心,字都歪歪斜斜地飞出格子"④。

1974 年"文化大革命"后期,他们迁入学部七号楼一间办公室。办公室很小,唯一的好处是文学所的图书资料室就在他们附近。"默存的笔记本还锁在原先的家里,尘土堆积很厚。有人陪我回去,费了两天工夫,整理出五大麻袋,两天没好生吃饭,却饱餐尘土。"⑤他的笔记还是完好无损。

"文化大革命"期间,钱锺书的日子并不好过,但相对很多知识分子,他已经很幸运了,始终有些"光环"在头上罩着,使他避免了很多斗争,尤其是没有被动真格抄过家,拥有了相对多的读书做学问的时间,文字也得以保存下来。杨绛说:"政治运

---

① 杨绛:《杨绛散文》,第 26 页。
② 杨绛:《杨绛散文》,第 38 页。
③ 郭红:《读书,钱锺书的日常生活——与杨绛先生谈〈钱锺书手稿集〉》,《文汇读书周报》2003 年 12 月 19 日。
④ 杨绛:《我们仨》,第 148 页。
⑤ 杨绛:《杨绛散文》,第 224 页。

动虽然层出不穷，锺书和我从未间断工作。他总能在工作之余偷空读书。"①只是因为胆小，他们销毁了一部分更私密的日记，选择隐讳地在笔记中表达自己的情绪，这在《管锥编》《容安馆札记》中就可约略看出。王水照先生认为，这是"在论学评诗中融注着个人性的生活与体验，只是有时不为人们察觉而已"②。钱锺书的日记、笔记的存在是这个特殊年代的一份珍贵史料，也是研究其生平与思想最重要的一部资料。

"备忘而代笔谭"

"文化大革命"以后，钱锺书的名誉得到恢复。《人民日报》1979 年 7 月 14 日报道："中国社会科学院为八百多名科研人员和干部恢复名誉。原被错定为反动学术权威的俞平伯、罗尔纲同志，原被错定为资产阶级世界观未得改造的知识分子吕叔湘、丁声树、陆志韦、钱锺书、严中平、朱谦之等同志，都已得到纠正，恢复了名誉，并已把他们的材料销毁。"李洪岩先生说："粉碎'四人帮'后，钱锺书得到'平反'。"③此后，钱锺书正式走上前台。跟随中国社科院的几次外访，使其开始成为焦点，"钱学热"始有兴起。1978 年 9 月，他随社科院代表团去意大利参加欧洲汉学家第 26 届大会；1979 年 4—5 月份随团访美；1980 年 11 月又随团访日。这几次出访，他不往家寄信，而是写长达一个小本又一个小本的日记，全是对杨绛说的话，所见所闻和

---

① 杨绛：《我们仨》，第 136 页。

② 王水照：《〈容安馆札记〉论宋诗初学记》，《文汇报》2004 年 7 月 11 日。

③ 李洪岩：《智者的心路历程——钱锺书生平与学术》，第 431 页。

"思念之情",极其详尽。这些日记回去后要亲自交给杨绛。

1979年4月,访美这段时间较长,他每天为杨绛记下详细的日记,留待面交。在美国,他和费孝通一直住在同一间屋里,费孝通很奇怪钱锺书只给女儿发明信片,却不怎么给杨绛写信,就主动送他邮票,他却不寄。若知钱夫妇两人有如此"肉麻契约",真不知当时是何滋味。钱先生回来后想想好笑(因为费孝通曾追求过杨绛),他淘气地借《围城》中赵辛楣和方鸿渐说的话跟杨绛开玩笑:"我们是'同情人'。"[1]如果杨绛出访,钱锺书在家,他也会每天写下家中琐碎,称为"备忘而代笔谭"日记,女儿不时也插上几句评语附识,留待杨回来看。夫妇恩爱、可爱之意溢于纸面。杨先生在《我们仨》中说:"锺书每和我分离,必详尽地记下所见所闻和思念之情。阿瑗回家后,我曾出国而他和阿瑗同在家,他也详尽地记下家中琐碎还加上阿瑗的评语附识。这种琐琐碎碎的事,我们称为'石子',比作潮退潮落滞留海滩上的石子。我们偶然出门一天半天,或阿瑗出差十天八天,回家必带回大把小把的'石子',相聚时搬出来观赏玩弄。平时家居琐琐碎碎,如今也都成了'石子'。"[2]可惜不能见到"备忘而代笔谭"日记之一斑,只零星有记。一次有出版社要将钱锺书和杨绛的作品同时出版,钱锺书在"备忘而代笔谭"中写道:"有出版社要将我年轻时的作品与你现在的作品放在一起出版,我不太献丑了吗?"[3]

钱锺书晚年身体很不好,但从未因此停止过读书、做笔记。"他的笔记一直到住进医院才停止。""但第一次大手术他回家

---

① 吴学昭:《听杨绛谈往事》,第73页。
② 杨绛:《我们仨》,第159—160页。
③ 吴学昭:《听杨绛谈往事》,第349页。

之后，他还在那儿写，记笔记。"①所以日记在"文化大革命"后应该也是很完整的。其实除了钱锺书记日记外，杨绛自己也记日记。书中偶然写道：

    杨绛翻阅旧日记，看到这年"6月25日，我午后睡得一觉，锺书喜极而涕"。"8月7日，午后睡着，锺书喜极，谢谢我。甚感其意。"她感慨说："这和圆圆连声'谢谢'，情绪相同。"②

    这是他们晚年的情形。杨绛出访，也很少寄信，而是用笔记下见闻，"记的是准备讲给锺书听的事，例如她看到的景物，听到的事情等等"③。以杨绛的手笔与习惯，她的日记应该别具一种丰富。如能出版，必是杨绛晚年一部很有价值的大书了。

日记的种类

    从钱锺书少年到晚年记日记、做笔记的情况来看，其日记大致可以分成三类：

    第一类日记就是相对集中、连续性较强的日记，如光华日记、留学日记、昆明日记、蓝田日记、游杭日记，从这些私密日记中可能会发掘出一个更生动、更本真的钱锺书。

---

① 郭红：《读书，钱锺书的日常生活——与杨绛先生谈〈钱锺书手稿集〉》，《文汇读书周报》2003年12月19日。
② 吴学昭：《听杨绛谈往事》，第368页。
③ 吴学昭：《听杨绛谈往事》，第321页。

第二类日记就是钱锺书给杨绛写的"备忘而代笔谭",以及几次出访的日记。这部分日记最能体现夫妻之间的恩爱、家庭的和谐,对了解他的生平与思想也不无裨益,如访美、访日时的日记,可能会解开长期以来存在的一些疑点,真实再现当时的情形。

第三类日记就是数量庞大的读书日札。读书日札是日记的一大类型,因为它的学术性、实用性强,是中国历代文人学者所钟情的一种日记形式。黄侃认为,对于学者来说:"记日记是很好的方法,既可留下心得,又能锻炼手笔。"①钱锺书的日札,基本上就是日记体的学术札记,主要记录读书心得,但也记私人私事,有别于完全抄书的笔记。王水照先生认为:"作日札是钱先生的日常生活,实不可一日离此事,由此也可部分解释他的最重要学术著作《管锥编》采取札记体的原因。"②

钱锺书的中外文笔记和读书心得,作于 20 世纪 30 年代至 90 年代,数量巨大。杨绛经过反复整理,亦分出三类:第一类为外文笔记,有 178 册共 34 000 多页;第二类为中文笔记③,附带有他的议论、评语,数量和外文笔记不相上下;第三类是日札④,他的读书心得,他为日札题了"容安馆""容安室"等名称,共 23 册、2 000 多页,分 802 则,基本上是用中文写的,间有大量外文,也有接连几则都是外文,这可以归为上述第三类日记。

---

① 《黄侃日记》,江苏教育出版社 2001 年版。
② 王水照:《〈容安馆札记〉论宋诗初学记》,《文汇报》2004 年 7 月 11 日。
③ 见《钱锺书手稿集·中文笔记》。
④ 见《钱锺书手稿集·容安馆札记》。

《听杨绛谈往事》说：

> 钱锺书的笔记，多年来随主人颠沛流转，由国外到国内，由上海到北京，下过干校，住过办公室，从铁箱、木箱、纸箱以至麻袋、枕套里进进出出，历经磨难，伤痕累累。纸张大多已经发黄变脆，有的模糊破损，字迹难辨，一页都破成两半。杨绛点数每册的页数，只好小心翼翼地揭开脆薄的破纸，每页夹一纸条，然后点数纸条。七万多张手稿的整理，杨绛倾入了多少时间和精力！①

像杨绛晚年在钱锺书病重期间，为其整理出版的《石语》一册，某种程度上也是青年钱锺书的日记。这样的日记，学术价值和史料价值都很高。

钱锺书与日记

在钱锺书的著作中，评点日记的文章不多，但征引日记文献的不少，学术著作如《管锥编》《谈艺录》《七缀集》涉及日记多部，略有《复堂日记》《龚古儿兄弟日记》《郭嵩焘日记》《涧于日记》《螺江日记》《水东日记》《越缦堂日记》《湘绮楼日记》《翁文恭公日记》《观光纪游》《英轺日记》《使德日记》《卡夫卡日记》以及各种文人日钞、笔记等。钱先生专门评点日记的文章虽然不多，但从其小说和少数文章中还可略窥一二。早年作《〈复堂日

① 吴学昭：《听杨绛谈往事》，第395页。

记续录〉序》除说明少年时读日记之多，更显示他对中国古代日札与日记之体有透彻之辨析："简册之文，莫或先乎日记，左右史记言动，尚已；及学者为之，见彼不舍，安此日富。《黄氏日钞》而下，亭林一《录》，最为玄箸。然参伍稽决，乃真积力充之所得。控名责实，札记为宜。未有详燕处道俗之私，兼提要钩玄之箸。本子夏'日知'之谊，比古史'起居'之注，如晚近世所谓'日记'者也。盖匪特独坐之娱，抑亦雅俗之所共适矣。"但该文主要还是把曾国藩、翁同龢、李慈铭、王闿运、谭献五家的日记予以综合比较，进而探究各家治学为人的异同。①

　　人近中年，钱氏的长篇小说《围城》出版，他在书中嘲讽方鸿渐的父亲方遯翁是个"语文狂"，要把日记留给天下后世人看：

　　方遯翁有许多临别赠言分付儿子记着，成双作对地很好听，什么"咬紧牙关，站定脚跟"，"可长日思家，而不可一刻恋家"，等等。鸿渐知道这些虽然对自己说，而主要是记载在日记和回忆录里给天下后世看方遯翁怎样教子以义方的。因为遯翁近来闲着无事，忽然发现了自己，像小孩子对镜里的容貌，摇头侧目地看得津津有味。这种精神上的顾影自怜使他写自传、写日记，好比女人穿中西各色春夏秋冬的服装，做出支颐扭颈、行立坐卧种种姿态，照成一张张送人留念的照相。这些记载从各个方面，各种事实来证明方遯翁的高人一等。他现在一言一

---

① 李洪岩：《智者的心路历程——钱锺书生平与学术》，第58页。

动,同时就想日记里、言行录里如何记法。记载并不完全凿空,譬如水泡碰破了总剩下一小滴水。研究语言心理学的人一望而知是"语文狂";有领袖欲的人,不论是文武官商,全流露这种病态。①

　　钱锺书对世情洞若观火,在小说里也不忘戏谑一把。许景渊说:"《围城》里的方遯翁有钱锺书的父亲钱基博和叔父钱基厚的影子。"②那么这里会不会有他父亲钱基博当年记日记的影子? 实际上,和儿子相比,钱基博就没那么幸运了。傅宏星《钱基博年谱》载:"'文革'期间,子泉先生遗留在湖北武昌华中师范学院女儿女婿家里的五百余册、绵历数十寒暑的《潜庐日记》遭到查抄、批判,并被付之一炬。"③钱基博的日记被毁,让后人无法得阅老夫子风貌,倒是钱锺书的清华老师吴宓的日记被其学生一语中的。

　　吴宓虽然也明白"日记本非可示人者",可他这一生却把日记当作他最重要的一部"著作"在写。20 世纪末,日记被其女吴学昭作为"二十世纪中国学术和教育史的珍贵记录"予以出版,引起学界一片惊愕。吴宓评价自己的日记很认真老实:"日记之作,取'修辞立其诚'之义,据事直书,故常不免琐屑猥陋之病。每一翻阅,殊自愧恶无地。虽然,日记者,记宓之闻见行事,此后但自勖勉。使宓之识解修养,时有进功,则日记中疵瑕

①　钱锺书:《围城》,人民文学出版社 1991 年第 2 版,第 125 页。

②　沉冰:《琐忆钱锺书先生——许景渊(劳陇)先生访谈录》,《不一样的记忆:与钱锺书在一起》,第 7—8 页。

③　傅宏星:《钱基博年谱》,第 203 页。

亦可渐减；若不自检修，而徒讳之，岂作日记之初意哉！故决不改以前之体例，有事则书，无或避忌。又日记本非可示人者，故作之时亦当无所畏顾。则行文始可自然流畅。但平日忙碌如此，患无多暇日，故此后日记，亦力求简短，日书数语，而不再堆积。盖日记异乎文稿，长篇议论，原非此中材料，惟当取其与宓之身心遭遇感触，直有关连者，而录之可耳。"①吴宓就是个"语文狂"，事无巨细，"上天入地"，什么事他都赤裸裸、血淋淋地展示在日记里。日记正式出版前，吴学昭摘录几段涉及钱锺书的日记给他看，并请钱为之作序，他看后惴惴不安，随后写的一封请罪信就成了晚年他有关日记的最后一篇文章②。内言："其道人之善，省己之严，不才读中西文家日记不少，大率露才扬己，争名不让，虽于友好，亦嘲毁无顾藉；未见有纯笃敦厚如此者。于日记文学足以自开生面，不特一代文献之资而已。"其实只是读了几段，所以他说"一斑窥豹，滴水尝海"，也只是应酬愧怍之作而已。杨绛在《吴宓先生与钱锺书》文中还说："锺书对我说：吴宓先生这部日记，值得他好好儿写一篇序。他读过许多日记，有的是 Rousseau[卢梭]式的忏悔录，有的像曾文正公家书那样旨在训诫。吴先生这部日记却别具风格。可惜他实在没有精力写大文章，而他所看到的日记仅仅是一小部分。他大病之后，只能偷懒了。他就把自己的请罪信作为《代序》。"其实钱锺书无须再写大文章，他对吴宓的评价实际上他早年那篇文章③就已经很贴切了。

---

① 《吴宓日记》第 2 册，生活·读书·新知三联书店 1998 年版，第 48 页。
② 钱吴公案详见《为钱锺书声辩》一书。
③ Mr. Wu Mi and His Poetry 或 A Note on Mr. Wu Mi and His Poetry。

死者如生，生者无愧

钱锺书的日记，可能是他逝世后留给后世学人及"钱迷"最值得期待的一部巨著，是最能体现 20 世纪这位文化巨子心迹的一部心史。钱锺书晚年同意出版《石语》后，有人就预言："《槐聚诗存》问世示众后，开发了这小册《石语》，想还会有名山传世之作显露。"①本来这"名山传世"之作我们寄希望于杨绛，但随着杨先生作古，希望也成了泡影。对于商务印书馆愿意影印出版钱锺书的手稿，杨绛非常感激。她相信公之于世才是最妥善的保存，她祈愿自己的这个办法能使"死者如生，生者无愧"②。但她还是狠心隐没了其中的"私人私事"，甚至在生前销毁了他们夫妇的日记。50 年代钱锺书销毁日札中私人生活部分是出于不得已，如今事过境迁，就不该再搞"洁本"了，更不该销毁。如果杨绛能在有生之年以更开放的心态指导别人来整理出版钱锺书的全部日记（或者影印），更无须删节，以还原一个更真实的钱锺书，这将是她为学术界、为世人所做的一件功德无量的大事，但一切都已经迟了。与钱锺书同时代的学者，不管是比他年长的，还是年轻的，很多人都有记日记的习惯，并且日记也陆续得到整理出版，如夏承焘、邓之诚、张元济、郑振铎、鲁迅、胡适、朱自清、叶圣陶、竺可桢、吴梅、吴宓、黄侃、钱玄同、顾颉刚、顾廷龙、施蛰存、郁达夫、周作人、王元化等。虽然从钱锺书的留学日记、游杭日记、"备忘而代笔谭"等可以看出，他大概是不准备出版自己的日记的。

---

① 李洪岩、范旭仑：《为钱锺书声辩》，第 349 页。
② 吴学昭：《听杨绛谈往事》，第 396 页。

第十讲
钱锺书的编辑工作

　　在我们的印象里，钱锺书一生可能都是个读书、教书、写书的学者，如果没有《围城》的走红，我们一般人也不轻易把作家的名号送给他，而实际上，在大学教授、作家的空白处我们还可以加上个实实在在的"编辑"的称号。从钱锺书的一生中，梳理出他在学者、作家的定义之外的另一种形象，是件很吸引人的事情。从"编辑"的角度来观照钱锺书，除了可以丰富我们对其生平的认识，还别具一番意味。1998 年钱锺书去世后，国外媒体有多种报道，在介绍钱留学回国后的生平时，英国《泰晤士报》说："钱锺书曾任教于多所大学，也是《中国评论周报》《清华周刊》《图书季刊》等多种刊物的编辑。①"这就把钱锺书回国后的工作扩大到了教书和编辑上，但这里只提到《中国评论周报》《清华周刊》以及《图书季刊》，实际有他做主编或编辑的出版物不止这些，但在他的各种传记里却鲜有记载。

---

① 原文为 Qian taught at various universities, and worked as an editor on journals including *The China Critic*, *Tsinghua Weekly*, and the *Quarterly Bulletin of Chinese Bibliography*。

《桃坞学期报》

在苏州桃坞中学时,钱锺书是校刊《桃坞学期报》的中文编辑和英文编辑。①

《清华周刊》

上大学以后,钱锺书是《清华周刊》的编辑。1929 年,钱锺书考入清华大学外文系。他于当年 10 月进的清华外文系,次年 11 月 4 日,清华大学学生自治委员会执行委员会召开第 4 次会议,通过出版科职员名单,钱锺书与曹禺当时同被选为《清华周刊》编辑。《清华周刊》始创于 1914 年,初名《清华周报》,还只是一大张,两面印八版,纸张格式与普通小型报纸类似。自第三期起改称《清华周刊》,用普通纸装订成册,每册印十余页。汤晏所著《一代才子钱锺书》谈道:"《清华周刊》是一份有分量的大学生刊物。原来只报导清华园的新闻,但也有副刊、专栏,也谈一些政治问题,如发扬民主政治,坚持抗战等大问题,后来篇幅越来越大,在抗战前《清华周刊》骎骎乎已成为一份影响力很大的全国性刊物。"②把一份大学生刊物说成是"一份影响力很大的全国性刊物",有点言过其实。范旭仑《钱锺书批注〈吴组缃畅谈钱锺书〉辨正》说"钱锺书做《清华周刊》编辑自 1930 年春第 33 卷起",这个说法在时间上与 1930 年 11 月

---

① 详见本书第二讲《钱锺书与〈桃坞学期报〉》。

② 汤晏:《一代才子钱锺书》,第 83—84 页。

清华大学学生自治委员会执行委员会通过出版科职员名单似有冲突。范先生认为"不矛盾","编辑部是常变动的"。①而据李洪岩先生查实，这份名单确曾多次变动，其中一份注明钱锺书是英文副刊主任，总编辑是刘丙庐，言论栏主任潘如澍，学术栏主任吴晗，文艺栏主任吴祖襄（组细），杂俎栏主任张文华，校闻栏主任夏勤铎。编辑包括孙毓棠、林庚、李嘉言、孙增爵、许振德、梁方仲等人。②既然名单多次变动，那么钱锺书做了多长时间的《清华周刊》编辑③就难以查证了。这和他与《桃坞学期报》的经历类似，只不过《清华周刊》是周刊，情况更复杂一些。

从钱锺书在《清华周刊》发表的一组诗文的时间跨度来看，他和《清华周刊》的联系前后也持续了三年之久。对钱锺书来说，《清华周刊》会不会有点特殊意义？因为在《清华周刊》上发表的那些诗文，不仅是其第一次在报刊上发表文章，更是他开始一生学术生涯的起点。

《国立清华大学年刊》

钱锺书在清华校内刊物发表有文章并且做编辑的除了《清华周刊》以外，还有《国立清华大学年刊》。1932 年《年刊》有其 The Art of Lying（《说谎的艺术》）一文，1933 年《年刊》有其 Epilogue（后记）一篇，这两篇文章鲜见相关目录或文章谈及。

① 2006 年 8 月 22 日与笔者信。
② 李洪岩：《智者的心路历程——钱锺书生平与学术》，第 70 页。
③ 包括英文副刊主任，汤晏说是"英文副刊主编"。

范旭仑《钱锺书批注〈吴组缃畅谈钱锺书〉辨正》说，1933 年的《国立清华大学年刊》，中文主编是吴组缃，英文主编是钱锺书。美国胡志德的《钱锺书》，书后附录钱氏著作目录，单篇文章第七篇这样写道："Epilogue，《国立清华大学年刊》，北京，1933。这是他在自己担任英文编辑的大学年刊上发表的英文短文。"①此处"编辑"应是主编。《为钱锺书声辩》"钱锺书·吴宓·胡适派"章有"钱锺书主编级刊英文版特请温先生撰文"②语，此级刊即为《国立清华大学年刊》。

《光华大学年刊》

大学毕业后，钱锺书到光华大学任教，这次又做了大学年刊编辑。《光华大学半月刊》1933 年 10 月 10 日第 3 卷第 1 期校闻栏记载："添聘钱锺书先生授诗学、英文学。推定钱子泉为半月刊编辑委员会委员……钱锺书为特约撰述。"又 1934 年 4 月 15 日第 2 卷第 8 期："聘请钱子泉、钱锺书等为年刊编辑，钱锺英、钱锺汉等为助理编辑。"钱氏一门四人都"捉将"编辑里去了！钱锺书在《光华大学年刊》似无文章发表。

《中国评论周报》

钱锺书在光华大学工作两年，除做过年刊编辑外，还做过其他刊物的兼职编辑。因为英文好，他兼任了《中国评论周报》

---

① ［美］胡志德：《钱锺书》，第 243 页。
② 李洪岩、范旭仑：《为钱锺书声辩》，第 83 页。

的编辑。《中国评论周报》于 1928 年 5 月在上海创办，由 20 年代从清华毕业的桂中枢、陈石孚分别担任主编和执行具体事务，封面上"中国评论周报"六个汉字为蔡元培先生题署。1934 年 1 月起，钱锺书的清华老师温源宁也加入了该刊的撰稿编辑（contributing editors）行列。温源宁在自己主持的《亲切写真》栏里连载了后来成书的《不够知己》，反响很大。林语堂当时是该刊最重要的撰稿人，兼《小评论》（*The Little Critic*）专栏编辑，钱锺书在该栏目发表过一篇讽刺上海人的小评论。他还发表了两篇学术论文，另有几篇英文书评刊登在潘光旦主持的《书评》专栏里。

《文学季刊》

虽然钱锺书大学毕业客观上已远离北方，但实际上与北方文化界的联系从没间断。1934 年 1 月，大型文学杂志《文学季刊》在北京创刊，主编是郑振铎和章靳以，编辑有巴金、冰心、朱自清、吴晗、李长之、林庚、沉樱等人，创刊号封面还开列了 108 位特约撰稿人名单，其中就有钱锺书的名字。我们知道，钱锺书的同学曹禺的成名作《雷雨》就是经巴金之手在这份杂志上发表的。这个拥有超豪华阵容的文学刊物，恰当地把"京派"与"海派"联系了起来，在当时的纯文学刊物中成一时之选。据当年天津《大公报》的报道，钱锺书和多人对季刊上《书报副刊》栏还有"编辑撰述之责"：最近南北文艺界有酝酿刊行《文学季刊》之举，内容除专载纯文艺外，并另辟书报副刊一门。书报副刊则由郭绍虞、郑振铎、容庚、赵万里、钱锺书、顾颉刚、向达、李健吾、毕树棠等负编辑撰述之责。①钱锺书当时在上海，能真正兼顾到《文学季刊》编辑工作的可能性不大，大概像后来在《观察》上被列为特约撰稿人一样，有投稿之义但无编辑之责。而钱锺书也并没有给《文学季刊》撰过稿，但他年纪轻轻就和师辈们平起平坐，少年盛名与才学可见一斑。

《天下月刊》

汤晏《一代才子钱锺书》称钱锺书在上海这一时期曾在英文刊物 *The T'ien Hsia Monthly*（《天下月刊》）"积极参与编务或撰稿"②。《天下月刊》由孙科资助，温源宁主编，林语堂、吴经熊、全增嘏、姚莘农等任编辑，吴经熊是执行编辑，由中山文化教育馆印行。该馆于 1933 年由孙科等发起，最初地址在上海，后来迁至南京总理陵园新馆址。中山文化教育馆网罗了不少当时全国各界的文化名人，致力于研究各项文化事业，编辑出版了多种书籍，《天下月刊》即其中一种，颇有影响。林语堂的女儿林太乙在《林语堂传》里曾说《天下月刊》是民国以来水准最高的英文学术性刊物，不无夸饰。这是一份综合性刊物，不仅有学术性，还有文学性。比如每期都有翻译的中国文学作品，像林语堂连载翻译有《浮生六记》，姚莘农译有《雷雨》等。《天下月刊》一年出版十期，除 6、7 两月，每月 15 日出版。后来由于太平洋战争爆发迁往香港而停刊。钱锺书参与《天下月刊》的"编务"工作在其他传记中没有提及，并且他在 1935 年秋

---

① 《大公报》1933 年 10 月 16 日。

② 汤晏：《一代才子钱锺书》，第 107 页。

就负笈英伦，而《天下月刊》1935年才创办，所以他对《天下月刊》的贡献可能没他给刊物投的稿来得重要。在《天下月刊》的创刊号①里发表了一篇他自己不愿提及而至今还被他人谈到的论文：Tragedy in Old Chinese Drama②。《大公报》1935年10月2日文艺新闻栏介绍了《天下月刊》创刊号，说："有温源宁、林语堂、钱锺书等的文章。洋人解释中国文化，往往不得真解，非中国明理的学者自己道出不可，林语堂、钱锺书诸公是可以胜任的。"钱锺书因为是温源宁在清华时的学生，而且在清华很受温器重（钱先生也表示过他的敬意），所以温在上海主编一份刊物，钱锺书是没有理由不出力帮忙的，偶作编辑也未尝不可。从后来他留学回国之际，《天下月刊》对他发出邀请就更不难看出他们的关系。1938年7月25日，冯友兰给梅贻琦校长写信，说："……弟意或可即将聘书寄去，因现别处约钱者有外交部、中山文化馆之《天下月刊》及上海西童公学，我方须将待遇条件先确定与说……"③可见当时钱锺书回国，除了可以去西南联大工作，还包括《天下月刊》等几处是可以选择的。

但是即使到了牛津，他的这位老师也未忘向这位得意弟子约稿。1937年，温源宁给钱锺书寄了《吴宓诗集》，要他写书评。钱锺书没想到，他于3月7日以书信形式写的文章在《天下月刊》4月第4卷第4期就发表了，害得他随后写的加了"新意"和"增长了篇幅"的"第二稿"没处发表，平白做了件吃

---

① 1935年8月第1卷第1期。

② 《中国古代戏曲中的悲剧》，《钱锺书英文文集》已收录；陆文虎有专文介绍，可参见《钱锺书研究采辑(1)》。

③ 谢泳：《钱锺书与西南联大》，《太原日报》1996年9月2日。

力不讨好的事，还引出了一段不大不小的公案，限于篇幅此事不表①。前些年出版的《钱锺书英文文集》不仅收录了发表出的书信（Correspondence：To the Editor-in-Chief of T'ien Hsia），还跟着附录了"第二稿"草稿（A Note on Mr. Wu Mi and His Poetry），有心者可找来一阅。

"东方哲学、宗教、艺术丛书"

钱锺书在牛津，除了读书写文章之外，1936 年还担任了牛津大学出版的一套"东方哲学、宗教、艺术丛书"的特邀编辑。据说他是编辑组中唯一的中国学生。具体细节不可知。《透视钱锺书》称：执教"联大"的钱锺书仍然担任"牛津大学东方哲学、宗教、艺术丛书"的特邀编辑。②此说不可靠。

《图书季刊》

钱锺书 1938 年回国后，先后在西南联大和国立师范学院任教。1941 年回上海后，因为太平洋战争爆发，他困居上海一直到 1949 年。在蓝田国师期间，袁同礼正在昆明主编北平图书馆英文馆刊《图书季刊》（*Quarterly Bulletin of Chinese Bibliography*），他聘请钱锺书做了该刊"首席编委"③。《为钱

---

① 详见《为钱锺书声辩》。

② 汤溢泽：《透视钱锺书》，湖南人民出版社 2006 年版，第 93 页。

③ 叶瘦秋：《钱默存先生交游录》，《记钱锺书先生》，第 316 页。

锺书声辩》称:"北京图书馆馆长袁同礼当于此时获悉钱锺书厚重的牛津大学毕业论文尚未刊布,第二年就把它发表在他主编的在昆明出版的《图书季刊》英文版上,并聘任钱锺书为该刊编委。"①北京语言学院《中国文学家词典》(1979年)现代第二册"钱锺书"条说他曾担任"北京图书馆英文馆刊顾问"。《图书季刊》是1934年3月北平图书馆创办的,重在阐述学术,介绍书刊,有中文、英文、中英双语版,16开。内容包括论著、书评、图书介绍、学术界消息、书录、专载等门类。但因战乱频仍,该杂志出了4卷共16期后停刊。1939年3月在昆明复刊,但仅出版到第三卷又因经费问题停刊,直到1943年3月才再度复刊。它主要是赠给当时各地图书馆及学术界人士阅读,印量不多。刊物中学者名流如张申府、金岳霖、叶秋原、张难先、马寅初、郭沫若、连横、朱启钤、王力、朱自清等人有关图书的论说颇多,使得《图书季刊》曾引起海内外瞩目。

钱锺书在牛津写的学位论文《17—18世纪英语文献中的中国》就是分三部分分别发表在1940年和1941年接连两卷的《书林季刊》上的②。钱锺书对袁同礼能够允许他的长篇学位论文在《书林季刊》发表充满感激。在发表的论文前言(Prefatory Note)中他特别感谢了袁氏:I wish to express my warm thanks to Dr. T. L. Yuan for kindly offering me an opportunity of "releasing" this work from the drawer where it lay for one third the number of years of the Horatian injunction, and perhaps should have remained。(我要衷心感谢袁

---

① 李洪岩、范旭仑:《为钱锺书声辩》,第72页。
② 《钱锺书英文文集》收录了全文。

同礼博士给我提供机会发表这篇论文。本文在抽屉里已经放了几年，要不然会继续放在那儿。)①1945 年他在《17—18 世纪英语文献中的中国：三篇论文》序中再次致谢：I wish to express my gratitude to Dr. T. L. Yuan, the learned editor of the *Quarterly Bulletin of Chinese Bibliography*, and Mr. T. H. Tsien, manager of the same periodical, for their generous assistance in the publication of this book。(我要感谢《图书季刊》的博学主编袁同礼博士和经理钱存训先生为出版本书提供的慷慨相助。)②

《自由论坛报》

从 1941 年到 1945 年抗战胜利，钱氏夫妇为生计甚是劳苦，工作不稳定，其间除了创作、研究，还兼职过很多工作。钱锺书这期间和不少报刊有过联系。

邵绡红在其回忆录《我的爸爸邵洵美》中透露，抗战胜利后，钱锺书还应其父邵洵美之邀做过《自由论坛报》主编，此事极新鲜：

重庆有一份英文的报刊《自由西报》。它曾经担负起国际宣传新闻报导的重任。胜利后，外交部次长沈昌焕命司长束全保到上海接受原英商办的英文报刊 *North China Daily News*

---

① 《钱锺书英文文集》，外语教学与研究出版社 2005 年版，第 83 页。中文翻译由湖南师范大学外国语学院余承法教授提供。
② 叶瘦秋：《钱默存先生交游录》，《记钱锺书先生》，第 316—317 页。中文翻译由余承法教授提供。

字林西报馆,出版上海的《自由西报》(英文),束全保不懂出版的事,托他的小舅子陈志川聘请洵美帮助他办报。对于洵美来说,办报是驾轻就熟的事。这时,报馆的经理是颜鹤鸣,总编辑名李瑞。洵美接过办报的任务,请他那三个出色的"外甥"和许国璋做编辑,四名才子各编一版。许国璋是洵美在淳安结识的李卜高介绍的。当年在西南联大,李卜高、许国璋和王佐良是同班同学,也是同宿舍的好友,都是钱锺书教授的得意门生。《自由西报》不久改组,改名为《自由论坛报》(*China Daily Tribune*),仍是英文报刊,号称当时"中国惟一遍销全球的西文报"。因李瑞不得力,洵美请钱锺书任主编。洵美极为推崇钱锺书,认为他学养精深,同时期的学者无出其右,说他记忆力极好,家中不藏书,书都藏在他脑子里。这时期钱锺书几乎每天中午到洵美家,两人一起吃午饭,或是在家,或是外出。午后一起去报馆。①

书中还绘声绘色地描述了钱锺书在邵洵美家脱口背诵麦考利的《论阿狄生》,还"用希腊文背诵荷马的《伊利亚特》,接着又谈到莎士比亚和英国几位现代诗人,他都能把所引的诗文随口背出。最后谈到当时最流行的政治论著——Toynbee(汤恩比)的 *Civilization On Tried*(《审判文明》),他也能把汤恩比的独特见解逐字逐句背给洵美父子听"② 。有关钱锺书的传记以及杨绛的多数回忆性文字,都没有提到他出任《自由论坛报》主编之事。不知是杨绛他们淡忘了这段过往,还是忆者记忆失误。杨绛是否认这种说法的:

---

① 邵绡红:《我的爸爸邵洵美》,上海书店出版社 2005 年版,第 224—225 页。
② 邵绡红:《我的爸爸邵洵美》,第 225 页。

钱锺书没有当过英文《自由论坛报》的主编，他的履历里一字未提。他一生只担任过中央图书馆书林（*Philobiblon*）的主编，没担任过其他报刊的主编。"几乎每天到邵家午饭"云云，恐也不确。那时我们夫妇避难住法租界，居处逼仄不堪，无处藏书，我们常到邵洵美先生家借书。有一次，邵夫人的朋友容稚薌夫人带我们俩晚饭后到邵家闲聊，她带着我直上楼去（我从未上过楼），一面呼唤"茶！茶！"，刚到半楼梯，邵夫人就急忙忙地下来了。那是钱锺书和我第一次会见邵夫人。如果钱锺书常去吃午饭，应该早见过面了。钱锺书不通希腊文，不可能背诵荷马史诗中原文。[1]

从邵绍红整本书的叙述口吻的变化及一些细节来分析，这段回忆也可能并非出自她亲身经历，而是另有其人。

《中国年鉴》

上海时期，钱锺书没有做过《自由论坛报》主编事已基本可以确认（当年的编辑之一张培基也确定钱锺书没有担任主编一职），但他和《自由论坛报》也不是没有发生联系。钱锺书做过自由论坛报社出版的 *The Chinese Year Book 1944—1945*[2]（*Seventh Issue*）（《中国年鉴 1944—1945》）的 consulting editor（顾问编辑）是可以肯定的。邵绍红《听杨绛忆邵洵美》记张培基回忆："编辑《中国年鉴 1944—1945》，好像是外交部交给《自

---

① 安迪：《再说邵洵美和钱锺书》，《深圳商报》2005 年 8 月 30 日。

② China Daily Tribune Co. Ltd 1946 年出版。32 开，硬精装。

由西报》的任务。总编辑是外交部派来的，姓张。我和陈［郑］
少云任副总编，许国璋任编辑。我仅做一些修改和翻译工作。
《中国年鉴》的办公地点在《自由西报》办公室的旁边一个厅里。
那本年鉴需要一篇论中国诗歌的文章，我去找邵先生。邵先生
认为请钱锺书先生写更为得当。我就去辣斐德路钱府约稿（在
中学时我就认识钱先生的，他的堂弟钱锺鹏［彭］是我的同学），
钱先生一口答应。不几日他就寄来一篇长长的英文文章。此
文先后发表在《自由西报》和《中国年鉴》。"钱锺书的论文是
"Chinese Literature"，不只"论中国诗歌"。钱锺书当时不仅做
了作者，还受邀担任了顾问编辑。《中国年鉴 1944—1945》总
编辑不姓张，而是曹文彦，张培扬、郑少云、张培基、许国璋都是
编辑。

《书林季刊》

从 1946 年起，钱锺书受聘做了中央图书馆英文总纂（中文
总纂郑振铎），兼任英文馆刊《书林季刊》主编——这一次他自
己做了图书馆英文馆刊的主编了。1946 年 5 月，国立中央图
书馆由重庆迁回南京并开始办公，蒋复璁任馆长。6 月份《书
林季刊》创刊，前后共出版 7 期，到 1948 年 9 月第 2 卷第 3 期
停刊。《大公报》1947 年 6 月 20 日有报道可资参观：

国立中央图书馆自去年起聘请钱锺书教授主编英文季刊
一种，名为《书林季刊》（*Philobiblon. A Quarterly Review of
Chinese Publicatins*），现已出至第三期。该刊所载文字略分为

论著(Articles)、书评(Critical Notice)、书刊简介(Abstracts)、新书目录等。所刊论著有周传儒[1910]的《甲骨文字的研究》、李玄伯的《古代中国社会与现代初民社会》。第三期刊有英国学者 K. J. Spalding 的《古代中国哲学之精神》。斯氏撰有《中国三大思想家》，现任牛津大学研究员，并由我国立中央图书馆聘为通讯研究员。斯氏此文之前有该馆馆长蒋复璁氏的《东西文化的理解》(Orientation toward the Orient)。书评一栏，第一期刊有钱锺书论裴化行神父《利玛窦司铎和当代社会》。此书 1937 年在天津出版，1943 年汉译本在上海出版。第二期有钱锺书论美国学者 Latourette 的《中国通史》。书刊简介有《玄览堂丛书》三十二种，《明季史料丛书》二十种，《长乐郑氏汇印传奇》六种等。

其实第二期尚有叶恭绰(1881—1968)的《汉刻佛藏》，第三期还有钱锺书评陆游诗英译本。以后各期作者除钱锺书外，还有贺昌群、C. P. Fitzgerald(费子智)、郑振铎、杨宪益等。刊物助编为章克桢。实际上钱锺书在该刊几乎每期都发表一篇文章。我们不觉猜想，钱锺书要是未卜先知自己会主编英文刊物，会不会把学位论文拿到这上面发表呢？ 这一时期他还兼任暨南大学教授①，在南京上海两地奔波，杨绛回忆说："锺书每月要到南京汇报工作，早车去，晚上老晚回家。"有一次回家早了，她喜出望外，钱锺书解释道："今天晚宴，要和'极峰'(蒋介

---

① 钱锺书从 1946 年 9 月一直担任外文系教授到 1949 年 5 月，震旦的工作 1945 年年底已辞。

石）握手，我趁早溜回来了。"①

　　因为主编这份刊物，除了有与"极峰"握手的可能，还有"公费出游"的机会。1946 年 3 月，钱锺书曾以中央图书馆工作人员的身份随团访问台湾，前后在台约三周。4 月 1 日，他在台大法学院作了《中国诗与中国画》的演讲，也是篇旧文章。这是钱锺书一生唯一一次与台湾发生的直接关系。做主编不可避免要向知名作者约稿，钱锺书也不例外，有一封 1947 年夏他给赵景深先生的约稿信如下：

　　景深先生道席：月前饬人奉上《书林》一册，当已达览。所言多谬误，幸教正之。公于吾国小说、戏剧之精博，久所钦倒，意欲求大作一篇（考订性质而洋鬼子能懂者），约三四千字（不论新作抑旧稿），以光《书林》下期篇幅。由贵局同人译就并原稿交晚，自能斟酌润色文字（因敝助手任译务者有病也）。薄酬贰百万元一千字，酸寒幸勿见笑。望赐复为荷。尊寓地址及在府时间如见示，当再趋前面求也。匆匆即叩
暑安

　　　　　　　　　　　　　　　　　　　　晚钱锺书再拜
　　　　　　　　　　　　　　　　　　　　二十六日②

　　其实一年前，赵景深因为爱读钱锺书的《小说识小》，还向钱锺书约过稿③。看到钱锺书向人家约稿，有心的读者会联想

---

① 杨绛：《我们仨》，第 121 页。
② 《文教资料》1986 年第 4 期。
③ 赵景深当时正为《大晚报》编《通俗文学周刊》。

到《围城》里方鸿渐对孙柔嘉说的——"好太太，你不知道拉稿子的苦。"可互相比照。20 世纪 90 年代初他婉拒别人的约稿时还说："索稿校稿，大似美妇人不自己生男育女，而充当接生婆（旧日所谓'稳婆'）。但是我们已无生育能力，孤负你的本领，奈何奈何！"①

　　杨宪益在《回忆钱锺书兄》文中的一些回忆可能有些误差。他说日本投降后自己回到南京工作，这时收到来自上海的钱锺书的约稿信。"他当时好像是在上海图书馆工作，主编了一本图书馆内部的英文学刊，刊名是希腊文，意思是《爱好读书》，大概同现在的《读书》月刊差不多。他向我约稿时我正对中西交通史有兴趣，写过一些汉魏到唐宋时期中国与罗马帝国和后来的东罗马友好关系的读书笔记。又曾应中央大学（今南京大学）贺昌群教授之约，在学校历史系当过一年教授，教东罗马史，后因学生罢课请愿，反对内战，只教了几堂课，没教完一年而终止。由于上述原因我就给他寄过两篇英文稿子，大概都是关于古代中国与东罗马交往关系的。这两篇英文稿子他的学刊也都登载了，他还寄来过那两期学刊。不知道这个学刊到底出版过几期，也许两三期后也就停止了。我们后来见面从未提起过这件事，别人写的关于他的文章好像也未提到解放前他在上海主编过一本英文学刊。"②杨宪益说的这个刊物应该是中央图书馆的《书林季刊》。

---

①　安迪：《我与钱锺书先生的短暂交往》，《深圳商报》2003 年 6 月 21 日。
②　杨宪益：《回忆钱锺书兄》，《博览群书》2000 年第 7 期。

《国际汉学丛书》

钱锺书在中央图书馆期间,还主编过《国际汉学丛书》(*International Series of Chinese Studies*)。此事可比照钱 20 世纪 90 年代给三联书店主编系列书事。但《国际汉学丛书》很可能只出版了 K. J. Spalding[①] 的 *Three Chinese Thinkers* 一种,[②] 即上文引《大公报》所谓"第三期刊有英国学者 K. J. Spalding 的《古代中国哲学之精神》。斯氏撰有《中国三大思想家》,现任牛津大学研究员,并由我国立中央图书馆聘为通讯研究员"。

钱锺书也是 *Three Chinese Thinkers* 一书的编辑(署名 C. S. Ch'ien),另一位编辑是 Chiang Fu-Tsung(蒋复璁)。在该书的英文扉页上,写有 International Serise of Chinese Studies 字样,南京国立中央图书馆 1947 年出版。K. J. Spalding 在该书序中向钱锺书致谢,在第 60、106 页都致谢钱锺书提供帮助。钱锺书也曾致谢过 K. J. Spalding。《中国固有的文学批评的一个特点》后记(1937 年):又承友人 K. J. Spalding 先生把所引西文例证审订一过,免却穿凿,并此致谢。《17—18 世纪英语文献中的中国:三篇论文》序亦向 K. J. Spalding 致谢。可见两人关系甚好。

《美国文学丛书》与《英国文化丛书》

1947 年春,为编译《美国文学丛书》,文协上海分会成立

---

① K. J. Spalding,即前文《大公报》所言斯氏,另有中文译名史博定,其人为钱锺书在牛津大学留学时结识的好友,英国汉学家,专研中国老庄哲学。——余承法

② 叶瘦秋:《钱默存先生交游录》,《记钱锺书先生》,第 321 页。

了一个编委会，委员有郑振铎、夏衍、钱锺书、冯亦代、黄佐临、李健吾、王辛笛、徐迟等。据吴岩回忆，在郑振铎家曾举行过两次碰头会，当时参加的除了他，还有钱锺书、冯亦代、辛笛等编委。杨绛《怀念陈衡哲》说钱锺书在抗战胜利后还担任过《英国文化丛书》的编辑委员，他为请任鸿隽为《英国文化丛书》翻译一本有关他专业的小册子，还特到他家去拜访。商务印书馆 1948 年出版的《一九三九年以来的英国散文作品》(原为约翰·黑瓦德著)，为杨绛所译，也是该套丛书一种。这是两套丛书。

1947 年，吴宓似在编一字典，他想邀请钱锺书"担任编辑新增字之部"，但是钱锺书坚决不干，还"力言索天章、许国璋二君之不可用"，可他愿意供给材料与吴宓，"又自愿代宓密校复旦诸君之校稿，稍减宓总校之劳"①。看来钱锺书不但不相信索、许二君，连复旦诸君的能力都抱怀疑，所以等复旦诸君校稿出来后，吴宓赶紧写信托钱锺书给他"总校复旦诸君《字典》校译稿"②。吴宓记载的这个细节，使我们不仅能体察到钱锺书对老师和自己学生的态度及他对自身能力的自信，更能看出他一以贯之的那种直言不讳、学术上对人几近苛刻的个性。1947年 9 月 27 日的《观察》周刊有钱锺书一篇评论英文字典的文章③，虽非吴宓所编之字典，但至少我们能从文章里看出他在编校上的本事。

---

① 1947 年 10 月 13 日，《吴宓日记》第 10 册，生活·读书·新知三联书店 1999 年版，第 255 页。

② 1947 年 12 月 5 日，《吴宓日记》第 10 册，第 286 页。

③ 钱锺书：《补评〈英文新字辞典〉》，《观察》第 3 卷第 5 期，1947 年 9 月 27 日。

新中国成立后的编辑钱锺书

新中国成立后,如果我们不以 1949 年前他做主编和编辑的标准来作参照,那么他仍然和这个工作有着很密切的联系。美国胡志德说:"1949 年以来,除了一些编辑工作、几篇文章和评论以及他的宋诗选注本之外,以钱锺书署名的东西微乎其微。"①在所有这些出版物里,他的个性还时时受到限制,喜好得不到发挥,还因为维护自己的一些选择而付出过代价。

钱锺书到清华工作一年后,就被调去翻译《毛泽东选集》,成了中共中央宣传部《毛选》英译委员会委员。《毛选》翻译委员会的工作于 1954 年底告一段落。1958 年初到 1963 年,他还是《毛选》英译定稿组成员。1964 年起,他又成了毛泽东诗词翻译五人小组成员。"文化大革命"打断了工作,1974 年继续,直到诗词翻译完毕。

钱锺书当时除了做《毛选》翻译工作外,还没有中断他在文学所古典组的工作。1956 年底他完成《宋诗选注》,人民文学出版社 1958 年 9 月出版。俄罗斯的符·索罗金在《围城》俄文版再版前言中说:"钱锺书撰写、编辑、出版了《宋诗选注》一书。"②具体点说当是主编。有关《宋诗选注》的文章已很多,不必细说。总之,这本书在有过短暂的批评后,它已经得到多数的肯定。虽然在这个选本中,钱锺书自己对选目并不满意,要选的没选上,不必选的倒进去了,但是相对于后来的《中国文学

---

① [美]胡志德:《钱锺书论》,《钱锺书和他的〈围城〉》,第 130 页。

② 《钱锺书研究采辑(2)》,生活·读书·新知三联书店 1996 年版,第 171 页。

史》尤其是《唐诗选》，他的个性已经得到有限制的最大发挥。所以有学者说，在 1949 年后以个人独立完成的选本中，《宋诗选注》是最为精密而且有突出个人风格的一种。它不仅在五六十年代独步一时，即使在七八十年代也仍然居于相当的领先地位。①

完成《宋诗选注》后，钱锺书参加了组内《中国文学史》的编写。这套文学史的总负责人是余冠英，一共三册，第二册唐宋段由钱锺书主持。张文江直接说"钱锺书六十年代担任了中国科学院本《中国文学史》唐宋分册的主编"②。1962 年 7 月，这套《中国文学史》由人民文学出版社出版。文学所的这一种文学史和游国恩等主编的《中国文学史》③是新中国成立后影响最大、使用时间最长的两套文学史。在唐宋分册中，钱锺书主要执笔《宋代文学的承前和启后》与《宋代的诗话》两章。虽然我们不能清晰地看出他在唐代部分的发挥，但在后期的《唐诗选》中我们却能或隐或显地找出他的影子。

《唐诗选》也是中国科学院文学所编的，由人民文学出版社1978 年 4 月出版。这本书有 50 万字，初稿完成于 1966 年，1975 年进行了修订（重定选目、增补和修改作品注释、作家小传等）。该书前言说："参加初稿和修订工作的有余冠英（负责人）、陈友琴、乔象钟、王水照同志。钱锺书同志参加了初稿的选注、审定工作，后另有任务，没有继续参加。"从时间推断，钱

---

① 张文江：《营造巴比塔的智者——钱锺书传》，上海文艺出版社 1993 年版，第98 页。

② 张文江：《营造巴比塔的智者——钱锺书传》，第 100 页。

③ 游国恩主编：《中国文学史》，人民文学出版社 1963 年版。

锺书当时"另有任务",应该是去翻译毛泽东诗词了。《唐诗选》共选诗人 130 余家,诗 630 余首,张文江说:"钱锺书选注的有三十人,基本以初唐和中晚唐中小诗人为主,约占四分之一。"①说得很肯定。而范旭仑认为,诗人的小评传中,敢肯定是钱锺书写的依次有王绩、王勃、杜审言、钱起、郎士元等 24 篇,而"咬不准是不是出自钱先生手笔的有:刘长卿、张继、卢纶、于鹄、雍陶、张玼"。②听说"钱选唐诗"还一度纳入《钱锺书集》的出版计划里,但是"钱选唐诗"毕竟不是"钱选宋诗",参与编选的王水照后来否认了这些武断的猜测。他说范旭仑等人的考证,"其实大都与事实不符(杜审言为余先生所写,刘长卿、张玼乃是本人拙笔)。我还看到其他一些涉及钱先生与《唐诗选》关系的论著,亦多有出入"。其实"钱锺书先生执笔的小家作品部分,删削十分严重。从开卷到杜甫,316 页过去了(全书784 页),钱先生的笔迹只出现在王绩、王勃两处,而且所选王绩诗二首及王勃《山中》诗的注释,也已非钱先生所写(1966 年初稿本,所选某一作家,其小传及作品注释,统归一人所作,无一例外)"③。

1957 年 3 月,《文学研究》杂志创刊,钱锺书是编委。1959年此刊改名《文学评论》,他仍是编委。此类编委似多"挂名虚衔"。但钱锺书在该刊发表了他的好几篇重要论文,计有《宋代诗人短论》(1957 年第 1 期)、《〈宋诗选注〉序》(1957 年第 3期)、书评《韩昌黎诗系年集释》(1958 年第 2 期)、《通感》(1962

① 张文江:《营造巴比塔的智者——钱锺书传》,第 101 页。
② 范旭仑:《钱锺书与〈唐诗选〉》,《钱锺书研究集刊》第 2 辑,第 145 页。
③ 王水照:《〈唐诗选〉编注工作的回顾》,《中华读书报》2003 年 9 月 24 日。

年第 1 期)、《读〈拉奥孔〉》(1962 年第 5 期)、《也论〈长生殿〉》(1965 年第 2 期，合著)及《诗可以怨》(1981 年第 1 期)。

20 世纪五六十年代钱锺书还是《古典文艺理论译丛》的责任编委，做过不少具体的工作。丛刊主编是蔡仪。柳鸣九回忆说，在 20 世纪五六十年代此丛刊有相当巨大的影响，对翻译介绍西方古典文艺理论的经典名著名篇起了显著作用。这个丛刊每期都有一个中心，如希腊罗马诗学、古典主义文艺理论、浪漫主义理论、美学理论、戏剧理论等，围绕一个特定主题翻译介绍西方诗学、西方文艺批评史上的经典理论文献，但每一期都配一两篇作家谈创作的文章，或者是作家重要的文学书信、文学日记。每期特定主题的重要选目均由上述几位对西方理论批评有权威发言权的编委决定，译者也由他们提名，被提名者皆为翻译家中有理论修养的专家教授。至于重点主题之外的配搭文章，则由编辑部两三个年轻的编辑自行选定与组稿，当然所有的译稿都须经编委的审阅通过。①

20 世纪 60 年代，文学研究所和人民文学出版社合作出版三套丛书：一套文艺理论，一套中国古典文学作品，一套外国古典文学名著。文研所负责选题、供稿，人文社编辑出版。所内研究员包括钱锺书在内大多是编辑委员。钱锺书在城内工作，有时开会就叫杨绛代表出席。编委每次开会，总要到同和居吃一顿晚饭。钱锺书有时吃饭回家，总夸赞香酥鸡、乌鱼蛋汤等名菜。

1979 年 11 月《译林》创刊，钱锺书夫妇都被聘为该杂志的编委。1981 年 4 月，《译林》要开编委会，他们照例有事不去，

---

① 柳鸣九：《一个逼出来的译本》，《中华读书报》2004 年 3 月 4 日。

但作为编委,他们给编委扩大会写了封信,仍是惯例的褒奖:

得来信和通知,十分感谢。《译林》这一年来不断改进,在我们接触到的青年人里,有很好的"口碑"。我们听到后,觉得沾了光,同时也内心惭愧,因为我们挂了"编委"的空名,一点儿也没有实质的贡献。平时挂名,这次开会,偏又不巧有旁的事,分不开身,只好缺席,歉意更深。特此专函请原谅,并敬祝会议胜利,开得有成果。

译林的特色是把"通俗"的或眼前"畅销"的作品和"经典"或"高级"(elitist)的、公认较经得起时间考验的作品,有比例地作准确的介绍。"畅销"并不保证作品的文学价值,但是也并不表明作品的毫无文学价值。"经典"或"高级"作品里有些是一度的"畅销书",而为了理解外国当前的社会,通俗流行的作品常常是较好的指南。这些事实是"文艺社会学"(literary sociology)家像 R. D. Altick,R. Escarpit,R. Schenda,J. L. Sammons[1] 等著作里反复阐明的。《译林》在这一方面的努力,有显著的成功。敬祝你们——实在不敢老着脸说"咱们"——的刊物办得更出色。顺祝到会同志们愉快健康! 此致敬礼

钱锺书 杨绛

四月十四日

---

[1] R. D. Altick(1915—2008),阿尔提克,美国文学家、历史学家。R. Escarpit(1918—2000),埃斯卡皮,法国作家、学者。R. Schenda(1930—2000),鲁道夫·申达,德国人类学家、民俗学家。J. L. Sammons(1936—2021),萨蒙斯,美国学者、德语文学研究专家。——余承法

这封信原载《译林》1981 年第 2 期。1988 年，水涨船高，此文又以"发扬特色　办好《译林》"醒目标题重新发表在《译林》当年第 1 期上。《杨绛评传》却无知妄言：1988 年 1 月，"钱锺书、杨绛联名贺辞《发扬特色　办好〈译林〉》，发表在《译林》第 1 期卷首"。①

20 世纪 80 年代中期，北京大学古文献研究所计划编纂《全宋诗》，他们认为此书主编非钱锺书莫属，所以他们去请钱锺书主持这项大工程。"钱先生说得很委婉，但很坚定，说他只能自己写书，绝不出门当主编，更不能挂虚名。"②但钱锺书也并不是没有为出版物挂有名无实的虚名。除了受聘为《文学评论》《译林》的编委，后来也是《当代国外社会手册》等出版物的编委。更重要的是 1998 年 6 月，由北京和香港三联书店联合印行的大型文库《中国近代学术名著》，钱锺书担任主编，出版社后来在《钱锺书集》的宣传语中说："这也是他唯一一次出任丛书主编，并且亲自审定编辑设想、编纂方案和拟选目录。"确实如此。三联书店前总编董秀玉说：

看到不少出版社都在复印古籍，我就去请教钱锺书先生。他说，整理古籍固然是好，但出版近现代的学术著作更为重要。从《四库全书》后，近代的学术书籍还未系统地出过，这方面的事情更需要做。我领会他的意思，准备出版一套中国近代学术名著，共 100 册，并加标点和注释，由复旦大学历史系朱维铮教授进行初选。目录出来后，我送去给钱先生看，恭请他担任主编。钱先

① 孔庆茂：《杨绛评传》，华夏出版社 1998 年版，第 299 页。
② 傅璇琮：《缅怀钱锺书先生》，见《一寸千思：忆钱锺书先生》，第 403 页。

生一口答应说："我从来没有担任过主编，这个主编我一定当。"他可认真啦！初目修改后，二目又改了一遍，对增补删减的缘由以及原著在历史上的作用，都讲得很详细，还考虑写篇总序哩！①

《中国近代学术名著》丛书1998年出版，只出了10册，钱锺书也于当年12月去世。由此看出，钱锺书对选择在哪些出版物挂名还是很有选择的，这和同时代一些学人喜欢到处做顾问、主编、编委比，他算是极能抵住诱惑洁身自好了。

"自己攻自己"的"文改公"

钱锺书曾自命"文改公"，他把对自己作品的修改称作"自己攻自己"，所以在精力许可的情况下，他尽可能不放过自己著作里的任何一个细节错误或不完善的地方。我们看他一些著作前后不同时期的几个版本就会发现，他做的大大小小修改都可以让后人写本版本勘定的书出来②，为使著作完善，他前后做的补订也都可以另作章本③，其态度之认真，识力要求之高，近人难出其右。这与他多年做编辑形成的习惯实际上是分不开的。而以钱锺书多年读书写作做编辑的经历，对于语言文字多有切身体验，在著作里亦常有阐发。如《管锥编》论哲学家文人对语言文字的"求全责善"时他发表的一通议论，可作夫子

---

① 原载余仙藻：《让更多的好书通向世界》，《文汇报》1991年7月30日，此处转自范旭仑：《容安馆品藻录·老辈（四）》，《万象》2008年第2期。
② 如张明亮的《钱锺书修改〈围城〉》，北岳文艺出版社1996年版。
③ 如《管锥编》第5册，《谈艺录》下编。

自道：

> 语言文字为人生日用之所必须，著书立说尤寓托焉而不得须臾离者也。顾求全责善，喷有烦言。作者每病其传情、说理、状物、述事，未能无欠无余，恰如人意中之所欲出。务致密则苦其粗疏，钩深赜又嫌其浮泛；怪其粘着欠灵活者有之，恶其暧昧不清明者有之。立言之人句斟字酌、慎择精研，而受言之人往往不获尽解，且易曲解而滋误解。"常恨言语浅，不知人意深"（刘禹锡《视刀环歌》），岂独男女之情而已哉？"解人难索"，"余欲无言"，叹息弥襟，良非无故。语文之于心志，为之役而亦为之累焉。①

也许对编校工作的不易有切身体会，他对给他著作做编辑以及提出意见或作出更正的人常要特别点名感谢。以《谈艺录》和《管锥编》为例。《谈艺录》序（1948）："周振甫、华元龙二君于稿中失字破体，悉心雠正；周君并为标立目次，以便翻检，底下短书，重累良友浪抛心力，尤为感愧。"《谈艺录》引言（1983）："援据汉籍，多请马蓉女士、栾贵明君检核，援据西籍，多请薛鸿时、董衡巽、马力三君检核……审定全稿者，为周君振甫。当时原书付印，君实理董之，余始得与定交。三十五年间，人物浪淘，著述薪积。何意陈编，未遭弃置，切磋拂拭，犹仰故人。诵'印须我友'之句，欣慨交心矣。"《管锥编》再版识语（1982）："初版字句颇患讹夺，非尽排印校对之咎，亦原稿失检

---

① 钱锺书：《管锥编》第 2 册，中华书局 1986 年第 2 版，第 406 页。

错漏所致也。国内外学人眼明心热，往往为一二字惠书订谬；其纠绳较多者，则有施其南、张观教、陆文虎三君；而范旭仑君尤刻意爬梳，是正一百余处。洵拙著之大幸已！应再版之需，倩马蓉女士荟萃读者来教，芟复汰重，复益以余所雠定者，都勘改五百余处。亦知校书如扫落叶，庶免传讹而滋蔓草尔。"周振甫是《管锥编》和《谈艺录》的责任编辑，因为这种关系他们交往甚是密切，钱锺书后来确是把他当朋友。1947 年《谈艺录》第一版在周振甫的编辑下出版，钱锺书在送给周的书上题词：

校书者非如观世音之具千手千眼不可。此作蒙振甫道兄雠勘，得免于大舛错，拜赐多矣。七月十日翻检一过，复是正若干字，申说若干处，未敢谓"毫发无遗憾"也。即过录于此册上以贻。振甫匡我之所未逮，幸甚幸甚。钱锺书识①

钱锺书虽然没有当面批评别人没把他书校勘好，反而替他人开脱，除非有"千手千眼"，才可能把书校得没有错字。但对于这种错误并不表示他宽宏大量到毫无介意。黄裳回忆，钱锺书曾送他一部《管锥编》，上面用毛笔写的是"校雠粗率，讹脱不少，未及订正，聊供思适耳"。钱锺书自己留存了一部，每册都有许多改正的地方，折着角。黄裳也不想借临，怕半天也抄不完。钱锺书说："这也不妨，留下一点事给旁人做，也挺好。"②不过 1949 年后，同辈学人中，钱锺书与周振甫的关系他人是难

---

① 周振甫：《钱先生的指导》，《记钱锺书先生》，第 170 页。《槐聚诗存》有 1947 年作送周诗，言"周振甫和《秋怀》韵，再用韵奉答。君时为余勘订《谈艺录》。"可参。

② 黄裳：《槐聚词人》，《记钱锺书先生》，第 158 页。

与相比的，钱是出自真心把周当谈得来的朋友，多次在他人面前称赞周，说"周君乃弟之畏友，精思劬学，虚怀乐善，非侯君庸妄之伦"①，"振翁时时惠过，私幸暮年得此益友"②云云。钱锺书是很少在背后对同辈学人作这么高评价的。但朋友归朋友，知己是谈不上的。其实像《管锥编》这般鸿篇巨制难免不会在编校上存在问题，该书征引文献繁富，加之钱锺书看书引书并不很在乎版本，遗留给后人做的工作肯定不少。我们看《钱锺书研究集刊》《钱锺书评论》（卷一）等书内的考异文字就能略窥一二。附带一说，根据周振甫 1977 年写给中华书局的《管锥编》选题建议，《管锥编》内所涉五种外文的校对可能是钱锺书自己做的。周振甫不懂外语，他在建议里说，钱锺书希望他做《管锥编》的编辑工作，"由于这部稿子里有五种外文，校对工作可由他自己看清样。我局……争取早日付排，由钱先生亲自校定，争取早日出书"。③ 聊备参考。

如果《管锥编》还可以算一个特例的话，那么自从钱锺书重病住院一直到去世，整理出版的书就没有一种不是错误迭出的，《槐聚诗存》《石语》《钱锺书散文》《钱锺书论学文选》《钱锺书集》《宋诗纪事补正》《钱锺书杨绛散文》《钱锺书英文文集》，甚至《钱锺书手稿集》，无一幸免。以编辑钱锺书的眼光来看这些东西，编辑出版者难道就不怕钱锺书"如郑板桥之化厉鬼以击其脑"么？钱锺书生前很不轻易让自己的旧作出版，他说：

---

① 1977 年与刘世南信，见罗厚：《钱锺书书札书钞续二》，《钱锺书评论》（卷一），第 296 页。

② 1983 年 2 月 23 日与彭鹤濂书，见罗厚：《钱锺书书札书钞续一》，《记钱锺书先生》，第 337 页。

③ 周振甫：《〈管锥编〉选题建议及审读报告》，《钱锺书研究集刊》第 3 辑，第 2 页。

"弟于旧作,自观犹厌,敝屣视之。而国内外不乏无聊好事或啖名牟利之辈,欲借弟为敲门之砖、易米之帖。港商越在化外,非王法所及,只得听之。他年弟身后有为此者,弟不能如郑板桥之化厉鬼以击其脑,亦唯衔恨泉下。一息尚存,则掩耳摇手而已。"[①]但是"天要下雨,娘要嫁人",商人要赚钱,文人爱虚名,钱锺书除了"衔恨泉下",还能怎样? ——唉,"身后闲事谁管得呀"。

---

① 1982 年 2 月 4 日与黄裳书,见《记钱锺书先生》,第 335 页。

【附一】

1948 年的《写在人生边上》

杨绛先生出版的《走到人生边上》，只字不提钱锺书先生的《写在人生边上》，似是有意回避。杨的书名取其实，钱取其虚，虚实之间皆有深意。

《写在人生边上》是钱先生唯一的一本真正意义上的散文集（也是他的"第一个集子"），由杨绛编定，上海开明书店 1941年初版。他在序（1939 年 2 月 18 日）里说："人生据说是一部大书"，"假使人生是一部大书，那末，下面的几篇散文只能算是写在人生边上的。这本书真大！一时不易看完，就是写过的边上也还留下好多空白"。在《一个偏见》中，他也曾说："只有人生边上的随笔、热恋时的情书等等，那才是老老实实、痛痛快快的一偏之见。"这是他取这个书名的缘由。

2004 年到 2005 年笔者在皖西学院图书馆勤工俭学，在特藏书库整理古籍时，无意中发现一批民国旧书刊，里面就有一本开明书店"民国三十七年九月四版"的《写在人生边上》。这本《写在人生边上》可能是新中国成立前的最后一次出版，再次出版已迟至 20 世纪 80 年代初。1982 年福建人民出版社把这本书纳入《上海抗战时期文学丛书》才重新出版；1988 年台北书林出版公司又把它收载到《钱锺书作品集》在台湾出版。但到 90年代末，其总印数也不过几千册，所以中国社会科学出版社 1990年版再版后记说："在国内第一流图书馆，收存者也寥寥无几，更不必说读者、研究者对它可望而不可得。"实际上近年来国内已有好几家出版社再版了这本书(有的还是影印本),已不像前几年那般难得。见到的这本《写在人生边上》尽管不是初版,但新中国成立前出版的钱氏原作已很难见到,故仍颇值介绍。

书的扉页正面是钱氏的"志谢":

这个集子里的文章,有几篇是发表过的,曾和孙大雨戴望舒沈从文孙毓棠各位先生所主编或筹备的刊物有过关系。

陈麟瑞、李健吾两先生曾将全书审阅一遍,并且在出版和印刷方面,不吝惜地给予了帮助。

作者远客内地,由杨绛女士在上海收拾,拣选,编定这几篇散文,成为一集。

愿他们几位不嫌微末底接受作者的感谢。

扉页反面是:

赠与季康

三十年六月二十日

目前坊间所见新出《写在人生边上》还是保留了这种形式。书的第一页为序。除了序之外共收有 10 篇文章:《魔鬼夜访钱锺书先生》《窗》《论快乐》《说笑》《吃饭》《读伊索寓言》《谈教训》《一个偏见》《释文盲》和《论文人》。全书正文共 65 页。书的最后三面为开明书店印行的"开明文学新刊"书目,介绍了各种由开明出版的小说、散文、诗、戏剧和"批评",其中小说 14 种,包括钱先生的《人·兽·鬼》，其他还有如叶绍钧的《倪焕之》、师陀的《无望村的馆主》等现代文学史上的名作；散文集21种，其中有钱氏的《写在人生边上》，另有如茅盾的《速写与随笔》，朱自清的《欧游杂记》《伦敦杂记》《背影》，巴金的《怀念》，丰子恺的《缘缘堂随笔》，施蛰存的《灯下集》，冰心的《关于女人》等；诗2种，马君玠的《北望集》和臧克家的《烙印》；戏剧6种，如茅盾的《清明前后》、柯灵的《恨海》等；批评1种，李广田的《诗的艺术》。此书最后一面重点介绍了4本书：钱锺书的《人·兽·鬼》和《写在人生边上》，以及艾芜的《我的青年时代》与沈从文的《从文自传》，还分别撰有广告词。

《写在人生边上》的广告词很简单：

作者在序文里说："人生据说是一部大书"，"下面的几篇散文只能算是写在人生边上的"。

倒是《人·兽·鬼》的广告词更详细：

作者是以博学和智慧闻名的，他用深邃的目光和犀利的观察解剖人生。这本集子保持着他一贯的风格。这里包含四个短篇小说：《上帝的梦》，《猫》，《灵感》，《怀念》。每篇像一朵有刺的花，美丽，芬芳，发散出无限的色香，可是，同时用毫不容情的讽刺，引起我们一种难以排遣的惆怅。

钱氏少年才俊，早已声名在外；到1948年时的他，不仅开始出版学术著作《谈艺录》，还发表了极受欢迎的长篇小说《围城》，开明书店竭力拿钱氏做广告也只是说了该说的话，并没有夸张。

范旭仑在博客里披露了钱锺书用英文写的"自撰广告四则"，他认为这也属"钱先生不署名的作品"：

On the Marigin of Life

Essays.

Men，Beasts and Ghosts

Short stories.

Brilliant stories showing great satirical prowess.

The Besieged City

A Novel about Chinese intelligentsia in Wartime. The title is taken from the French poverb，"Le marriage est comme une forteresse assiégée；ceux qui sont dehors veulent y enter, et ceux qui sont dedans veulent en sortir." A best-seller.

Dissussions and Dissertations

On old Chinese poetry and poetic.[1]

两相比较，《人·兽·鬼》的中文广告词怎么看都像英文广告词的扩写，莫非也是出于钱锺书之手？

---

[1] 《写在人生边上》，散文集。《人·兽·鬼》，短篇小说集，体现非凡讽刺艺术的杰出短篇小说。《围城》，关于抗战时期中国知识分子的长篇小说，书名源自法国谚语"婚姻是一座围城，城外的人想进去，城里的人想出来"，这是一本畅销书。散论与论文，《论旧中国诗和诗学》。——余承法译

【附二】

丁聪与《围城》及其他

很多人都知道丁聪画漫画、画文人肖像画，其实他的艺术创作形式非常多样，除了漫画，还有素描、水粉和书刊封面版式设计。他早在发表漫画之前，就开始了书刊的封面设计。上小学时，他和同学们办手抄刊物《小青年》，就开始为它设计封面。20 世纪 40 年代，钱锺书《围城》初版本的封面就是丁聪设计的，曹禺改编的《家》的初版本封面也是他设计的。钱锺书的长篇小说《围城》初版本，1947 年 5 月由上海晨光出版公司出版，由赵家璧把它编入"晨光文学丛书"中①。晨光文学丛书一律32 开本，封面设计都是统一的，在视觉上趋向于色彩浓艳，仅在封面右下方，留出方寸之地给画家施展才华，每一种也只更换书名、颜色和右下角的图片。像丛书中徐志摩的《志摩日记》和老舍的《老牛破车》，右下方都用了作者的照片，巴金的《雾》则使用了一幅木刻。

《围城》初版封面中，丁聪在有限的框架内，设计创作了书中主要人物的半身肖像：男主角手拿烟斗，穿春秋装束，闭目沉思，满面愁容；女主角头披长发，身着露肩旗袍，手护臂膀，似有怒状。方寸之间，男女主角似背靠背，相互依撑，却又穿着季节各异的服饰，貌合神离，在婚姻的围城里苦苦挣扎。这是丁聪

---

① 1948 年再版，1949 年三版，新中国成立后直至 1980 年 11 月才由人民文学出版社再版。

对《围城》的诠释，也是他在处理书衣设计中一贯的艺术手法，就是"着力把书中有关于人物形象引入封面，突出展示出书籍的主题"，而"不使用封面设计中习见的图案元素"①。《围城》第二年再版，封面用了英国画家华尔德·理查德·锡克特题为《烦恼》的画。画的也是一对男女，各自做着自己的事，仿佛也暗示着男女之间存在的矛盾，和丁聪的创作有异曲同工之妙。

1995 年，丁聪编辑过一部名为《丁聪》的带有对自己艺术创作有总结意味的画册，副题是"漫画、插图、素描、速写、肖像、设计"，从中也可以看出，他的很大一部分作品都与图书报刊的装帧设计有关。在书中，丁聪先生概括地写道："1944 年左右，我寄住在成都《华西晚报》的院子里，我为报纸副刊画了很多刊头、插图和当时国际上的政治风云人物的头像，如罗斯福、丘吉尔、莫洛托夫等。因当时印刷、纸张条件都很差，故这些小小的头像都是根据版面所需要的尺寸，请刻字铺的工人，刻成木版后直接印在报上的……书刊的封面和文章插图也是我当年从事的工作之一，钱锺书先生的《围城》的第一个封面就是我设计的。1946 年到 1947 年间，我为众多的进步刊物，如《文萃》、《周报》、《民主》、《群众》、《人世间》等画过很多封面和插图，还为艾青、臧克家、徐迟等人的一套新诗集设计过封面。"这里说的是 20 世纪 40 年代。到了 20 世纪 80 年代以后，"有人又找到我，而我又有时间，所以又画了不少文艺书籍的封面，如老舍的《四世同堂》、《茶馆》、《牛天赐传》，茅盾的《春蚕》以及其他作

---

① 高信：《谁持彩练当空舞(之十四)》，《出版史料》2009 年第 3 期。

家的书籍"。

新中国成立后，尤其是"文化大革命"以后，丁聪还为杨绛的著作设计过封面。三联书店1981年的初版《干校六记》，小32开本，封面设计就出自丁聪手笔。封面背景是一片白茫茫的雪野和深蓝的夜空，右侧是冬夜里树木枝杈萧疏的暗影，左下角远远的有几排从窗户漏出灯光的干校宿舍。杨绛所记的干校是在河南息县，而封面给人的感觉却仿佛置身于东北的林海，也许丁聪想要传达他对干校生活的独特见解吧。此书加上钱锺书的《小引》也只有3万字左右，在当时却是洛阳纸贵。

除了设计《围城》封面，丁聪还为钱锺书画过三张头像。第一张是按邓伟拍摄的照片（钱锺书最满意最喜欢并流布最广）画的，刊于《读书》1981年10月号里，是画得最像的一张。1991年第3期《读书》发表的赵一凡《〈围城〉的讽喻与掌故》一文，文前也有这张像。画像用简洁明了的几笔，将钱锺书的聪明睿智、幽默风趣勾勒了出来，已成为有关钱锺书不多的画像中的经典图片之一。《读书》1989年3月号上的那张，不很像。最后一张就是收录在《我画你写》一书里的，样板是《钱锺书论学文选》里的摄影，又见《钱锺书散文》，1990年11月号《随笔》等处，很不像。

丁聪画钱锺书像主要刊登在《读书》上。自1979年《读书》创刊到2002年丁聪画不动为止，他在《读书》的漫画专栏始终没有中断过。丁聪的漫画成了《读书》的"王牌栏目"，后来也成了《读书》的标志性符号。钱锺书也是《读书》早期作者队伍中重要的一位。三联书店网站上说："从范用担任三联书店负责人时起，钱锺书、杨绛二位先生对三联书店的关心就一以贯之，他们不仅都是《读书》杂志的热心支持和撰稿者，而且对书店的图书出版事业给予过非常具体的指导和帮助。"钱锺书的漫画像是丁聪创作的一系列文化名人漫画中的一幅。他还先后为沈从文、秦怡、萧乾、巴金、冰心、方成、冯骥才、新凤霞、老舍、鲁迅、茅盾、黄苗子、聂绀弩、夏衍、钟敬文、范用、王蒙等作过漫画，每个人的形态都惟妙惟肖。从这些作品中，可以看到丁聪在中国文化艺术界结交的广泛，以及他与中国文艺界许多知名人士的深厚友情。茅盾在 1980 年 6 月与丁聪再见面时，情不自禁地挥笔写下了一首小诗："不见小丁久，相逢倍相亲。童颜犹如昔，奋笔斗猛人。"既表现出两人的友谊，也称颂了他的为人。

有关丁聪与钱锺书的日常往来以及笔墨交往，一定有很多可值记述的雅事，笔者阅历局限，只望抛砖引玉，有更多的人来提笔撰文，祭奠两位文化大家。

第十一讲
钱锺书的住房变迁与文人际运

从清朝灭亡，到"文化大革命"结束，中国政局或动荡不安，或诡谲变幻，如江海横流，潮涨潮落。现当代中国的知识分子，没有人能跳出历史的潮流。其中掌权者有之，富贵者有之，学术声名隆裕广受敬仰者有之，而寂寂无名、微末贫困者亦不在少数。对大多数知识分子来说，人生之路走的都是起起伏伏，"颠沛流离""居无定所"这些词语用在他们身上毫不虚夸。本讲试图从钱锺书住房变迁的过程，从一个侧面来观照中国现当代知识分子的命运和时代变化。

钱锺书刚好经历了中国社会由近代向现代转型的关键时期，历经一系列重要变革与运动：末代王朝瓦解，民国成立，军阀混战，抗日战争，国共内战，新中国成立，"反右"，"文化大革命"……其间，他从无锡到北京、上海、英法、昆明、蓝田，再到上海、北京，他的人生轨迹反映了中国现当代史的一个侧面。

无锡钱家（1910.11.21—1933—1935.8）

宣统二年(1910 年)11 月 21 日①,钱锺书在无锡岸桥巷秦
氏宅出生。秦氏宅为钱家赁租之地。此前钱家在中市桥吴氏
宅和东门驳岸汤氏宅都赁居过,秦氏宅是 1901 年开始租的。
宣统三年(1911 年),再迁至胡桥,租韩氏宅。1915 年,迁至大
河上侯氏宅。1919 年,迁至流芳声巷租朱氏宅。1923 年,移居
七尺场新宅。自此,钱家终于有了自己的房子,结束了长期租
房而居的局面。

钱家在无锡时原先有房子,后来太平军进入无锡,房子毁
于战火。在无锡很长一段时期内,可能受家庭经济状况所限,
钱家一直赁屋而居。到钱锺书的祖父时,情形开始变好。钱福
烔当年屡试不第,是个秀才,但手里有祖遗租田三四十亩,他的
孙子钱锺汉说他"实际上仅是一个城市小地主……因为有岳父
的背景和大哥的关系,所以人们仍把他当作一位小乡绅看待,
他本人也俨然以小乡绅自居"②。所以当时钱家在生活上并不
窘迫。在无锡城,钱福烔与人还合开了一家典当行(永盛典)。
七尺场新宅规模不小,耗资可想而知,也可看出他们的财力。
钱锺书叔父钱基厚在《孙庵老人自订五十以前年谱》中对新居
兴建过程及房屋大小有详细记录:

叔兄奉父命,始在城内七尺场建新居,尚伯兄在日佐父

---

① 阴历庚戌十月二十日。
② 钱锺汉:《〈无锡光复志〉拾遗》,转引自《无锡时期的钱基博与钱锺书》,第 17 页。

所置也。前屋两进，第一进七间。中为大门，东西各三间，以东偏间为家祠。西三间，由大嫂及长侄锺书居之。第二进大厅三间，东西书房各两间。西书房内间最宽大，为父寝室。以外间为会客宴居及岁时祭享之所。叔兄住东书房，并以前进东三间之西偏间及中间为读书会客之所，尚有傍屋，为井灶。吾父自题厅事曰绳武堂，省长韩国钧氏为书额……余以子女多，别在吾父寝室之后空园隙地，建楼屋三楹及余屋居之。[1]

　　房子已经相当多了，但钱基厚因为子女多，又另外在他父亲卧室后的空地建了房子。钱锺书这一年13岁，考入了苏州教会学校桃坞中学。但就在新居建好没多长时间，1925年，钱家再遭不幸。此番一劫，家财散尽，又陷败落。当时直系军阀和皖系军阀连续两次爆发江浙战争，直系溃兵逃窜至无锡城。逃兵所至，无所不为，钱家与人合开的永盛典被洗劫一空。对于被劫的存户寄资，按惯常做法，遇兵灾可不赔偿，但钱福烔却罄尽所有积金，包括钱基博和钱基厚两兄弟的收入，偿还了存户所寄53％的经济损失。遭此大劫，钱福烔抑郁成疾，卧病50余日后，于1926年病逝。所幸在此之前，钱家新居建成，否则一大家子将长陷租房而居的窘境。钱福烔去世后，留下了一大笔债款，只有让钱基博来偿还了。钱基博因此常年没日没夜地工作，等到一大笔债还清，他已劳累得一身是病。

　　1933年钱锺书清华毕业，到上海光华大学任讲师。初到

　　[1]《钱锺书评论》（卷一），第331页。

光华时,钱锺书与同事张杰(挺生)共处一室。在上海两年,因为距离无锡近,回无锡次数较多。自从钱锺书考上大学之后,家作为居住场所的意义对他来说已经不是很大,更多的是精神层面的了。

钱锺书在钱绳武堂待的时间虽然不长,但在其成长过程中,那段时光却有着极其重要的影响和意义。在这里,他与众兄弟一起读书、习作,一起嬉笑玩闹。在这里,他从中学考入大学,开启了自己"非一般"的人生航程。在这里,他迎娶了相伴一生的爱人杨绛,从此有了一段才子佳人的佳话。也是在钱绳武堂,钱锺书不仅留下欢乐,也流过"泪水"——他是在被父亲钱基博毒打一顿后发奋读书成才的。

钱绳武堂的欢声笑语,一直留在锺字辈兄弟们的内心深处:

在中间大天井,我们兄弟常在此分成两队踢小皮球等游戏,非常欢乐热闹。夏天炎热天气时,我伯父和弟兄都在天井中乘凉。我们兄弟最喜欢的节目,就是听钱锺书大哥讲聊斋鬼故事。在锺书乘凉躺椅的周围,坐满了我们听故事的小兄弟。锺书哥记忆许多聊斋故事,能如一千零一夜连续讲个没完没了,把狐鬼讲得活龙活现,使我们兄弟听得入神,久久不愿离去,他有时添油加浆,将凶恶的鬼怪讲得十分可怕,把我们听讲的小兄弟吓得混身哆嗦,但我们越怕越爱听。听完故事后,在黑暗中我们还害怕凶恶神鬼出现,一个人单身不敢在黑暗中走路。今后我们兄弟相叙一起回想说起往事情景时,不禁还要哈哈大笑。

在暑期时，伯父钱基博从外地回无锡，在大厅设帐为我们兄弟授课讲经史，因而这里是我们兄弟的家庭大学堂，我们不仅在这里受到极其严格的经史文学的熏陶，而且学到"爱国、爱人民"的做人之道。……三间大厅极其宽敞，不仅是我们大学堂，也是我们游乐场所，在寒暑假期中，我们堂兄弟十余人在大厅中相聚，做"猫捉老鼠""捉迷藏"等游戏，欢乐叫喊之声，响彻大厅。有时两边放两张乒乓球桌，轮番进行单打和双打比赛。我们兄弟辈童年在此建立的深厚友爱之情，终生难于割舍。锺书等堂哥一直友爱善待我们年轻堂房兄弟，我们也十分尊敬堂房大哥哥。锺书一直称道："我们堂兄弟情谊胜过亲兄弟。"①

1996年7月，有人呼吁在老宅修建钱锺书纪念馆。钱锺书夫妇联名致函无锡市副市长，反对建纪念馆。但很多事并不以当事人意志为转移，更何况主角已经驾鹤西去。2001年，无锡市政府修复钱锺书七尺场故居，设立钱锺书纪念馆。2002年10月1日向市民正式开放。钱锺书故居现为国家AA级旅游景点、江苏省文物保护单位、无锡市爱国主义教育基地，由无锡市博物馆负责管理。

留学英法（1935.9—1938.8）

1935年夏，钱锺书与杨绛结婚。此时钱锺书已通过英庚款第三次留学考试，获得公费留学机会。新婚之后，夫妇两

---

　　① 钱锺鲁：《无锡钱绳武堂沧桑史》，见钱锺书故居网站。

人同赴英国留学。9月，抵达伦敦。在牛津大学校外，他们租得一间较大的房间，作卧室兼起居室，窗临花园很幽静。房主提供三餐和下午茶，房间卫生由房东妻女负责打扫。伙食开始还好，慢慢地越来越糟。钱锺书吃不饱，饿得面黄肌瘦。他们想改租一套带炉灶炊具的住房，自办伙食，改善生活。两个人生活在一间屋里也不是很方便，有时钱锺书来了客人，杨绛要牺牲自己的几个小时，"勉力陪坐，还得闻烟臭"①。

在牛津大学公园对街高级住宅区，杨绛偶见花园路的瑙伦园风景胜处，有一座三层洋楼，他们租了其中的二楼。这一层有一间卧室，一间起居室，两间屋子前面有一个大阳台，是汽车房的房顶，下临大片草坪和花园，有专用浴室厕所。厨房使用电灶，很小。这套房子与本楼其他房间分隔，由室外楼梯下达花园，另有小门出入。这里地段好，离学校和图书馆都近。环境幽雅，门对修道院。钱锺书很喜欢这地方，他们和房主达蕾女士订下租约并通知老金家。1935年底，迁入新居。有了厨房以后，他们就学着做饭、炒菜，自理伙食虽然花费一点心力，也增加了不少情趣，特别是有了中式饮食，钱锺书能吃得饱了。1936年暑假后，达蕾女士因为另一家房客搬走，为钱锺书换了一套大一些的房子，浴室还有大澡盆和电热水器。1936年秋季开学，钱锺书开始着手写学位论文。1937年六七月份，钱锺书顺利通过论文答辩。

1937年8月下旬，他们离开牛津，抵达巴黎，进入巴黎大

---

① 吴学昭：《听杨绛谈往事》，第117页。

学学习。清华老同学盛澄华已经替他们租好了公寓。公寓在巴黎近郊，离火车站很近，乘车 5 分钟就可达市中心。开始他们在房东家包饭，不久还是由杨绛自办中式伙食，钱锺书负责上集市采购，兼练口语。这段巴黎时光，钱锺书没有丝毫为求学位而读书的压力，他可以恣意读书。1938 年早春，战情日紧，局势变得日渐不安，危机重重，虽然庚款奖学金还可延长一年，但他们决定如期回国。3 月 12 日，钱锺书给英国朋友司徒亚写信说："我们将于九月回家，而我们已无家可归。我们各自的家虽然没有遭到轰炸，都已被抢劫一空……"

留学英法的三年，他们过得轻松快乐（中间一年为了拿学位钱锺书读得有些辛苦），在回国以后的很多年里，他们再也没有过过如此逍遥自在的生活。钱锺书在国外"没有阿季那么想家，这和完全不同的成长环境缺乏家庭乐趣有关。Home, Sweet home，对他来说，抽象又遥远"[1]。这主要和他从小过继给大伯父有关。大伯母常年卧榻抽鸦片，顾不上他，伯父虽疼他，但死得早，钱锺书从小缺少正常家庭孩子父母给予的应有的温情，所以他很羡慕杨绛家人间浓厚的亲情。这一时期，他在诗中表达的多是对"国"或"故乡"的思念，而似乎没有更多对"家"的眷顾。

西南联合大学"冷屋"（1938.9—1939.7）

1938 年 9 月下旬，钱锺书学成回国，被清华大学破格以教

---

① 吴学昭：《听杨绛谈往事》，第 113 页。

授身份邀回母校任教。当时清华大学已并入在昆明的西南联大，于是他一下船就到昆明报到，杨绛带着孩子先回上海。

　　钱锺书在联大的住处在昆明大西门文化巷 11 号，房子非常小，有"屋小如舟"之喻。抗战时期，西南联大教职员宿舍都极其狭窄简陋，钱锺书在诗中描述过他的住所："屋小檐深昼不明，板床支凳兀难平。萧然四壁尘埃绣，百遍思君绕室行。"①这些教师住房都是租赁的民房，和钱锺书同院居住的还有清华外文系 1935 年毕业的助教顾宪良，外文系的高年级学生李赋宁、周珏良，哲学系的郑侨等。周、郑租的住房稍宽，雇了一个女佣做饭，吴宓、李赋宁都曾在他们那儿搭伙。他们有个椒花诗社，定期集社。据杨绛说，小院挺热闹，杨振宁在院中高声朗读英文，钱锺书在屋里也能听到。钱锺书的房子虽小，当时在昆明能独居一室却已很幸运，叶公超、吴宓、金岳霖等初到昆明都是两三人合住一室。钱锺书联大学生许渊冲回忆："1938 年迁到昆明后，教学楼租用昆华农校、昆华工校的校舍，宿舍租用昆华中学南院、北院。我大学一年级住昆华中学北院 22 室。杨振宁和他父亲杨武之教授一家住北院附近的文化巷 11 号，钱锺书教授也住在那里。"②

　　钱锺书在联大，教书勤勤恳恳，敬业，用功，教学效果好，深受学生欢迎，与同事相处也不错，口碑颇佳。但即使如此，也难以排解一个人独处他乡的孤寂、冷清，于是他把自己的屋子取名"冷屋"。钮先铭回忆："屋小如舟，锺书却促膝的在作英国文

①　钱锺书：《昆明舍馆作》，《槐聚诗存》，第 29 页。
②　许渊冲：《梦与真——许渊冲自述》，河南文艺出版社 2017 年版，第 4 页。

学的译述工作。"①1939 年 1 月到 5 月,他在《今日评论》周刊上发表了四篇"冷屋随笔"。他在这组随笔的引言中写道:"赁屋甚寒,故曰冷。"②

那时除了教师住宿条件差,学生的教室与宿舍也都十分艰苦。杨振宁回忆说:"在西南联大从 1938 到 1942 年我念了四年的书,那时联大的教室是铁皮顶的房子,下雨的时候,叮当之声不停,地面是泥土压成的,几年以后,满是泥坑……窗户没有玻璃,风吹时必须用东西把纸张压住,否则就会被吹掉。"③教室下雨时,听不清教师的讲话声,只能听到铁皮房顶叮叮当当的雨声。外文系学生许芥昱当时写的一首打油诗更是形象:"外面下大雨,里面下小雨;外面雨已息,里面犹在滴。"新学生宿舍是土坯茅草房,一个房间 20 张双层木床,两两相靠,用床单或蚊帐隔成无数个小单元,但也难免不被影响,有些学生就在外租房住,如上述李赋宁等人。由于课多、活动多,多数学生对住处还不太挑剔。即使在如此艰苦的环境下,西南联大依旧培养了大批人才,留下了一段段学林佳话,创造了中国高等教育史上的奇迹。

国立师范学院"小屋"(1939.11—1941.6)

1939 年 7 月,联大的暑假刚一开始,钱锺书就急不可待地回到上海。岳父杨荫杭得知女婿将回来度假,特别腾出房间让

---

① 钮先铭:《记钱锺书夫妇》,《钱锺书评论》(卷一),第 29 页。
② 《今日评论》1939 年第 1 卷第 3 期。
③ 陈明远:《那时的文化界》。

他们一家到来德坊租处住。本来钱锺书准备好好度这个暑假，享受一下家人团聚的乐趣，但远在湖南蓝田的父亲钱基博来信，说自己老病，想念儿子，让他到蓝田的国立师范学院去侍奉，并任英语系主任。杨绛认为"侍奉"是借口，主要是为聘请不到合格教师的国师招人。1939 年 9 月 5 日，国师院长廖世承携带聘书抵达上海，聘请钱锺书等人为国师教师。杨绛回忆："1939 年秋，锺书自昆明回上海探亲后，他父亲来信来电，说自己老病，要锺书也去湖南照料。师范学院院长廖先生来上海，反复劝说他去当英文系主任，以便伺候父亲，公私兼顾。"①钱锺书虽然非常不愿辞去清华的工作，但碍于老父和家人的态度，1939 年 11 月，他不得已来到国立师范学院出任英语系主任。

蓝田在湖南西部旧属安化县（今涟源市），是湘黔铁路线上群山环绕的一个小镇，非常偏僻。这个小镇很小，几乎无地可游。国立师范学院在这座小镇西北一里许的李园，原是"筹安会六君子"之一李燮和在老家修建的府第。全园占地百亩，房屋两百间，错落有致。地方偏，房子多，这是当时选址建校考虑的重要因素。钱锺书在这里虽任英文系主任，但因为学生少，系务并不多，教学任务也不重。他在给朋友的信上说："此地生活尚好，只是冗闲。"②朋友间有两三个知己，在严寒的冬夜，也有一起围木炭盆烤火夜话的佳话。总的来说，教师中志趣相投、能和他读书论学的同道中人不多。

钱锺书在国师究竟住在哪里呢？1938 级史地系学生桂多

---

① 杨绛：《记钱锺书与〈围城〉》，第 4 页。
② 吴学昭：《听杨绛谈往事》，第 171 页。

苏在《"国师"初建时期的点滴回忆》中说，国师初期，学生全部挤住在李园，"我们史地系 8 人，挤住在一间小房里，系上下铺"。"我系住房同钱锺书教授是'洛阳女儿对门居'，有时也去他房中'听'他谈心，因为插不上嘴，只是'听'，也百'听'不厌……"涟源一中吴勇前老师据此推测：可见，钱锺书住在李园与男学生宿舍相对的教师住房里。据国立师范学院校舍平面图，李园西边一排的房子为男学生宿舍，南边的一排和东边的一排房子为教师住房，北边的一排为女生宿舍。"可见，钱锺书住在李园临近大门的东边一排楼房的楼上，可惜这些房子早已拆除，位置大概在今涟源市政府大门南侧国师路人行道处。"[①]吴勇前老师还曾采访李园后人李中忻老人（国师时只七八岁），老人回忆，钱锺书当时住在李园的读书楼。吴老师认为，读书楼那时做了国师的图书馆，李老应是记忆有误。[②]

在蓝田，钱锺书的生活内容极其单调刻板。课余时间多关在小屋里埋头读书、临摹书法、写作。夜晚读书写作条件很不好，没有电灯，刚建院时，全院师生都用灯芯草蘸桐油盏照明，稍后改用植物油灯。《谈艺录》的一半和《窗》等几篇散文就是在这里写出的。他在《谈艺录》序言中说："《谈艺录》一卷，虽赏析之作，而实忧患之书也。始属稿湘西，甫就其半。"至于"侍奉"父亲，也就是每天午后和晚饭后，到隔壁老夫子的屋里坐一会儿，说说话，经常给他炖点鸡汤。吴忠匡回忆蓝田时期的钱锺书，说他"每次上街，走着走着就迷失了方向，找不回

---

① 吴勇前：《钱锺书在蓝田》，第 18 页。
② 吴勇前主编：《辉煌苦难 11 年——中国第一所独立师范学院史》，湖南师范大学出版社 2017 年版，第 160 页。

自己的宿舍了。他也不会买东西,买了贵东西,还以为便宜。可他从不甘心承认自己的书生气,他常辩说自己最通晓世上的人情和世故,说自己从书本中早已省识了人生和社会上的形形色色"①。

1940 年暑期,钱锺书与徐燕谋两人结伴由湘西出发回上海探亲,打算不再回蓝田了。杨绛知道他要回来,就在住家附近租了一间房子,因为这时钱家人口增多,她父亲处又不便再住。但是,钱锺书此番路途受阻,走到半道又折回蓝田。杨绛带着孩子在租的新房里只住了一个月,就把房子退了,回到她父亲在来德坊的家。第二年 6 月,钱锺书说什么也要回上海,正式向国立师院辞职。为避免重蹈去年覆辙,他改走路费开支更多、绕行更远的海路回家。

钱锺书虽很不情愿地在蓝田"小屋"住了近两年的时间,却为其创作中国现代文学史上独一无二的《围城》提供了绝好的素材。

上海辣斐德路钱家与蒲园"且住楼"
（1941.7—1949.8.24）

1941 年暑期,钱锺书回到上海。在上海的家,他回国时其实就来过。那时在去联大报到后,他利用联大延期开学的空当,短暂到上海看望家人（1938 年 10 月）,并送钱基博上船去国立师范学院。钱锺书在留学临归之际曾写有《将归》一诗：

---

① 吴忠匡:《记钱锺书先生》,见牟晓朋、范旭仑编:《记钱锺书先生》,大连出版社 1995 年版,第 131 页。

"田园劫后将何去，欲起渊明叩昨非。"他已知局势大变，对钱家从无锡搬到上海已有所知悉。1937年10月，日机轰炸无锡。11月25日，日军侵入无锡。钱基厚受到日伪通缉，将钱家老小近二十口送到无锡西乡新渎桥暂避。1938年初，又携家人辗转来到上海。钱基博原在浙江大学任教，此时也随校迁到江西泰和。钱基厚的几个儿子如钱锺韩、钱锺毅、钱锺仪也都在外地经受不同的迁徙之苦。他感慨地说："唐白居易诗所谓'田园寥落干戈后，骨肉流离道路中'，不意乃于我及身见之！"①1938年4月，钱基厚次子钱锺汉夫妇、五子钱锺鲁、六子钱锺彭也来到上海，因人数日多，经友人介绍，乃租赁辣斐德路609号（现上海复兴中路573号）沈氏宅而居，"自此长为侨沪之人矣"。杨绛说这处房子是钱基厚花大价钱"顶"来的，是一所临街的三层楼弄堂房子，后面一大片同式样楼房，由弄堂进出。所谓"顶"，是指抗战时期，大家都到上海租界避难，房屋难觅，一些承租人纷纷把所租赁房屋以高价将租赁权转让他人。②杨绛带孩子先到上海后，住在钱家二层与底层之间的亭子间，但多数时间住在她父亲在上海租的来德坊房子，直到钱锺书从蓝田回来。

钱锺书从蓝田回上海时，辣斐德路钱家人口又有所增加，钱基厚分给钱锺书父母住的二楼大房间和亭子间均已住满人，一时半会又租不到房子，叔叔钱基厚就把他家原在楼下客堂搭铺歇宿的两个女佣，搬到三楼的过道里，把原来临街窗下待客用的一对沙发和一张茶几挪开，铺上一张大床，挂上一幅幔子，

---

① 钱基厚：《孙庵私乘》，1952年排印本。
② 吴学昭：《听杨绛谈往事》，第140页。

让钱锺书一家三口就挤居在幔子背后。白天,客堂照常会客,钱基厚还当作讲堂教孩子们读英文。好在这样的日子不是很长。不久钱锺书的二弟一家到了武昌,妹妹钱锺霞也去了蓝田,三弟一家搬到无锡,拥挤的一大家,后来只剩下钱锺书的母亲和他们一家三口。他们就搬进亭子间,屋子很小,一张大床,一个柜子和一张小书桌。据他当年的学生回忆,这处不大的房间堆满了书籍,与其说是住房,不如说是书房。①无论如何,总算有了读书写作、谈心、同友人交流的空间。这间屋子,一住就是八年。钱锺书的后半部《谈艺录》与《围城》就是在这里完成的。

这次回上海,钱锺书并不准备常住。他打算暑假后回联大教书,因为联大的师友写信告诉他,清华请他返校任教是校系都已认定的事,大家也都欢迎他回去。但是清华外文系的聘书一直收不到,按理说7月份就到了,而直到10月下旬,联大开学已三周,系主任陈福田才到上海钱家请他回清华任教。钱锺书知道陈福田的迟来并非无心,自己不受他欢迎,就客客气气地推辞不去了。12月,珍珠港事件发生,上海旋即沦陷于日寇之手,成为孤岛,再想出去已经不可能了。从此,钱锺书开始了他沦陷上海最艰辛的日子。

抗战后期,物资极其匮乏,生活更加艰苦。杨绛说:"我们沦陷上海,最艰苦的日子在珍珠港事变之后,抗日胜利之前。锺书除了在教会大学教课,又增添了两名拜门学生。但我们的生活还是愈来愈艰苦。""锺书留在上海没个可以维持生活的职

---

① 何灵琰:《钱锺书·〈围城〉·才人》,http://blog.sina.com.cn/s/blog_51e179b301009fi5.html。

业，还得依仗几个拜门学生的束脩。"①在《谈艺录》卷首，他解释了为什么会取这个书名，而不像"昔人论文说诗之作，多冠以斋室之美名，以志撰述之得地"。因为"余身丁劫乱，赋命不辰。国破堪依，家亡靡托。迷方著处，赁屋以居。先人敝庐，故家乔木，皆如意园神楼，望而莫接。少陵所谓'我生无根蒂，配尔亦茫茫'，每为感怆。……非不加也，无可加者。……立锥之地、盖头之茅，皆非吾有。知者识言外有哀江南在，而非自比'昭代婵娟子'也"。立锥无地的赁居之地，时时引起他对故乡无锡的怀念。1943 年，其作《故国》诗曰："故国同谁话劫灰，偷生坏户待惊雷。壮图虚语黄龙捣，恶谶真看白雁来。骨尽踏街随地痛，泪倾涨海接天哀。伤时例托伤春惯，怀抱明年倘好开。"诗中的"故国"即指故乡无锡。家乡沦陷多年，只能聊借远望以当归，纵成劫灰亦无人可话，唯"偷生坏户"，以待如雷之捷音。②这段时期，钱锺书偏偏每年生一场病，感冒发烧不退，一病往往一个多月，总不能根治。真是贫病交加。

　　1945 年 8 月 15 日，日本宣布无条件投降，抗战胜利。钱锺书握着杨绛的手说："无论如何，漫漫长夜已经过去……我们终于熬过去了。"第二年，钱锺书回到了阔别多年的无锡，作《还家》一首："出郭青山解送迎，劫余弥怯近乡情。故人不见多新冢，长物原无只短檠。重觅钓游嗟世换，惯经离乱觉家轻。十年着处迷方了，又卧荒斋听柝声。"1948 年夏天，钱福烔百岁冥寿，分散各地的一家人，都回无锡老家聚会。钱锺书与杨绛结

---

① 杨绛：《我们仨》，第 115—116 页。
② 刘梦芙：《〈槐聚诗存〉初探》，《二钱诗学之研究》，黄山书社 2007 年版，第151页。

婚时候住的那间房子因堆满了东西而走不进了。结婚时的家具早已被人卖掉。他们在七尺场钱基厚新盖的小楼上只住了一夜。这次回家之后,钱锺书再也没有回过无锡。

1949年,上海解放,面对政局变革,钱锺书夫妇最终选择留在国内。是年初,钱基厚让钱锺书三弟媳携子女三人来上海,住辣斐德路。这时钱基厚夫妇和三子一女六人,再加孙儿和奶妈,共八人,钱锺书一家三口和弟媳及子女六人,一大家子不便再挤居一起了。刚好傅雷夫人的朋友在蒲石路蒲园有空房,他们一家三口就迁居到那里。钱锺书称蒲园为"且住楼"。这处新居确实没住多长时间。不久,夫妇二人得到清华大学聘书。中共上海市委统战部周而复来蒲园,知道他们将去清华,为他们买了软卧票,还开了一个欢送茶会。8月24日,动身赴北京。

清华大学新林院(1949.8—1952.10.15)

1949年8月26日,钱锺书回到阔别十余年的清华园。一到清华,他就发现旧清华早已不复存在,他们想回上海。不久他们渐渐清楚,今非昔比,想走也不是那么简单的。刚到清华时,他们暂住杨绛堂姐杨保康家——新林院七号,即从前的新南院。不久,学校甲级住宅分配委员会出台"分隔与调整"办法,对居住人口较少的甲级住宅进行分隔,一幢住两家。钱锺书一家被分配住新林院七号乙,临时迁居工字厅西头的客房藤影荷声之馆,等校方派工匠来打隔断。西客厅久无人住,破烂不堪,地板下老鼠横行。好在熬过半个冬天,房子总算隔好,他们又搬回新林院。周围的邻居有潘光旦、梁思成、林徽因、霍秉权、林超等。他们熟悉的师友分居于西院、北院、胜因院等不同的宿舍区。因为没打算长住，这段时期他们家里家具只买了必不可少的床、衣橱，桌子是借杨保康家的旧桌，箱子当凳子坐，非常简陋。黄裳在 1950 年初曾到访过钱家，他描述道："他和杨绛两位住着一所教授住宅。客厅里好像没有生火，也许是火炉不旺，只觉得冷得很。整个客厅没有任何家具，越发显得空落落的。中间放了一只挺讲究的西餐长台，另外就是两把椅子。长台上，堆着两叠外文书和用蓝布硬套装着的线装书，都是从清华图书馆借来的。他们夫妇就静静地对坐在长台两端读书。"①

新林院在 20 世纪三四十年代的清华算是比较好的教师住宿区，大约建于 1934 年间。那时校评议会决定在南院住宅以南，新建高标准教授住宅 30 所，名为"新南院"（抗战胜利后命名为"新林院"）。这些住宅为独栋单层西式花园洋房，住宅功能完善，设施先进。新南院一经建成就以其独特的西洋建筑风格和先进的现代生活设施，成为 20 世纪 30 年代清华园中住宅的佼佼者。但是随着岁月的变迁，曾经是清华大学建筑最高水平的新南院，已经变成了条件落后的"平房区"。

钱锺书在清华只工作了一年，1950 年 8 月，调往中共中央《毛选》英译委员会工作，平时住在城里，一般周末才回校住。1952 年全国高校院系调整，清华已不再是原来的清华。

---

　　① 黄裳：《槐聚词人》，《记钱锺书先生》，第 155 页。

北京大学中关园 26 号（1952.10.16—1959.5.14）

全国院系调整后，钱锺书虽然还在城内，但已被调入文学研究所外文组。文研所编制、工资属新北大，工作由中宣部直接领导①。1952 年 10 月 16 日，钱锺书举家迁入新北大新建宿舍中关园 26 号，从此离开清华。

新中国成立后，北京大学才从城里搬到当时还是西郊的中关村地区。中关园是北大搬到西郊以后为教职员工新建的宿舍，位于北大东门对面，对着校内理科楼群。据杨绛回忆，他们搬来后，中关园新建，还没有一点绿色，她就买了五棵柳树种在门前。温德先生送给他们许多花卉，种在院子里。蒋恩钿夫妇送来一个屏风，一个摆饰的曲屏和几盆兰花、檐葡海棠等花和草，使小屋极富情致。新房面积不大，是个平房。钱锺书利用屏风，从客堂一端隔出小小一间书房，并把小书房称为"容安室""容安馆""容安斋"。已出版的《容安馆札记》就是从这时候开始写的。他在日札上题了各种名称，如"容安馆日札""容安室日札""容安斋日札"，署名也多种多样，如"容安馆主""容安斋居士""槐聚居士"，等等。杨绛说，"容安馆"听来好像很大的样子，其实整座住宅的面积才 75 平方米，由屏风隔出来的"容安馆"仅仅"容膝易安"而已②。以后屡次迁居，在钱锺书都是"容膝易安"的住所，所以日札的名称一直没改。③钱锺书在

---

① 1956 年正式划归中国科学院哲学社会科学部。
② 引陶渊明《归去来辞》"审容膝之易安"。
③ 杨绛：《〈钱锺书手稿集〉序》，《钱锺书手稿集》。

1954 年写过《容安室休沐杂咏》组诗，第一首曰："曲屏掩映乱书堆，家具无多位置才。容膝易安随处可，不须三径羡归来。"①写的就是这个新家。

1954 年翻译《毛泽东选集》工作告一段落，钱锺书回到文学研究所工作。1956 年，钱静汝来北京探望钱锺书。她记得他们的宿舍很简朴，夫妻两人南北朝向各一张书桌，各自看书写字。

东四头条 1 号文学研究所宿舍
（1959.5.15—1962.8.13）

1956 年秋，文学研究所撤出北大，搬到中国科学院哲学社会科学部所在的中关村社会楼。1958 年冬，再迁至建国门原海军大院。职工宿舍也一迁再迁。到 1959 年，文学研究所才开始有正式宿舍，就是东四头条 1 号。1959 年 5 月，钱锺书一家从中关村小平房迁到东四头条文研所宿舍。

该宿舍是由一座办公楼隔成四家的结构，面积比中关园平房要小，是个大杂院。东四头条位于老外交部西侧，西起东四北大街，原东段在延福宫后身通过。钱锺书的新家是由一间宽大的办公室隔成的五小间，一间作客厅，一间堆放箱笼什物，一家三口加一个阿姨住在另外的三间房里。当时有人去他们家后，发现主人显然是力戒任何排场与气派，客厅里只有再简单不过的几把座椅。"他们家的陈设家具可谓简单朴实之极，既

---

① 钱锺书：《槐聚诗存》，第 113 页。

无宋式或明清风格的桌椅,也没有款式新颖的西式沙发,没有古色古香、洋洋大观、包括诸子百家的书柜,没有气概不凡的文案。总之,名士方家书房里常有、甚至不可或缺的陈设,在他们这里几乎一样都没有"。①

1958 年初到 1963 年这段时期,钱锺书是《毛选》英译定稿组成员,虽遇"三年自然灾害",但他生活无忧。

干面胡同 15 号学部宿舍
(1962.8.14—1969.10.10)

1962 年 8 月 14 日,钱锺书一家在东四头条居住三年多后,再次搬到干面胡同 15 号学部宿舍,离东四头条并不太远。干面胡同 15 号是中国科学院社会科学学部高级研究人员的宿舍,是 1961—1962 年新建的砖混结构楼房,住房条件比较好。1962 年入住,当时有 29 户,其中包括了像钱锺书、金岳霖这样的一级研究员,还有部分副研究员和若干高级行政干部等。他们的新家近 80 平方米,在当时算不小了。一共有四个房间,朝南三间,中间是客厅,沿墙放书橱,一间厨房、一间卫生间、一个阳台。东边一个套房是钱锺书的卧房兼书房,西边临阳台的一间是杨绛的卧房兼书房。几年之后,女儿结婚,女婿住进他们家。朝北西尽头房间就成了女儿和女婿的新房。他们添买了家具,住得很宽舒。

1963 年《毛选》英译定稿工作一结束,钱锺书又成为毛泽

---

① 柳鸣九:《"翰林院"内外》,第 81 页。

东诗词翻译五人小组成员，直到"文化大革命"才中断工作。"文化大革命"开始，翻译毛泽东诗词的工作一停止，钱锺书被革命群众"揪出来"，变成了"牛鬼蛇神""反动学术权威"。每月只发生活费若干元，存款被冻结，生活费很紧，成了"最可欺负的人"。1969 年，全学部人员集中住到学部办公室内，每室住6—10 人不等。每日分三单元（上午、下午、晚间）学习，由工人师傅领导；每日还练军操，由解放军指挥。不久后，钱锺书等老弱病残者回家住宿。

当时学部的另一处宿舍是西观音寺 45 号，多为资历较浅的研究人员和行政人员居住。单身年轻人住集体宿舍，人均 6.6 平方米。"文化大革命"两三年后，已是革命小将的那些单身青年陆续成家，整个社会忙于运动又没有新建住房，因此住房显得十分紧张。解决的一个办法，就是占用其他有房者的房子，大家共同居住。这样，干面胡同那些"资产阶级反动学术权威"的住房就顺理成章地被占用，还被美其名曰"掺沙子"。杨绛说这是军宣队在"文化大革命"中采取的一项革命措施，让"革命群众"入住"资产阶级权威"家。干面胡同的三居室，大都掺进了"沙子"。1969 年 5 月 19 日，钱锺书家里住进"一个在工、军宣队那里很吃香的革命派两夫妇"[1]，占去房屋两间，只剩下客厅和原先钱锺书的卧室兼书房。有人说，派驻进来两名"造反派"夫妻，是"起监督和审视作用"的。[2]好在住在一起不是很长时间，钱锺书就下放干校了。

"合居"现象在"文化大革命"前就有，到"文化大革命"之

---

① 柳鸣九：《"翰林院"内外》，第 98 页。
② 乌尔沁夫：《走出"围城"的钱锺书》，《文化昆仑》，第129 页。

中达到了高峰,成了一种普遍的居住形式。这种现象一直延续了三十年,深深影响了中国城市社会的人际关系。合居的住户之间吵架、骂街,甚至大打出手,成为常见现象。[①]所以,此后发生的钱锺书夫妇与合居革命青年夫妇动手打架之事也就不足为奇了。

干校的集体房（1969.11.11—1972.3.12）

1969年严冬,学部人员被分批下放到河南"五七干校"。11月11日,钱锺书作为先遣队队员之一,被下放到河南罗山干校。不久,干校从罗山而息县,从息县而明港,辗转迁徙。多数时候,下放人员都是集体住在一间屋子里,条件艰苦,有时饥不果腹。钱锺书在下放期间负责收发过信件、报刊,烧过开水等。

有人回忆说,在罗山,80个单身汉聚居在一间屋里,分睡在几个炕上。但另有人回忆,下干校之初,"钱先生和吴世昌先生等四人同住一间土屋。地面比路面低,进门要下两级台阶,非常潮湿。四块铺板紧靠四墙摆放,中间一小方空地,白天便权充工场"[②]。过了一个多月,他们搬到息县东岳。这个地方地僻人穷,没有房子住,他们就自己造。钱锺书这时变得又黑又瘦,一般人都不认识他了。1971年早春,学部干校搬到明港某团的营房,四五十人挤在一间兵营的大瓦房里。房子很老很大很高,玻璃房,洋灰地,上面悬着一只非常昏暗的灯泡。厕所不再

---

① 顾土:《城市住宅:在变迁中书写历史》,《同舟共进》2012年第6期。
② 钱碧湘:《望之如云　近之如春——追忆钱锺书先生》,《人民日报》1999年1月19日。

是苇墙浅坑，如厕也不需要排队了。宿舍四周环境清幽，可资流连的地方不少。干校期间，钱锺书一有空闲就找书看。杨绛在《干校六记》中记录了这样一段对话："默存过菜园，我指着窝棚说：'给咱们这样一个棚，咱们就住下，行吗？'默存认真想了一下说：'没有书。'真的，什么物质享受，全都罢得；没有书却不好过日子。"对他来说，有书可读即可安家。而这一时期，他的箱子里最多的只有字典、笔记本、碑帖等。

　　1972年3月12日，钱锺书随第二批老弱病残者回北京。7月，学部下放干校的全体人员都回到北京。此时他们必须要面对两家人同住一个屋檐下的生活了。不久钱锺书在给干校同事的信中说："虽有人怂恿请求搬家，而我自忖待遇太高，退休有愿，殊不欲多此一举，故不添家具，不雇助理，因陋就简：半病不病身体，似通非通思想，得过且过生活，如是而已。"①但两家挤在一起，什么隐私都没有，抬头不碰低头碰，难免出现矛盾。1973年12月2日，两家终于爆发打斗。有关两家打架的原因各说各是，在20世纪末的文坛热闹过一段时间。这其实是特定历史环境下出现的一场闹剧与悲剧，大家都应是受害者。

从北师大宿舍到小红楼（1973.12.9—1974.5.21）

　　1973年12月9日，钱锺书夫妇被迫逃离学部宿舍，开始了他们的"流亡生活"。他们的第一站是女儿钱瑗所在单位北

---

　　① 　陈骏涛：《特殊年代里的几封书信》，《钱锺书先生百年诞辰纪念文集》，第231页。

京师范大学学生集体宿舍。房间在三楼,朝北,阴冷脏乱,沿东西两墙放着三张上下铺的双层单人床,中间对拼四张书桌。他们一到北师大宿舍,钱瑗的同事、朋友就闻讯赶来慰问他们,纷纷从家里拿来生活必需品。生活上虽然简陋,但让他们感觉很温暖。不久,钱瑗的一个同事知道他们住宿条件差,便将朋友让给他的两间小红楼的房子请他们先过去住,自己仍住原房。12月23日,他们迁入小红楼。小红楼是教职员宿舍,条件比学生宿舍好些。两间房,一朝南,一朝东,屋里有床和桌椅等学校的家具。他们和另两家合住这一组房子,同用一个厨房,一间卫生间。

这次钱锺书大病了一场。在学生集体宿舍时,天气已很寒冷,因为停电,宿舍暖气时有时无。虽然杨绛曾找人陪着回到干面胡同宿舍取了衣服,但钱锺书还是冻感冒了。他本来就有哮喘,在搬进小红楼时,又吸进大量尘土,于是引发哮喘,打针吃药也未见好转。这时的医疗关系已从"鸣放"前的头等医院逐渐降级,降到街道上的小医院。1974年1月8日,钱锺书哮喘大发,呼吸困难,送北医三院抢救,吸氧输液,四小时后才得缓解。后因大脑皮层缺氧,手、脚、舌皆不便,如中风状。此时学部正在"批林批孔",文学所领导同意钱锺书静养,可暂不参加运动,他的病情才逐渐好转,幸好未造成后遗症。这是钱锺书新中国成立后度过的最苦不堪言的一段时期。

1974年3月,钱锺书在致王珉源信中,对此间遭遇描述颇为详细:

春节前奉尊柬,知有无锡之游,故人之思与故乡之忆,交结于心，不胜怅惘，企羡之至。弟以避恶邻，举家赴小女宿舍暂住……一月杪，弟喘疾复发，几至危殆，赴三院急救，输氧四时许，得以昭苏，奄殚床褥，迄今未起……且波及心脏，不能步武。故所中运动，承领导许其暂不参加。又奉赐函，感刻感刻。小女亦甚忙碌，每日三单元。招版事情延期何如？病榻遥思门外即天涯，况苏联展览馆乎？匆复谢，即候双福。书不成字，是叹。……杨绛钱瑗同叩。来信仍暂寄师大外语系办公室小女，又及。①

王珉源说，他去过他们在北师大的住所，狭窄，不舒适，不方便，"默存兄又在病中，狼狈情况可以想见"。②

学部7号楼办公室（1974.5.22—1977.2）

那时候，各单位的房子都很紧张。度过寒冬，天气回暖之后，钱锺书夫妇想着不能老占人家的房子不还，就去学部向文学所军宣队求得一间堆杂物的办公室，在学部7号楼一层西尽头。这里原是文学所董衡巽办公兼居住的一间屋子。1974年5月22日，他们告别北师大朋友，搬进这间办公室。在搬进之前，文学所与外文所的年轻人已经打扫了屋子，擦洗了门窗，配了钥匙，挂上了窗帘。沿着东墙西墙摆着借用的铁书架，怕暖气片供暖不足，还装上了炉子，从煤厂拉来一车又一车的蜂窝煤，码在廊下，为防煤气中毒，还装上风斗。钱锺书夫妇非常感

---

①② 王珉源：《亲切怀念默存学长》，《不一样的记忆：与钱锺书在一起》，第49页。

激这种精心的安排。

学部 7 号楼有两层，上下层住有十余户文学所同事，每家一间房，住起来非常局促。西尽头的走廊是厨房兼堆煤饼，走廊就是每家的厨房。钱锺书所住的办公室一直用作储藏室，封闭的几年间，冬天生了暖气，积聚不散，把房子胀裂，南北二墙各裂出一条大缝。不过好在墙外还抹着灰泥，并不漏风。在这间已是危房的斗室中，他们安了两张书桌，一张面对西墙，是杨绛的小书桌；另一张面对东墙，是钱锺书的书桌。两壁是铁书架，锅碗瓢盆就放在上面，顶西墙横放两张行军床，中间一只木箱当作床头柜。

钱锺书在这里继续读书写作。这间房间有意想不到的好处，文学所的图书资料室就在前面的 6 号楼里，可以方便地借到所需书籍。但是居处简陋是显而易见的。有人回忆说："钱、杨流落在七号楼时的那间房子只有十几平方米，显得特别狭窄寒碜，颇有逃难的景象。陈设简陋之至，……主人是把物质生活压缩到最低的水平。"①这里也是老鼠、蚊子、白毛虫常常出没的地方。天热的时候，钱锺书常常穿着一条短裤、一件汗衫，让所内年轻人一下子没有了距离感。也就是这个时期，钱锺书像个巨大的磁场，吸引了一大批年轻人走到他的身边，赢得了他们的尊重。

1974 年 11 月，江青要求钱锺书和其他学者组成的五人小组继续进行翻译毛泽东诗词工作。在翻译工作进行期间，由于钱锺书年初才大病，他要求"足不出户"。翻译小组的叶君健、

① 柳鸣九：《"翰林院"内外》，第 99 页。

袁水拍等，于是每天来陋室工作。叶君健与钱锺书脚对脚对坐，袁水拍挤坐一侧。袁水拍几次想改善工作环境，换个大点的房子工作。后来，"四人帮"派人来请钱锺书与杨绛搬到钓鱼台国宾馆去住，这样有利于翻译工作的进展。但他们婉言谢绝，并说："我们都是学部的人，住房问题单位会解决的。"[1]

1976 年 7 月 28 日唐山大地震，余震不断，波及北京。7 号楼西山墙被震裂，居民纷纷搬到空旷处搭塑料棚居住。院部要钱锺书等老弱同志转移到大食堂，因为食堂大屋顶是用拱形铅皮连接而成的，不易坍塌。所里的年轻人把他们家的两张行军床和生活用品搬到大食堂，将他们安置在最安全的地方。煮饭的钟点工因为地震回家了，他们就常常在年轻人家吃饭。但钱锺书夫妇去没多久，又溜回 7 号楼。有一天，钱锺书见有人回房取物，也跟着上楼。那人指着南墙一条长长裂缝让他看，让他别进去。他竟满不在乎地说："不用怕，那是原来就有的裂缝。季康曾经用薄纸条把裂缝封住，几次余震，那裂口都原缝不动。"他还特别加一句："不是'原封不动'，是'原缝不动'。"[2]8 月 12—17 日，他们搬到女婿杨伟成家住了一周。8 月 24—28 日，住学部汽车房，28 日回危房，房里架了防震桌。

这一年，中共多位领导人去世，"四人帮"倒台，十年"文化大革命"宣告结束。钱锺书不久也结束了陋室生活。他在这间陋室一共住了两年九个月，完成了《管锥编》初稿，参与了毛泽东诗词英译工作。

---

① 董衡巽：《追忆杨绛先生》，《杨绛：永远的女先生》，第 153 页。

② 许德政：《与默存先生相处的日子》，《钱锺书先生百年诞辰纪念文集》，第 207 页。

三里河南沙沟"部长楼"（1977.2—1998.12）

1977年1月的一天,学部办公处的办事人员忽然给了杨绛一串钥匙,叫她坐学部的车到三里河国务院新盖的宿舍去看房子,并说如有人问,就说因为他们住办公室。杨绛和女儿看了房子,在年轻同事的帮助下,把干面胡同与陋室里的家当,在2月4日立春那天搬进新居。杨绛怕钱锺书再次吃灰尘,"把他当做一件最贵重的行李,下午搬迁停当后,用小汽车把他运回新家"①。这次搬家很突然,杨绛此后几次表示过"始愿不及此"的感激。在此之前,他们"只看中邻近藏书室旁边一小间空屋,黑暗无光,但可存衣物,我想讨过来放放箱子;我们就在那间办公室终老了,因为四邻都是友好的"②。

范围不大的三里河高级宿舍区直属国务院,由一幢幢小洋房组成,聚居着一些高层次人才。这里位置非常好,以樱花著称的玉渊潭公园和花园式的钓鱼台国宾馆就在附近。有人说走入三里河路,整洁有序的街道让每一个到这里的人都能够感觉到这条街道的与众不同。房子虽好,但在当时名字难听,被称为"资本主义复辟楼"（后简称"复辟楼"）,也有称"寡妇楼",缓和一点后称"部长楼"。这是因为那时候大家的住房条件普遍不好,而一圈高高的红围墙围着可望不可即的18幢漂亮的楼房,恰好冲着来往于西郊必经之路上,大家见了就有气。那时时兴一种情绪:"够不着,骂得着。"

---

① 吴学昭:《听杨绛谈往事》,第311页。
② 吴学昭:《听杨绛谈往事》,第310页。

钱锺书居住的南沙沟小区是一处闹中取静的院落，院里有很多高大的乔木和碧绿的草坪。这套新居共四间房，一间是钱锺书夫妇的卧室，一间是给女儿钱瑗居住的，一大间是钱锺书和杨绛的起居室也称书房，有时用来充客厅，还有一间吃饭用。钱锺书夫妇对这套房子非常满意。杨绛说："人间也没有永远。我们一生坎坷，暮年才有了一个可以安顿的居处。但老病相催，我们在人生道路上已走到尽头了。"①钱锺书在这里一住二十年，这里成了他人生的最后居所。

当时在学部能住进"部长楼"的，除了钱锺书就只有俞平伯了。待遇是非同一般的。柳鸣九说："他们的待遇规格显然高于'翰林院'任何研究所的学术行政首长，更不用说高于任何其他的'翰林'名士了。这件事，在当时真给人以'矮子方阵里出了一个高人'的印象，使人似乎感到有一棵参天大树拔地而起。对此，崇羡者有之，红眼者、侧目而视者自然也不会少。"②这处大房子，钱锺书夫妇觉得住得"很心虚，也有点寂寞"。一开始他们并不知道这套房子是谁为他们安排的，后来才知道是清华同学胡乔木。1977 年 11 月，原中国科学院社会科学部撤销，成立中国社会科学院，胡乔木任院长。他为社科院一些知名学者都争取到了更好的住房。

"文化大革命"以后，原被错定为"反动学术权威"的钱锺书恢复名誉。此后，他正式走上前台。跟随社科院的几次外访，担任社科院副院长，新旧著作陆续出版，使其开始成为焦点，"钱学热"渐渐兴起。1998 年，钱锺书带着巨大声名离开人世。

---

① 杨绛：《我们仨》，第 164 页。

② 柳鸣九：《"翰林院"内外》，第 102—103 页。

杨绛买新房子（2000）

钱锺书逝世后，国务院决定对这些"部长楼"重新装修，改装地板和新式窗户。因为原建筑时间较早，装修比较简陋，地板是水泥，单层钢窗。但是杨绛没有同意装修，她是极少拒绝重新装修的人之一。她说："现在一切很好，我又住不了多少年，装修由国务院出费用，还是老百姓的钱，不能浪费。"①

在钱锺书去世两年后，杨绛在北京买了一处新房子。在杨绛自己撰写的《杨绛生平与创作大事记》中，她清楚地写道：2000 年 12 月 14 日，"买房交款"。2001 年 9 月 7 日，她在清华大学设立"好读书"奖学金，正式签协议书。这项奖学金是用他们夫妇 2001 年上半年所获 72 万元稿酬现金及以后出版的所有作品报酬设立的。从捐赠当天开始，在《著作权法》规定的保护期内，钱锺书、杨绛夫妇作品的发表权和使用权由清华大学享有；清华大学同时负有全面维护钱、杨著作权以及有关权益不受侵犯的义务。目前这项奖学金已经有千万之巨，它将是清华大学个人捐赠金额最大的一个奖学金项目。就在设立"好读书"奖学金之后三天，9 月 10 日，杨绛领到了新房房产证。②杨绛在捐赠稿酬和版权后，如果要在京城买房子可能就困难了。

以杨绛的现状和品行，她买这处新房肯定不是为她自己。在女儿钱瑗与钱锺书相继离开后，房子、钱财对她来说已经没

---

① 钱锺鲁：《坚强能干的大嫂杨绛》，http://zhongluqian.bokee.com/50216164.html。
② 杨绛：《杨绛文集·文论戏剧卷》，第 408 页。

有多大意义。在《我们仨》结尾，杨绛写道：

1997 年早春，阿瑗去世。1998 年岁末，锺书去世，我们三人就此失散了。就这么轻易地失散了。"世间好物不坚牢，彩云易散琉璃脆"。现在，只剩下了我一人。

我清醒地看到以前当作"我们家"的寓所，只是旅途上的客栈而已。家在哪里，我不知道。我还在寻觅归途。①

房子·文人际运·时代变迁

钱锺书一生的住房变化，是大历史环境下知识分子命运的一个缩影，也观照了整个时代的变迁。

钱锺书成家以后，随着工作与环境的变化，长期处于搬家的状态。他曾在别人提问有关买书、藏书的问题时回答说："我不买书，因为我怕搬家。"②在已出版的《钱锺书手稿集》中，留下了很多有关住房变迁的痕迹，比如"容安馆札记""且住楼日乘""偏远楼日乘""偏远庐日乘""燕巢日记"等，除了"容安馆""且住楼"为人所知外，其他就不知所指。这些五花八门的斋号，是对其住房变化的真实写照。

钱锺书对住房的要求其实并不高，有书看、有一个稳定的环境即可。只有在年轻的时候，他曾表露过对理想居处的向往。那是 1934 年春，他在上海光华大学工作，去北京看望在清华读书的杨绛。他们一起来到动物园，园内最幽静的一隅有几

---

① 杨绛：《我们仨》，第 165 页。
② 刘永翔：《我与钱锺书先生的翰墨缘》，《文化昆仑》，第 136 页。

间小屋,窗前有一棵松树,一湾流水。"锺书很看中这几间小屋,愿得以为家"。①但就是这个"愿得以为家"的地方,也只是在人生的最后 20 年才得以实现。

钱锺书回国后到新中国成立这段时期,战乱频仍,根本谈不上住房条件,有屋可居就相当不错了。这也是当时多数知识分子的普遍遭遇。长时期的兵荒马乱使知识分子居无定所,再大的学者手里拿的也不是稳定的饭碗,工作随时都会有变化,何况住房? 这一时期中国城市建设进程缓慢,居民住宅紧张,知识分子如果要撇开工作单位住房,想拥有自己的私人住宅就更难以想象了。

住房之成为一个真正的问题,是在新中国成立以后。从那时开始,住房长期处于国家或单位的统一分配下,出现了计划经济时代一种体制性住房现象。新中国成立后到"文化大革命"前,知识分子的地位总体上是得到尊重的,从住房这一生活中最重要的必需品的分配结果就能反映出来。知识分子们的住宅分配和占有严格按照级别而定,居住的多寡实际也成了工资收入的一部分,成了身份地位的象征。钱锺书因为一直做着和《毛泽东选集》、毛泽东诗词有关的翻译工作,加上一级研究员的身份,直到"文化大革命"前,他实际上没有遭受多大的不公,即使在狂风暴雨般的"反右"浪潮中,也没有被打成右派,知识分子身份始终是得到尊重的。因此住房条件也是一个逐步改善的过程,尤其是最后在干面胡同 15 号的学部宿舍住得非常舒适。

---

① 杨绛:《我们仨》,第 129 页。

"文化大革命"开始后，知识分子地位一落千丈，像钱锺书这样的知名学者都成了"资产阶级反动学术权威"。除了受到批判外，住房条件也随之发生变化。房子要么被革命小将或工人占去换着住，要么一起合居，知识分子一般只能忍气吞声，有时也有口角或大打出手的。钱锺书夫妇就是一例。"文化大革命"期间，钱锺书经历了新中国成立后最遭罪的一个时期。从宽舒的几室几厅到住干校集体房，到"流亡"大学宿舍，再到蜗居十几平方米的办公室，尝尽搬徙之苦。这种现象的出现，虽然和政治形势与社会地位的变化有关，实际上与那时包括民宅在内的城市建设的停滞也有很大关系。长期的政治运动使城市建设停滞，造成住房紧张，促使一些人以强住、合居等方式获得住房，这是特定历史环境下出现的特殊现象。

"文化大革命"一结束，在胡乔木的干预下，钱锺书轻而易举地搬进"部长楼"。当时确实使人产生"一棵参天大树拔地而起"之感，引起很多人的眼红。这种眼红也是可以理解的。在经历了不堪回首的十年之后，到了 20 世纪 80 年代，全国各大城市都进入了"房荒时期"，住房需求达到了极其紧张的状态，谁都希望能公平公正地分得一处房子。在这一轮新的住房分配大潮中，知识分子的社会地位与价值开始重新得以体现。在很多单位，分房要打分，那些老知识分子的学历、职称、工龄、年龄、级别等都在打分中占到优势，得到承认。20 世纪 90 年代后，一些单位尤其是高校在引进人才时，仍把住房作为重要的条件之一，而住房大小也成了衡量其学术水平高低的重要标尺。其实为引进人才分配一定大小的住房，这不仅是对知识分子的肯定与尊重，也为他们扫除了后顾之忧，只有这样才能安心做学术研究。把住房完全推向市场，难免会让知识分子们在学术研究上急功近利，易致学术腐败。在钱锺书去世前后，中国的住房改革已经到了全国逐步推开与深化阶段，住房已经市场化。2000年，杨绛在北京买了自己的私人住宅。终其一生，拿到属于自己的一把房屋钥匙，即便房子并不是为自己而买。

可以说，钱锺书经历的住房变迁过程，不仅映现了中国现当代知识分子的命运，也见证了中国历史上最为复杂的、变化最快的一场住宅变革。

第十二讲
钱锺书父亲的遭际

在很多年里，钱锺书的父亲钱基博销声匿迹于人们的视野。我们不得不承认一个现实，在近年重新发掘钱基博的背后，是其子钱锺书巨大的身影。但自 2007 年钱基博诞辰 120 周年华中师范大学召开"钱基博与国学研讨会"，到现在几家出版社系统出版规模庞大的钱基博作品集，一个"诂经谭史、学贯四部、著作等身、成就非凡"的国学大师形象已逐渐显得轮廓清晰起来。历史就是这样一个被创造、被发现的过程。

共和国新生活

1949 年，国民党大势已去，知识分子们开始面对去与留的选择。钱基博对于解放军过江的形势判断受到其弟钱基厚政治态度的影响，决意留在大陆。

1949 年 4 月，武汉将要解放，一些工厂的经理和高级职员多数外逃。当时钱基博的次子钱锺纬任汉口申新四厂副厂长，钱基博带着一本《转变中之北平》的小册子（说明他对当时共产党的政策已有所研究与了解），过江来看儿子，要求他坚守岗位,保护工厂,安定人心,迎接解放,并亲自为工厂拟布告。据其外孙女石定果回忆,解放初期,武汉市长曾亲至钱处①,显示出那个时期钱老在社会上的重要影响力。1955 年,他还被推为武汉市政府常委:"家君已痊可。承注意,谢谢。上月书来,云被推为武汉人民政府常委,因老病免其开会。"②威望可见一斑。

1949 年后,钱基博一直在武昌华中师范学院(今华中师范大学,有过几次更名)历史系任教授,经历了学校由私立改公立的全过程,对学校有着很深的感情。去世前,他把藏书及私藏二百余件文物全部捐给华师,还亲自撰写了几万字的《华中师范学院历史博物馆陈列品研究报告》,为华师历史博物馆的建成奠定了基础。对新生的人民政权,和很多老辈知识分子一样,他抱有热情和期待。他的学生吴忠匡说:"1949 年以来,我国的国际地位日隆,先生常喜形于色。"③原华中师大校长章开沅先生说,1949 年后的钱基博是位"非常爱国、追求进步的儒者","非常热心政治学习,热爱共产党,热爱并十分钦佩毛主席"④。这样的判断其实有些浅显。如果我们比较钱老在新中国成立前后的不同表现,深究他的性格特质,可能会有更全面的评价。

1951 年 10 月 29 日,《毛泽东选集》第一卷出版,钱基博罕

---

① 傅宏星:《钱基博年谱》,第 186 页。

② 1955 年 6 月 21 日钱锺书致龙榆生函,见张宪光:《钱锺书致龙榆生的四通手札》,《南方都市报》2013 年 6 月 2 日。

③ 吴忠匡:《吾师钱基博先生传略》,《中国文化》1991 年第 4 期。

④ 章开沅:《在钱基博与国学研讨会上的讲话》,见王玉德主编:《钱基博学术研究》,华中师范大学出版社 2008 年版,第 4 页。

见地以 10 天时间通读全书，着重"观其会通，以籀其成功"，并在扉页写下三点心得，即《〈毛泽东选集〉第一卷籀绎》：

一、大处下子，小处着眼，千头万绪，快刀斩乱麻之手段，而难在细针密缕，不走一毫。

二、主义一定，方略万变，所以头头是道，无着不活，而能因祸得福，转败而为功。

三、时势艰难，会值丧败，而能好学深思，心知其意，所以善败不亡。

《实践论》最启发人神知。[1]

当时学校对他并没有像对待青年教师那样作政治学习的要求，一切都是他主动的。即便如此，也无法判断钱基博的政治倾向。1942 年 2 月，钱基博在国立师范学院办的《国力月刊》第 2 卷第 3 期[2]发表题为《德国兵家之批判及中国抗战之前途——增订新战史例孙子章句训义卷头语》一文。文中通过与中外历史人物比较，同样认为蒋介石"知兵法而能治军事"，赞扬他"高瞻远瞩，推陈出新"。

甚至到了抗战胜利后的 1945 年 12 月，钱基博还在《国立师范学院旬刊》第 122 期刊载《最前一课之本院》赞扬蒋介石。两篇文章中，钱基博特别在"蒋"字前空格，表示对领袖的崇敬（也可能是编辑所为）。这些是探究钱基博性格特质的绝好素材。其实在新中国成立前，钱基博对蒋介石少有恶言，反而是

---

[1] 傅宏星：《钱基博年谱》，第 188—189 页。

[2] 1942 年 3 月出版。

对前景尚不明朗的共产党政权有一些悲观的担忧。1941 年钱基博撰《历史上焚书坑儒之理论与其实现》云：

> 欲求政治统一，必先统制思想。欲统制思想，必铲绝非秦。从前秦始皇如此，到了几千年后之今日，希特勒之于德，史丹林之于苏联，也何莫不如此！可谓"东海西海，心同理同"。……
>
> 我们须知秦为中国历史上划时代之一次大转变，而今又将来一次划时代之大转变。一时代之大动荡，必先之以思想之动荡、议论之动荡……因为知识阶级养尊处优，需要思想自由、言论自由，而一般大众，在水火刀兵之中，只需要一个"治"，能在国家安定之下，安居乐业，以事生产。"动员农工，打倒知识"，共产党呼为口号。而我默观情势，应时势之要求，已形成一种社会意识。加以极权国家，右倾如希特勒之于德，左倾如史丹林之在俄，统制思想自由，摧毁知识阶级。而对内能治，对外能强，更普遍地形成一种国际意识，予列国政治当局以一种新刺激、新欣慕。那末，焚书坑儒之悲剧，会在中国重演一番，也未可知。[1]

　　观察钱基博在 1949 年前后的言行，可见他对社会政治有自己的看法。关心民瘼，关注时局，是他作为一名知识分子尽责的体现。而要在政治上刻意选边站，有"投机"的倾向，却注定会埋下祸患的种子。从这一点来看，在政治上他没有儿子钱锺书那么成熟。冯友兰的遭际就是一个最好的说明。

---

[1] 《国师季刊》第 11、12 合期，1941 年 9 月。

1952 年 6 月至 8 月，华中师院开展思想改造运动。面对自己，钱基博真诚检讨，写出了两万多字的《自我检讨书》，内容实在、详细，态度诚恳。全文分四个部分：

一、我的思想，多方面接受；不过不放弃我中国人的立场。

二、我的社会意识很浓厚，而革命性则缺乏。

三、我不能劳动，而人家劳动的果实，则不敢糟蹋。

四、我不愿自己腐化以腐化社会；尤其不愿接受社会腐化以腐蚀我民族本能。

从全文看，钱基博不卑不亢，坦诚解剖，并无明显巴结别人贬低自己的意思，这一点和一些人格上失去自我的知识分子有明显区别。所幸这次顺利过关。从 1953 年开始，年至 67 岁的钱基博身体转差，说话已有困难，不再去教室上课，也很少参加会议，基本上是独自读书、治学，也帮助指导青年教师，适时地提些建议，是院系里受人敬重的长者。章开沅回忆说，钱基博"对学校与历史系的教学、科研与师资培养仍然非常关心，常常给校、系领导提供恳挚而又有益的建议，对于青年教师的请益问难，他也是循循善诱，热情给以指点"[①]。据最后一批受指导的青年教师回忆，从 1956 年 10 月到 1957 年 6 月，钱基博为系里的青年教师扎扎实实讲授了一年的中国古代史课，"认真备课，一丝不苟，负责到底，有始有终"。[②]虽然精力不济，但责任心依旧，对世事也仍保持关注，并开始有些忧虑。1953 年薛明

---

① 章开沅：《诂经谭史，言传身教——纪念钱基博先生诞辰一百周年》，《钱基博年谱》。

② 王玉德：《钱基博学术研究》，第 94 页。

剑将泰伯文献馆所有馆藏图书（包括钱基博无偿捐献的1 000
余种方志）捐献给苏南文管会，分文不取，钱基博对此大为赞
赏。在致薛的信中，他对当时社会上出现的毁损典籍、轻视文
化的现象大为不满："特现在党政诸公，日以美帝国会图书馆藏
中国方志四千余种作为文化侵略之宣传口实，而国内一切典
籍，解放以来在干部'左'倾作风之下，在官僚主义之下，不知毁
掉几许……"[1]他这种秉笔直书、忧国忧民的心性，注定在1957
年那场知识分子的浩劫中难逃厄运——即使已是风中之烛。

风 雨 骤 至

1957 年 2 月 27 日，毛泽东在最高国务会议第十一次（扩
大）会议上作关于正确处理人民内部矛盾的报告。3 月，中宣
部召开有 800 多名党内外宣传、文化工作者参加的全国宣传
工作会议，毛泽东于 12 日作《在中国共产党全国宣传工作会
议上的讲话》。毛泽东在会上进一步论述了党对知识分子的
估计[2]，并且宣布：百花齐放，百家争鸣，是一个基本性的同时
也是长期性的方针。还提到"放"的方针，就是放手让大家讲
意见，使人们敢于说话，敢于批评，敢于争论。4 月 27 日，中
共中央发出《关于整风运动的指示》，在全党进行以反对官僚
主义、宗派主义和主观主义为主要内容的整风运动，号召党
外人士提出批评和意见以帮助党整风，并提出"知无不言，言

---

① 傅宏星：《钱基博年谱》，第 193 页。
② 即绝大多数赞成社会主义制度，少数对社会主义制度不那么欢迎，但还是爱国的，
  抱敌对情绪的是极少数。

无不尽；言者无罪，闻者足戒；有则改之，无则加勉"的原则。中共中央统战部召开座谈会，很多民主人士给共产党提出许多批评、意见，帮助共产党整风。社会各界人士开始了"大鸣大放"。

针对少时钱锺书口无遮拦的习性，钱基博给儿子取字"默存"，但自己一生却从来没有改变过敢说敢做的谏士之风。这一年，年刚古稀、身已患疾、作为政协委员的钱基博，响应中共"鸣放"号召，抱着切实帮助执政党整风的态度，"本着爱国爱党爱民族的良好愿望"（喻枝英语），给湖北省委第一书记王任重写了一封后被人称为"万言书"的信。信中，他本着一个知识分子的良知，敞开胸襟，提出了很多事关党和国家建设大计的真知灼见。比如，他认为党应该顾念民生，体谅人情；党应该尊重人权，尊重法律。他对新中国成立以来政治运动和政治学习过多表示了不满，认为有些运动太过火，搞得人人自危，以至于"弟控其兄，妻控其夫，子女控其父母"，冤枉了不少好人。有时"整夜斗争一个人，不休睡眠，强凌辱，众暴寡；不堪困辱者，被迫自杀，或成疯狂"。对于过多的政治学习，他直率地提出了自己的看法："一个文件学习一二月，一报告传达四五次，一次继续数小时，而继之以讨论、学习……学校教师听报告开会讨论，亦既日昃不遑，而备课、改课，非深夜不得安心伏案，于是脑充血、神经衰弱、消化不良之病以起。商号店员，乡村劳农，昼则力作，深夜开会，亦苦睡眠不足。"他认为，会议太多，既影响工作，也影响健康，事情是要做，但光靠开会不解决问题。他建议少开会，少搞运动，让大家安心搞自己的专业。此外，他对那些在政治运动中以残酷斗争献媚领导，以打击大家抬高自己的人嗤之以鼻。钱基博的信言语直率，措辞尖锐，毫无顾忌，对社会上、对党内存在的一些问题，提出了自己的意见，他自以为是"白头忧国输忠悃，青简明经指要津"，殊不知，他向党的坦言被无限上纲，在一夜之间就变成了反革命言行。①他敢于表达自己的真实想法。虽然有些摇摆，但他头脑清醒，保持了独立思考的能力。

杨绛曾评价公公说："爹爹说话，从不理会对方是否悦耳。这是他说话、写信、作文的一贯作风。"②钱基博敢于直谏的秉性在民国时期就已显露。如1912年，他就因"官盐滞销，私盐充斥"，无锡市民不得不"舍近而食远，舍贱而食贵，舍咸而食淡"的问题，上书盐政处和两淮盐政总理张季直，要求主管人和主管部门"以维民食，而恤民艰"。"九一八"事变后不久，钱基博就迅速于12月快邮代电，"警告国民党巨头诸公"，强烈要求"蒋介石北上，督同张学良用武力收复东北失地；用实力援助马占山；坚持日本无条件撤兵；绝对拒绝日本在东三省自由剿匪的要求；绝对否认锦州中立区；不承认天津共管"等，并正告执政者如违反国民之公意，国民可"不纳租税，不承销公债"或诉诸罢课、罢市、罢工等手段。诸如此类的事在民国时期不在少数。

身患重病的钱基博让女婿石声淮寄出"万言书"，而石声淮心有顾忌，迁延多日，朋友也都说不寄为妥，但拗不过老泰山的催促，终于寄出了。多年以后，石声淮为此举自责不已，深悔不该寄出此信。此事如钱锺书在场，可能不会照原样寄出。杨绛

---

① 喻枝英：《关于钱基博先生被打成右派的误传》，《钱基博学术研究》，第401页。

② 杨绛：《我们仨》，第120页。

说,爹爹"关心国是,却又天真得不识时务"。她回忆道,从前他为国民党人办的刊物写文章,读《孙子兵法》,指出蒋介石不懂兵法而毛泽东懂孙子兵法,故蒋介石敌不过毛泽东。文章写好后,让学生吴忠匡挂号付邮。吴忠匡觉得老夫子的文章会闯祸,急忙找钱锺书商量。钱锺书也不敢提反对意见,怕适得其反,就和吴忠匡把文章中臧否人物的都删掉,仅留下兵法部分。文章登出后,钱基博发现文章被删节得所余无几,不大高兴,他以为是编辑删的,也就没说什么。①

对于知识界的"鸣放",中共中央认为是右派分子向党进攻,决心反击。1957 年 5 月 15 日,毛泽东撰写了《事情正在起变化》一文,要求全党认清阶级斗争形势,注意右派进攻。6 月 8 日,中共中央发出《关于组织力量准备反击右派分子进攻的指示》,同日《人民日报》发表社论《这是为什么?》,全国开始开展大规模"反右"斗争。

钱基博的原文"上书"震惊湖北省委。省委当即将这封信转交中共华中师范学院党委,要求学校组织对其批判。1957 年夏,华师校园内开始出现揭发与批判钱基博的大字报。即使如此,钱基博仍然没有认识到问题的严重性。是年 8 月 23 日,钱基博对市政协来访的人说:"现在的问题是党和群众的密切关系团结的问题,反右斗争是'秀才造反'的问题,不是大问题。"他认为"反右"斗争是小题大做。但随着批判的深入,钱基博不得不转变态度,对前来探视的院系领导当面承认自己在鸣放中犯了立场上的错误。

---

① 杨绛:《我们仨》,第 101—102 页。

1957 年 9 月 26—29 日,历史系和中文系组织教师连续几次对钱基博进行了批判。钱基博此时的身体,已是一日不如一日,鉴于此,"校党委特许他待在家里,不参加批判大会,批判大会由他的女婿、原中文系教师石声淮代为出席,批判大会结束后,再由石声淮向他传达批判意见"①。也有说法,当时批判后也不向他传达批判的意见:"当时钱基博老先生已经生病住院,卧床不起。由于他德高望重,又是这个学校的前身国立师范学院的创始人之一,博学敦行,严于律己,一向受人景仰,学校党委最后决定,让有关群众'背靠背'地开展批判,以'肃清流毒',但不要求他本人参加,事后也不将批判意见告知他本人。他在病中一直受到校方的照顾,直到当年 11 月31 日②病逝于武汉。因为当时并没有公开对他进行批判,他也不清楚自己被划为右派分子的事。"③在这个批斗的过程中,以及钱基博去世后,他是否被打成"右派",在学者之间一直存在争议。一部分学者认为没有来得及给他戴上"右派"的帽子他就去世了;而另一部分学者则说,钱老先生早已被内定为"右派分子",是"中右分子",甚至是"极右派分子",鉴于他的身体状况,没有告诉他而已。作为家人,杨绛说:"我不知我的公公是'准右派'还是'漏网右派',反正运动结束,他已不在了。"④

《顾颉刚日记》1959 年 9 月 2 日:"闻公渚言,冒鹤亭(广

① 喻枝英:《关于钱基博先生被打成右派的误传》,《钱基博学术研究》,第 402 页。
② 原文如此,应为 11 月 21 日。
③ 孔庆茂:《丹桂满庭芳——无锡钱氏家族文化评传》,郑州大学出版社 2013 年版,第148—149 页。
④ 杨绛:《我们仨》,第 136 页。

生）上月逝世，年八十八。徐行可、钱基博亦皆逝，渠二人皆右派分子，含恨入地者也。"①王继如《钱锺书的六"不"说》："钱基博被错划为右派。当时的华中师院领导，大概也还有点'人道'，鉴于钱基博已经病重，便不将这个结论告诉本人。然而右派必须接受批判，如何处理呢？那就将其女婿石声淮找来代替其岳丈挨批。钱基博本人，到死都不知道自己是个右派。"②刘中国在钱锺书的传记中说钱基博被内定为"中右分子"。③中共中央关于《划分右派分子的标准》的通知对"中右分子"的表述是："有些中右分子有过不利于社会主义的言行，但是不够右派，如果当作右派斗争了，现在不要当众宣布对他的批判是错了，因为既有错误言行就应该批判。""中右分子"属于人民内部矛盾，而其他都属于敌我矛盾。据说，20世纪五六十年代北大教授中的"中右分子"和"没有戴帽子的右派分子"，约占全体教授的三分之一之多。钱基博研究资深学者、华中师大的曹毓英说："钱先生1957年因为给当时湖北省委第一书记王任重上过万言书，被错误地内定为极右派分子，那时极右派分子的书在规定销毁之列，所以钱先生的有关著作及其家谱均在被毁之列。"④"极右派分子"比"右派分子"和"中右分子"还要严重。

原华中师大校长章开沅说："经过我的了解和后来核实，钱先生确实未划为右派，只是组织上转达了一些批评意见，但是

---

① 《顾颉刚日记》第8卷，第681—682页。

② 《文汇报》2009年8月24日。

③ 刘中国：《钱锺书：20世纪的人文悲歌》，第562页。

④ 曹毓英：《〈堠山钱氏家谱〉、家学与家风》，《钱基博学术研究》，第6页。

对一个高龄又病重的人这样做也是不人道的。"① 同是华中师大的教师喻枝英在《关于钱基博先生被打成右派的误传》一文中,征引了当年华师党委在钱基博逝世不久给老先生在鸣放中的言论作的结论性意见,也较明确地指出,至少华师党委没有确定钱基博为右派分子:

> 在"上王任重同志书"中,对党、新社会、历次运动和重大政策以及积极分子等方面发出了极其恶毒的诽谤和攻击,根据六条标准来检查,其反党反社会主义态度之坚决和言行之露骨,已昭然若揭。但是钱基博解放以来一直因年老多病,与外界接触较少,而且本人一向没有政治野心和活动能力,此次"上王任重同志书"纯系个人活动,没有什么政治背景,而且又是采取个别上书的方式,并没有设法公开发表,以求扩大反动影响,同时,钱最近已病故,而临终前对自己的错误已有所认识,因此我们认为已无必要将钱基博确定为右派分子。②

由于有关钱基博上书材料比较敏感,至今未开放查阅。据傅宏星先生告知,华中师大历史文化学院教师喻枝英的文章,"是校长指示后,才能够翻阅档案写出来的"。所以即使文章是"主题先行",但起码所引文件不会造假。因而以下这种说法或许更为准确:"老先生因言获罪,受到严厉批判。是年底钱老先生病逝,组织上事后对其定性结论为'右派言论',但是幸免于

---

① 章开沅:《在钱基博与国学研讨会上的讲话》,《钱基博学术研究》,第 5 页。

② 喻枝英:《关于钱基博先生被打成右派的误传》,《钱基博学术研究》,第 403 页。

划定为'右派分子'。呜呼！在那个萧杀的年代,如此结局或许算是不幸之幸了。"①

　　苏州大学钱仲联曾在接受采访时说:"钱基博在反右中被戴上右派的帽子,其实他没有被划为右派,但是中国的事情弄不好,说是'摘帽右派'。后来真正摘掉帽子,领导到他家道喜,他愤激地说:'我的右派帽子不好摘的,我要带到棺材里去的。'"②这是传说。

抑 郁 而 逝

　　1957年,钱基博经受着身体与精神的双重折磨。他已预料大去之日恐将不远,问老伴:"我走后,你跟谁过?"老伴答道:"我跟季康。"③可叹的是,老伴不久也忽然丧失记忆,竟不能相认。他的孙子钱佼汝说"他是在巨大的政治压力和沉痛的家庭不幸的双重打击下离开人世的"④。所幸这一年,阔别多年的长子钱锺书和三子钱锺英先后来武汉探望。

　　1957年的初春,钱锺书心里惦记着父亲的病,冒着严寒,再次来到武昌。此前,他利用寒暑假多次来探望父母。他对当时的社会政治情势似乎早有预料,此番一视,父子恐将难再相见。7月初,钱锺书有"突击任务外调工作",暑假未能请假探

---

① 王武子:《关于六"不"说之说》,《文汇读书周报》2009年11月27日。
② 卜志君:《高山流水话知音——钱仲联谈钱锺书》,《不一样的记忆:与钱锺书在一起》,第40页。
③ 吴学昭:《听杨绛谈往事》,第226—227页。
④ 钱佼汝:《在钱基博与国学研讨会上的发言》,见华中师范大学历史文化学院网站。

亲。回京后，钱锺书"只愁爹爹乱发议论"①。他再次致函父亲，劝其从今以后应闭上嘴。②没想到担心什么来什么，重病之中的钱基博被成功"引蛇出洞"。

1957 年 5 月，三子钱锺英夫妇自缅甸回国，抵达武汉小住数日后，就与妹妹钱锺霞一起携老太太同返故里无锡。这时，钱基博坚持要迁至二儿子钱锺纬家养病治疗。一来女儿从无锡未回，无人照料，二来"大概是老人家思想传统，还想让亲儿子送终吧"③。夏天过后，钱基博的病情急转直下，8 月中旬已不能进食，仅能从茶壶中吸食些许藕粉维持生命。后搬到汉口申新纱厂，请纱厂医生龚文秀诊治，有所好转。学期初"反右"运动时，回武昌一次，准备参加运动，但华师的校医拒绝为他打针，只好仍回汉口。经过此番往返，病情加重，已是"身形憔悴"。后来经市立第一医院、协和医院和纱厂龚医生会诊，断定是胃癌④。后期不但虚弱至极，而且神志不清，身体从脚逐渐肿到腰部。

1957 年 11 月 21 日，钱基博在病痛的折磨下，在极度的压抑与忧郁中，溘然长逝，享年 71 岁。弥留之日，钱基博将自1937 年任教前国立浙江大学起所著论学日记，历时逾 20 年的数百万言及其他手稿，全部留给女儿女婿保管⑤。告别仪式在汉口旧府街殡仪馆举行，华师的领导、同事及家人渡江到汉口

---

① 杨绛：《我们仨》，第 136 页。
② 1957 年 3 月致父亲函。栾贵明：《回忆钱锺书：他想做的，是开拓万古之心胸》，《北京青年报》2017 年 3 月 24 日。
③ 外孙女石定果语，《钱基博年谱》，第 200 页。
④ 有说病逝于喉癌、食道癌。
⑤ 1937 年前的日记，则因抗战初未及运出而丧失。

向他作了最后的告别，外地的子女和亲朋无一人参加，包括长子钱锺书。钱侂汝回忆道：

> 祖父入殓时，由二伯父和姑夫抱头，我和我的堂兄各抱一腿，将祖父的遗体徐徐下材。仪式结束后，灵柩当即被包上铁皮，以备运往无锡，安葬于祖坟。两天后，我赶往江边码头送行，却未见其他人到来。后来才知道祭礼那天不知何故只有我听清了船期。那天，我目送运载着祖父灵柩的江轮慢慢远去，离开了他最后生活和工作十一年之久的武汉。灵柩抵达无锡后，丧事由我母亲和姑母一起操办。①

友人孙伯亮寄挽联曰："韩柳欧苏无此寿，关闽濂洛如其人。"侄婿许景渊挽诗云："一代雄文从此绝，千秋著述应长垂。"南通费范九闻之，哭以诗："卅载论交见情真，渊源德教重荀陈。方期庠序征专著，忽痛衣冠谢劫尘。青眼向人文作赞，白头造士气如春。可叹汉上琴台黯，空祝公为盛世民。"

远在京城的钱锺书，对未能送终尽孝深有愧意。在父亲去世五天后，他在致友人卢弼信中提及父亲，言语间不无伤感、自责：

慎翁道席：

久阔音敬。偶从敝友陈谦受益处得知杖履圣善，至慰。顷奉手教，且感且怆。家君于本月二十一日夜在鄂弃养。晚只能

---

　　① 钱侂汝：《在钱基博与国学研讨会上的发言》。

侍疾四日，遂尔永诀。终未及读赐诗也。有恨何如。杨荫榆女士为内人姑母。二十年前苏州城陷遭难。光复后，曾集会追悼。当时戎事倥偬，先外舅老病转徙。亦勿暇撰传状。谨闻专肃诸维珍摄不一一。

后学钱锺书再拜

二十六日

1957年12月3日，女婿石声淮到华中师范学院三号楼给1956级学生讲课，他动情地说："我的岳父钱基博老先生，于1957年11月30日（周六）逝世。钱基博老先生是知识分子；知识分子'宁鸣而死，不默而生'……"声淮教授潸然泪下，全体学子屏气凝神。①去世时间可能被转述者记错，但情形应是真的。《王伯祥日记》1957年12月19日："在会场晤默存，知其尊人子泉先生以胃癌卒于鄂，已盘枢回乡，下葬有日。老成凋谢，闻之良悼；旧文日坠，尤感痛惜。"两月后，1958年2月19日，钱锺书致函李释戡又有提及："两月前，冒郎转致《苏堂诗续》，适遭大故……"父亲之去，身为长子又未能送终，怅恨之意深矣。

逝者已去，即使这个世界仍在你批我斗之中，死者也当长眠于地下。但是，就是这所钱基博晚年倾注极大心力的学校仍然没有放过他。在一次露天批判大会上，华师"别出心裁"，组织全院数千名师生，在朗朗乾坤之下，对一位已经逝去的、晚年对华师贡献最后之精力与物力的全国闻名的大教授，进行了一

---

① 华中师范学院中文1956级彭慧敏、刘百燕、左兵：《怀念声淮教授》。

次奇特的缺席批判。回忆者说："学校领导原则性强，政治上不含糊，右派死了也要批判，于是有了这次奇特的批判会。被批判者已经死去，怎么办？'父债子还'，由死者的儿子钱锺书捧着灵牌接受批判①。""广场太大，扩音效果奇差，批判者义愤填膺地批判时，我们只能听到一片嗡嗡声。"②很多事在口口相传之后，已经不完全真实。但批判是事实，钱锺书捧灵牌之事是理所当然的想象。对于此事，杨绛明确地说："所传钱锺书捧着灵牌受批判事不实。""他父亲去世时，钱锺书未能再请假，他在北京，没在他父亲身边，不可能捧着灵牌受批判。"③石声淮曾明确告诉他人，是他代替岳丈接受批判的。

华中师大老校长章开沅就当时情形沉痛地说："由于'左'的影响，钱老的学问在他的晚年并没有受到应有的尊重。更谈不上充分发挥其作用。而在 1957 年，他对党的披肝沥胆的忠直之言也没有得到正确的理解，而且横遭无可避免的粗暴批判。他逝世于这一年。虽然确实是死于不治之症，但至少在离开人世前的心情是痛苦抑郁的。""死者已矣，死者无言，但愿从今以后，千秋万世，中国知识界再勿遭此厄运"。④

千秋万岁名，寂寞身后事

1958 年初，据说华中师范学院为先生举行了追悼会。⑤这

---

① 羊春秋说捧着灵牌的不只有钱锺书，还有钱基博的女婿石声淮。
② 李蟠：《永远的怀念》，《湘潮》2005 年第 1 期。
③ 鉴铭：《钱锺书未曾"捧灵牌"受批》，《人民政协报》2006 年 4 月 14 日。
④ 吴忠匡：《吾师钱基博先生传略》，《中国文化》1991 年第 4 期。
⑤ 傅宏星：《钱基博年谱》，第 200 页。

一年,钱锺书的母亲也随老伴而去。夫妇合葬于无锡城西徐巷啸岭湾祖坟。但至 20 世纪 60 年代,当地农民借整田平地之风,把无锡一地大部新坟和老坟都给掏空,钱氏夫妇的坟场也在劫难逃。可怜一代国学大师,死后也无处安息。致使后世学人竟凭吊无地,怎能不令人扼腕! 同样令人痛惜的是,"文化大革命"伊始,钱基博留于女婿石声淮处上千册读书笔记、日记,被付之一炬。

章开沅说,1962 年秋天,他专程前往南通访求张謇未刊文稿,当地人士争相问他钱基博晚年的遭遇。他这才知道他的人品与学问在过去多么受学界尊敬。回校以后,他立刻向学校领导汇报,希望能为钱举行适当追思活动。但这时"千万不要忘记阶级斗争"的口号已经席卷全国,他带回的江苏老辈学人的微弱呼声,很快就淹没在汹涌而至的"左"倾思潮之中。他得到的上级反应是冷漠的:"未划右派,无反可平。"①

历史对钱基博这一代学人开了一个大大的玩笑,留给后人的是一声沉重的叹息。1987 年,钱基博诞辰百年。华中师范大学准备隆重举办纪念活动,有意邀请钱锺书参加。30 年过去了,时过世未易,洞察世事如钱锺书者,会把什么周年纪念当回事吗? 校方希望石声淮出面相邀,石明确表示:"他不会来的。"于是转由钱基博的弟子彭祖年去函邀请,得到的是那个著名的"六不"回函:

　　纪念会事,盛意隆情,为人子者铭心浃髓;然窃以为不如息

---

① 　章开沅:《〈钱基博学术与人生〉序》,华中师范大学出版社 2012 年版。

事省费。比来纪念会之风大起，请帖征文，弟概置不理。今年无锡为先叔父举行纪念会，弟声明不参预。三不朽自有德、言、功业在，初无待于招邀不三不四之闲人，谈讲不痛不痒之废话，花费不明不白之冤钱也。贵乡王壬秋光绪九年日记载端午绝句云"灵均枉自伤心死，却与闲人作令辰"，慨乎言之；可以移咏流行之某某百年诞辰纪念会矣。

钱锺书复彭祖年信后，华中师大校方大概又直接发邀请函给他，他复信婉拒。华中师大最后就决定不开这个纪念会了，而由学报出个纪念专辑。钱锺书收到华中师大寄来的专辑后，1988 年 6 月 25 日写信给彭祖年，说："日前奉华中寄来学报先君专辑，即知全出大力斡旋奔走，庶克臻此。正思作书，忽获尊函，周详颠末，果如臆料。既感且惭，匪言可谢。"对于真诚的有意义的纪念，钱锺书也并不反对，并且真心感谢。

杜甫《梦李白》云："千秋万岁名，寂寞身后事。"即使有流芳千秋万代的美名，这些身后的赞誉、肯定，也无法弥补身前的冷落与悲戚。这句话对钱基博来说，是再贴切不过了。

钱基博的日记被谁"付之一炬"？

在近年来不断发掘出版的钱基博著作中,注定会有一个巨大的遗憾留给后世学人。那就是他一生规模庞大的日记,将再也不能重现于世。

钱基博一生读书治学异常勤奋,终生坚持记日记,著作也写在日记中,绵历五六十年,临终留下五百余册《潜庐日记》,堪与清人李越缦媲美。钱穆先生称,"平生所见,治学勤笃,唯梁溪钱子泉也"。1957 年 11 月 21 日,钱基博逝世。弥留之日,将自 1937 年任教前国立浙江大学起,所著论学日记,历时逾 20 年,都数百万言,及其他手稿,全部留给女儿女婿保管。1937 年前的日记,则因抗战初未及运出而丧失。张舜徽 1942 年 9 月 24 日日记:"钱翁自道 21 岁以后,逐日书日记,以迄于今,35 年未尝一日间断。兵燹之余,大半已成灰烬,今所存仅百余册。"①其实早在 1942 年,在国立师范学院时期,钱基博就已将二百余册日记赠予石声淮,作为新女婿的礼物,也寓意授受老先生读书治学之衣钵,还特别交代,儿子钱锺书曾答应给他编年谱,倘若以后要用,还要"助其成":

　　吾箧中日记二百余册,即以相付;以翁婿言,则觊觎也;以

---

① 张舜徽著,周国林点校:《壮议轩日记》,华中师范大学出版社 2018 年版,第 4 页。

师弟论，则衣钵也！吾虽老病，未尝一日废书；而来湘三年，读书三千六百余册提要钩玄，皆有日记；而湘贤著书，居十之三。尔声淮尚其善承乡先辈之贞性毅力，不懈益修以努力所学所事，而无负国家作育之意；此吾之望也！吾儿锺书来书，欲为我撰年谱；傥有资于日记，尔声淮其助成之！①

可见老夫子是何等看重这些日记。钱基博当年力排众议要把女儿嫁给石声淮，也是何等的信任他。钱基博因为习惯把读书心得、摘抄等写在日记中，所以这些日记不仅规模庞大（有说其读书笔记上千册），而且学术价值极高。1935 年 2 月 21 日，钱基博在连载《读清人集别录》的引言中就说过："儿子锺书能承余学，尤喜搜罗明清两朝人集。以章氏文史之义，抉前贤著述之隐。发凡起例，得未曾有。每叹世有知言，异日得余父子日记，取其中之有系集部者，董理为篇。乃知余父子集部之学，当继嘉定钱氏之史学以后先照映；非夸语也！"②可见一斑。钱锺书在"文化大革命"一结束就拿出皇皇四大册《管锥编》，就得益于他平时所做的读书笔记。实际上，钱基博的很多著作就是以他的日记整理而成，可惜的是，这些日记没有最大限度地被利用。从这一点来看，钱基博和钱锺书都留下了同样的遗憾。但令人欣慰的是，《钱锺书手稿集》陆续整理出版，已是不幸之幸了。

那么钱基博 1937 年后的日记，为什么不能再现于世呢？这是因为"文化大革命"伊始，他的所有日记、遗稿都被"付之一

① 钱基博：《金玉缘谱》，石声淮写录，石印线装，非卖品，1942 年。
② 《光华大学半月刊》第 4 卷第 6 期，1936 年 3 月。

炬"。石声淮称："泉师逝世后，那几百册日记我还没有通读和整理，逢上'文化大革命'，全被焚毁。宝贵的精神财富，就这样灰飞烟灭了。这不仅是泉师亲属和弟子门人终身引为恨事，也是我国学术文化的损失，无可弥补的损失。"①钱锺霞 1983 年 12 月为其夫妇整理的钱基博《中国文学史》一书所作后记云："1966 年遭罹浩劫，坐视先父仅存之手泽毁而不能救，毒楚何如。而《清代文学史》遂无一字遗留。"②有人说："'文革'中全部日记尽毁于火，《清代文学史》亦无一字子遗，积之艰而毁之易矣。"③都没有明说这一把火究竟是谁点燃的。在有关钱基博的研究著作与文章中，多数看法是毁于红卫兵之手。傅宏星《钱基博年谱》："'文革'期间，子泉先生遗留在湖北武昌华中师范学院女儿女婿家里的五百余册、绵历数十寒暑的《潜庐日记》遭到查抄、批判，并被付之一炬。"学者王玉德《钱基博：一代国学大师》："钱基博勤于写作，每天都要写读书笔记，计有五百余册的《潜庐日记》，在十年浩劫中被查抄焚毁。"④《南方人物周刊》2009 年 12 月 7 日第 48 期以《辉煌的钱氏家族》为题，介绍了近现代钱氏家族人才"井喷"的现象。文中介绍钱基博日记被毁一事时说："尤其令人痛心的是，钱基博一生五百多册《日记》，被'跳踉叫嚣，如中风疾走'的无知少年付之一炬。"1979 年 10 月 11 日下午，钱锺书在日本京都大学参加人文科学研究所为他举行的一个小型座谈会，会上有人问及钱基博，他说，他

---

① 石声淮：《记钱子泉先生捐赠图书文物事》，《石声淮文存》，第 17 页。
② 钱基博：《中国文学史》，中华书局 1993 年版。
③ 姜晓云：《钱基博先生学行小传》，《钱基博学术研究》，第 425 页。
④ 《钱基博学术研究》，第 131 页。

们父子关系的好，是感情方面的良好……钱先生跟着庄重而惋惜地补充说：父亲其实还有许多未刊的遗稿，包括日记、文集等，因为晚年与幼女同住，所以稿本多存于武汉师大教书的妹夫家里，"文化大革命"时期被红卫兵们统统烧了！①1980 年 11 月 10 日钱锺书答东人问（杨岗昆记录《钱锺书先生谈文学》）："我父亲有许多遗下来的稿子，有一部文集，还有许多日记，全在我的妹夫家里……历史研究所要我父亲这个稿子，我就去问，他们始终没有告诉我怎么样。最近告诉我，说是红卫兵拿去，当场烧掉了。"1990 年 6 月 9 日钱锺书复何以聪书："先君遗著都藏鄂寓，遭'文革'之劫荡然无存。"钱锺书也认为父亲的日记是被红卫兵所毁。类似看法的著作与文章还有不少。

当所有人都以为钱基博的日记毁于红卫兵之手时，王继如先生发表的一篇文章才透露了事情的真相。他在《钱锺书的六"不"说》一文中说：

钱基博死后，留下几百册日记，其中大量的是学术笔记（钱基博的许多学术著作都是从日记中抄录而成的，如《中国文学史》《湖南近百年学风》等），由石声淮保管。"文化大革命"中，石鉴于笔迹留存之可怕，遂全部销毁——当时连郭沫若都说过他的著作应该全部销毁，遑论他人。"文革"结束，石的朋友们无不责怪他毁弃老师的心血。他非常无奈，说当年投信错了，汲取教训烧毁日记又错了，如何是好呢？②

---

① 孔芳卿：《钱锺书京都座谈记》，《钱锺书研究》第 2 辑，第 334—335 页。

② 王继如：《钱锺书的六"不"说》，《文汇报》2009 年 8 月 24 日。

这则消息出来后，一"石"激起千层浪，有很多人责怪石声淮。在豆瓣网"钱锺书小组"内，"钱学"爱好者们对石投之以严厉的声讨：

"钱老先生的毕生心血，石有什么权力烧？若是蒋天枢先生，为保护老师的毕生心血，怕是连命都不会顾惜的。"

"相比较于蒋天枢、刘节，石未免太胆小怯懦了点。"

"石先生难道就不能学钱锺书，把钱老先生日记中涉及私人的部分挖掉吗？把与'嘉定钱氏之史学''后先昭映'的无锡钱氏'集部之学'，付之一炬，实在是太残忍了。钱老先生地下有知，怎能瞑目？"

"这或许就是钱锺书说的其［钱基博的］弟子'尊师有余而见识不足'吧。石或许未意识到，对老师来说，日记较之身后的毁誉、遭遇可能更为重要。"

"石声淮为一己之私焚毁钱基博老先生一生心血，实在令人痛惜。"

"石先生烧日记也许跟胡风案所引发的恐惧有关，虽然有可能不全是为了保全自己，但是我仍然认为有比付之一炬更好的办法。毕竟钱老先生的日记大多数是学术日记啊！"

其实在从思想改造运动后到"文化大革命"这段时期，知识分子要坚持写日记，并完整地保留下来，那是需要胆量与勇气的。"文化大革命"中曾代替老师陈寅恪批斗并以此为荣的刘节先生，在 1949 年以后一直记日记，但是简之又简，到"文化大革命"时期日记最少时只有三个字，应该是怕给人留下把柄。

钱锺书清华老师吴宓，一生把写日记当作头等大事，事无巨细，记载极其翔实，日记的连续性很强。但即使如此，1949 年和1950 年的两册日记（己丑日记、庚寅日记）却各仅存四五篇。原来，这两册日记，"文化大革命"中吴宓曾交给朋友代为收藏，但朋友担心日记惹祸就将它焚毁了，吴宓深为痛惜。据他自己介绍，这两册日记叙述了他在重庆度过的"惊心动魄、天翻地覆之情景"①。同是在 1979 年日本京都大学人文科学研究所为钱锺书举行的那个小型座谈会上，钱锺书说，在同一时期、同一环境之下，他岳父为了避祸，把他珍藏的小川环树富有欧阳率更书法风致的信，统统付之一炬，以免"里通外国"的口实，同样是无可补充的损失。②"岳父"恐为"夫人"之误，因为杨绛父亲杨荫杭 1945 年已去世。

　　钱锺书和老夫子一样，一生坚持写日记、写读书日札，他的读书日札和纯粹私密的日常生活一般写在一起，这些日记、笔记规模也不小，但在 20 世纪 50 年代还是毁掉一小部分。吴学昭《听杨绛谈往事》透露："锺书起先把中文笔记和日记写在一起，1952 年思想改造运动时传闻学生要检查'老先生'的日记，他就把日记部分剪掉毁了。所以这部分笔记支离破碎，且散乱了，也有失落的部分，整理很费工夫。"③钱锺书自己尚毁日记，何况托付他人？

　　平心而论，在当时的历史大环境下，以钱基博的生前身份，和他一贯敢想敢写敢说的作风，加上石声淮的个性，烧毁日记

---

① 曹立新：《〈吴宓日记（续编）〉中的历史片断》，《书屋》2008 年第 7 期。
② 《钱锺书研究》第 2 辑，第 335 页。
　　③ 吴学昭：《听杨绛谈往事》，第 394 页。

也未出人意料之外。傅宏星先生曾私下对笔者说,石声淮即使
不烧日记,以钱基博"内定极右分子"的身份,他的日记也在劫
难逃。他赞同钱基博有"内定极右分子"的身份。

以钱基博生前的这种身份,"文化大革命"开始,石声淮自
然害怕被抄家,而抄家不仅自己遭殃,可能会连带出家人的不
幸,对此他早已心有余悸——"反右"时替岳父挨批的情形还历
历在目。与其等人来烧,还不如"先下手为强",一把火烧个干
净。黄宗英曾指着一张照片对来访者回忆道:"'文化大革命'
中我家成为江青指定的、全国毁灭性大抄家的五家人家之一,
连一张带字的纸条和任何照片都没给留下,这张照片难能可贵
啊!"①可以比照想象。当然,也许石声淮并不惧留存日记和遗
稿,为了"汲取教训",多一事不如少一事,减少不必要的麻烦,
初衷出于保护岳父,只是全然忘记那些文字的价值了。我们不
知道石家在"文化大革命"期间有无被抄家,如果没有,那就是
石声淮在形势判断上的失误。他的无奈凸显出那种环境下知
识分子被形势左右而不知所措的历史现实。

对此我们只能报以同情之理解。同样在豆瓣网"钱锺书小
组"内,有一部分理性的读者就对石的行为予以理解:

"石先生烧日记,真的只是为了保全自己吗?从当时的情
势看,恐怕不是这样的。一旦钱老的某些思想暴露出来,很可
能给钱老的遗骨、后人带来灭顶之灾。以钱老的性格和见识而
言,他的日记中必然有不少违碍文字。"

---

① 赵修慧:《请黄宗英为女儿们写序》,《文汇读书周报》2010年1月29日。

"我倒是觉得石先生的行为可以理解，也是可以谅解的。那个时代，为了避祸，又有多少儿女烧了父母的日记，夫妇烧了配偶的著作。不照样能够理解吗？那些'无不责怪他毁弃老师的心血'的石的朋友们，我不知道事情如果发生在他们身上，会如何处置。他们果真都有资格责怪石？"

"我们不能因为有蒋天枢、刘节的挺身而出就鄙视石先生的明哲保身；正如不能因为有陈寅恪的大义凛然，就鄙视钱锺书的默默苟存。"

"石声淮先生烧钱老日记，恐怕也不完全是他一个人的意思，钱锺霞、彭祖年这些人难道都不曾与闻？说来真正可惜，钱老在近代中国是一个很重要的人物，日记就这样没了！"

"可恨的是时代，可惜的是文献，可怜的是人。我读石先生的'无奈'之辩，倍感凄凉。"

如果一定要说这是谁的错，那只能说这是历史犯的错，而不是某个人的错。这注定是一场悲剧。"文化大革命"之中，又何止一个如石声淮者呢？正如钱锺书在京都大学那次座谈会最后说的："不过，'文革'期间，更大的损失、更惨的遭遇，何止千千万万？自己的损失，相比之下，也算不得什么了。"

【附二】

钱基博为人取名及其他

　　杨绛在《我们仨》中说："我们的女儿已有名有号。祖父给她取名健汝，又因她生肖属牛，他起了一个卦，'牛丽于英'，所以号丽英。这个美丽的号，我们不能接受，而'钱健汝'叫来拗口，又叫不响。我们随时即兴，给她种种诨名，最顺口的是圆圆，圆圆成了她的小名。"①这里的祖父即钱基博。钱基博，字子泉，号哑泉，别号潜庐，著名国学大师、教育家，自称"书非三代两汉不读，未为大雅；文在桐城阳湖之外，别辟一涂"。老先生国学根基深厚，著述等身，自述"五岁从长兄子兰先生受书；十一岁毕《四书》、《易经》、《尚书》、《毛诗》、《周礼》、《礼记》、《春秋左氏传》、《古文翼》，皆能背诵；……十六岁，草《中国舆地大势论》，得四万言，刊布梁启超主编之《新民丛报》"。"基博论学，务为浩博无涯涘，诂经谭史，旁涉百家，抉摘利病，发其闳奥。自谓集部之学，海内罕对。子部勾稽，亦多匡发。"②钱穆晚年回忆说，他平生所见治学最勤、用力最劬的学者，就是钱基博。近年多家出版社整理出版有其作品集。

　　钱基博是个传统文人，杨绛说他"一本正经"③。这从钱基

---

① 杨绛：《我们仨》，第 88 页。
② 钱基博：《潜庐自传》，《钱基博年谱》，第 257、259 页。
③ 杨绛：《记钱锺书与〈围城〉》，第 17 页。

博有板有眼地给孙女取名，"号"上就可看得出来。他给孙女取名"健汝"，健，有刚强、康强、强壮有力之意。钱基博熟读经典，大约受《周易》启发取了此字。《易·乾》："天行健，君子以自强不息。""刚健中正，纯粹精也。"《易·彖》："险在前也，刚健而不陷，其义不困穷矣。"《易·小畜》："健而巽，刚中而志行，乃'亨'。"《易·泰》："内阳而外阴，内健而外顺，内君子而外小人，君子道长，小人道消也。"《易·同人》："文明以健，中正而应，'君子'正也。"《易·大畜》："《象》曰：《大畜》，刚健笃实，辉光日新。"《易·大有》："其德刚健而文明，应乎天而时行，是以'元亨'。"《易·系辞下传》："夫乾，天下之至健也，德行恒易以知险。"《易·说卦》："乾，健也。"可见，名取"健"字，不但寓意吉祥，而且取的可能还是《周易》的首卦。汝，是古汉语中常见的第二人称代词（你），这样，"健汝"一名就等于说希望孙女健健康康平平安安。这类似于乡下大人给小孩以贱物取小名的意思。父母为了使小孩容易养育，避免娇贵，就多以贱物为名，如阿狗、阿毛、锁柱、铁蛋等，钱老先生这里只是文雅地用书面语概括表达了这种意思。正如《围城》里方遯翁的茶友恭维他给孙子取的名字一样，是"又别致，又浑成，不但典雅，而且洪亮"①。

　　钱基博还为孙女取"号""丽英"。"因她生肖属牛，他起了一个卦，'牛丽于英'，所以号丽英。"这个"号"疑为"字"之所误。按一般传统习惯，名和字由长辈定，体现长者或尊者的意愿，但号一般不会是长者取。号分自号和人号。自号由本人决定，往

---

① 钱锺书：《围城》，生活·读书·新知三联书店 2002 年版，第 124 页。

往反映出一个人的思想、操守、志趣爱好或住所特征,是一种成人的个体行为。所谓人号,就是由他人对己的称呼。而要值得让人家称号,就必须使自己具备受人尊敬的条件,如尊老、贤德等。所以,一个刚出世不久的孩子怎么适合就给她个号呢?何况取号的还是像钱基博这样传统文化思想深厚的人呢。这里"丽英"作"字"解可能更合理一些。严格说来,古人取字时间是男子二十,女子十五,即男子二十成人举行冠礼时取字,女子十五岁许嫁举行笄礼时取字①。近现代中国显然已不太注重这个时间因素了。而字与名一般有意义上的联系,即字是名的补充解释,是和名相表里的,所以又叫作"表字"。《白虎通义·姓名》曰:"闻名即知其字,闻字即知其名。"对于名与字关系的认识,钱锺书曾在《管锥编》中说:"字取有意,名求传实;意义可了(meaningful),字之职志也;真实不虚(truthful),名之祈向也。因字会意,文从理顺,而控名责实,又无征不信……'名'之与'字'殊功异趣,岂可混为一谈耶?"②而"丽英"作"字"解和"健汝"一名也有一定意义上的联系,大的范围是他们都出自《周易》。杨绛先生说,"丽英"是钱老先生因他们的女儿生肖属牛,"他起了一个卦,'牛丽于英',所以号丽英",这个卦想必就出自《周易》。《易·离》曰:"《离》:利贞。亨。畜牝牛吉。"周振甫《周易译注》释此卦为:"《离》卦:占问有利。通顺。

---

① 《礼记·曲礼上》:"男子二十,冠而字……女子许嫁,笄而字。"《仪礼·士昏礼》:"女子许嫁,笄而醴之,称字。"《礼记·冠义》:"已冠而字之,成人之道也。"《礼记·檀弓上》:"幼名,冠字。"孔颖达疏:"'幼名,冠字'者,名以名质,生若无名,不可分别,故始生三月而加名,故云'幼名'也。'冠字'者,人年二十,有为人父之道,朋友等类,不可复呼其名,故冠而加字。"

② 钱锺书:《管锥编》第2册,第405页。

养母牛吉。"①高亨《周易大传今注》说："筮遇此卦,乃有利之占问。"②可见此卦是一吉卦。此卦《象》曰:"《离》,丽也。日月丽乎天,百谷草木丽乎土。重明以丽乎正,乃化成天下。柔丽乎中正,故'亨',是以'畜牝牛吉'也。"③这里大概的意思为,"离"即是"丽",是附着的意思;天地间的物体,必定附着在某种物体上,始得以存在。因为离卦与坎卦是阴阳爻完全相反的"错卦",遇险必须攀附,攀附才能脱险,交互为用,即《易·序卦》所谓"陷必有所丽,故受之以《离》"。但附着的对象必须正当,坚守正当才有利,才能亨通。母牛是极温顺的动物,比喻柔顺的德性。《易·说卦》说:"坤,顺也……坤为牛。"亦即附着必须坚守正道,才能有利,亨通;但附着坚守必须具备柔顺的德性,才能吉祥,故"畜牝牛吉"。所谓"牛丽于英"之"英",大约指的是英国。故钱基博依占得之《离》卦取"丽英"一字仍寄寓了他作为祖父对孙女的期望,寄寓英国的孙女只要性格温顺听话就可平安依附父母,所占得的就是吉卦。而"丽英"作名在民国时就有人使用过。柯伯年1925年2月在《民国日报》副刊《觉悟》上发表《社会主义从空想到科学的发展》一文时,即以"丽英女士"作笔名,本意不可知。

钱基博不仅为孙女取名、"号"时引经据典动用六经之首的《周易》,先前给儿子钱锺书取字时也是有典有故。钱锺书的字

---

① 周振甫:《周易译注》,中华书局1991年版,第105页。
② 高亨:《周易大传今注》,齐鲁书社1998年版,第212页。
③ 周振甫《周易译注》释为:"《离》卦,是附着。日月附着在天上,百谷草树附着在地上。双重光明附着在正确上,就化育成为天下万物。柔而附着在[上卦]的中正,所以'通顺',因此'蓄母牛吉'。"见《周易译注》,第105页。

"默存"就是钱基博后起的。按钱基博自己的说法,钱家自古一贯的传统是"休明著作,百祖无殊",家学渊源,家教严格。但钱锺书自幼在伯父跟前长大,因伯父中年无子,对钱锺书自然过于宽容和溺爱,致使少年钱锺书"全没正经",专爱"胡说乱道",一点没有他母亲的"沉默寡言、严肃谨慎",以及他父亲的"一本正经"。1920 年,伯父去世后,11 岁的钱锺书的教育就全由他的父亲来承担。"他父亲因锺书爱胡说乱道,为他改字'默存',叫他少说话的意思。"①就这样把钱锺书原来的字"哲良"改作了"默存"。②"默存"一称也应是从《周易》中得来的,而且一开始钱基博取的字可能是"默成"。钱基博编撰的《堠山钱氏丹桂堂家谱》③记钱锺书为:"锺书,字默成,一字中书。"《易·系辞上》曰:"……默而成之,不言而信,存乎德行。"周振甫《周易译注》解释为:"静默而作成它,不说而使民信化,在于德行。"④《易·系辞上·传》还有"君子之道,或出或处,或默或语"之语。当然,这两个字连用在《列子·周穆王》中就出现过,但释意却未必符合钱基博取字时的本意。《列子·周穆王》原文说:"化人复谒王同游,所及之处,仰不见日月,俯不见河海……既寤,所坐犹向者之处,侍御犹向者之人。视其前,则酒未清,肴未晞。王问所从来。左右曰:'王默存耳。'"这里的"默存"意实为

① 杨绛:《记钱锺书与〈围城〉》,第 18 页。
② 根据钱基厚《孙庵年谱》记载:"宣统二年十月二十日申时,侄锺书生,叔兄出也。适有人遗父以《常州先哲丛书》者,故为命名曰锺书,小字阿先。以伯兄无子,奉父命,由伯兄夫妇携室乳养。"他的伯父据此为他另取名"仰先",字"哲良"。"仰先",有"仰望先哲"的含义,大伯父由于是"长房无子",对出嗣过来的钱锺书显然寄予了莫大的希望。
③ 1948 年印,非卖品。
④ 周振甫:《周易译注》,第 250 页。

"形不动而神游"。①按钱基博取字的本意，他不仅希望儿子少说话，还要做个敏于行而慎于言的谦谦君子，正所谓"桃李不言，下自成蹊"。②现存钱老先生给儿子的一些信件可资参照。例如，1931年当钱基博得知北京大学温宁源打算介绍钱锺书到英国伦敦大学东方语文学院教中国语文时，就在给儿子的信中谆谆告诫他"勿太自喜"，因为"立身务正大，待人务忠恕"比"声明大、地位高"更为重要。"不然，以汝之记丑而博，笔舌犀利，而或操之以逆险之心，出之以僻坚之行，则汝之学力愈进，社会之危险愈大。"老先生说自己兄弟从"未尝敢做一损人利己之事，未敢取一非分不义之财"，希望儿子能继承家风。他对儿子说："弟子中，自以汝与锺韩为秀出，然锺韩厚重少文，而好深沉之思，独汝才辩纵横，神采飞扬，而沉潜不足……汝头角渐露，须认清路头，故不得不为汝谆谆言之！"③为父之苦心可见一斑。而据杨绛先生说，钱锺书本人还是很喜欢"哲良"这个字的，"又哲又良——我闭上眼睛，还能看到伯伯给我写在练习簿上的'哲良'"。④可以想见钱锺书对其伯父思念与敬爱之深。

不难看出，钱基博取名喜用《周易》。这其实是对古人占卜取名习俗的一种延续。先秦时期古人命名，有灼龟观兆的习俗。屈原在《离骚》的开篇之首就由其嫡裔、生辰说到自己的名和字："帝高阳之苗裔兮，朕皇考曰伯庸。摄提贞于孟陬兮，惟

---

① 《汉语大词典》(缩印本下卷)，汉语大词典出版社1997年版，第7685页。
② 李洲良：《古槐树下的钟声——钱著管窥》，第9页。
③ 李洪岩：《钱锺书与近代学人》，第25页。
④ 杨绛：《杨绛散文》，第176页。

庚寅吾以降。皇览揆余初度兮,肇锡余以嘉名。名余曰正则
兮,字余曰灵均。"他在诗中说自己乃颛顼的后代,在寅年寅月
寅日这个很吉利的日子里降世;他父亲在他初生的那天,就给
他取了个美好的名字。这个名字就是通过灼龟卜兆而得。《九
叹·离世》篇说:"兆出名曰正则兮,卦发字曰灵均。"反映的也
是这种情况。但后来此种风俗渐衰,虽有很多名字仍用占卜方
法产生,却非灼龟观兆的老法。①后世占卜取名自然多用《周
易》。而最为人所乐道的一个例子就是唐茶圣陆羽名字的来
由。据说陆羽是一个私生子,被遗弃以后漂流至竟陵城外的西
湖之滨,为龙盖寺的智积禅师所得,育为弟子。等长到懂事以
后,陆羽又不愿做和尚了,因而备受劳役折磨;11 岁时,他逃出
寺院,跑去学戏,就以《周易》自筮(也有说是智积禅师为他占卦
取名的),得《易·渐》卦,云:"鸿渐于陆,其羽可以为仪,吉。"于
是便以"陆"为姓,取名"羽",字"鸿渐"。我们知道,这个"鸿渐"
后来也被钱锺书借到《围城》里去了。

　　由钱基博取名一事我们还会自然联想到《围城》中方遯翁
为孙子取名一节。《围城》第四章说:

　　这阿丑是老二鹏图的儿子,年纪有四岁了,下地的时候,相
貌照例丑的可笑。鹏图没有做惯父亲,对那一团略具五官七窍
的红肉,并不觉得创造者的骄傲和主有者的偏袒,三脚两步到
老子书房里去报告:"生下来一个妖怪。"方遯翁老先生抱孙心
切,刚占了个周易神卦,求得䷈,是"小畜"卦,什么"密云不雨",

━━━━━━━━

① 萧遥天:《中国人名的研究》,国际文化出版公司 1987 年版,第 162 页。

"舆脱辐，夫妻反目"，"血去惕出无咎"。他看了《易经》的卦词纳闷，想莫非媳妇要难产或流产，正待虔诚再卜一卦，忽听儿子没头没脑的来一句，吓得直跳起来："别胡说！小孩子下地没有？"鹏图瞧老子气色严重，忙规规矩矩道："是个男孩子，母子都好。"方遯翁强忍着喜欢，教训儿子道："已经是做父亲的人了，讲话还那样不正经，瞧你将来怎么教你儿子！"鹏图解释道："那孩子的相貌实在丑——请爸爸起个名字。""好，你说他长得丑，就叫他'丑儿'得了。"方遯翁想起《荀子·非相》篇说古时大圣大贤的相貌都是奇丑，便索性跟孙子起个学名叫"非相"。方老太太也不懂什么非相是相，只嫌"丑儿"这名字不好，说："小孩子相貌很好——初生的小孩子全是那样的，谁说他丑呢？你还是改个名字罢。"这把方遯翁书袋底的积年陈货全掏出来了："你们都不懂这道理，要鸿渐在家，他就会明白。"一壁说，到书房里架子上拣出两三部书，翻给儿子看，因为方老太太识字不多。方鹏图瞧见书上说，人家小儿要易长育，每以贱名为小名，如犬羊狗马之类，又知道司马相如小字犬子，桓熙小字石头，范晔小字砖儿，慕容农小字恶奴，元叉小字夜叉，更有什么斑兽、秃头、龟儿、獾郎等等，才知道儿子叫"丑儿"还算有体面的。方遯翁当天上茶馆跟大家谈起这事，那些奉承他的茶友满口道贺之外，还恭维他取的名字又别致，又浑成，不但典雅，而且洪亮。只有方老太太弄孙的时候，常常脸摩着脸，代他抗议道："咱们相貌多漂亮！咱们是标致小宝贝心肝，为什么冤枉咱们丑？爷爷顶不讲道理，去拉掉他胡子。"方鸿渐在外国也写信回来，对侄儿的学名发表意见，说《封神榜》里的两个开路鬼，哥哥叫方弼，兄弟叫方相，"方非相"的名字好像在跟鬼兄弟抬杠，还是趁早换了。方遯翁置之不理。去年战事起了不多几天,老三凤仪的老婆也养个头胎儿子,方遯翁深有感于"兵凶战危",触景生情,叫他"阿凶",据《墨子·非攻》篇为他取学名"非攻"。遯翁题名字上了瘾,早想就十几个排行的名字,只等媳妇们连一不二养下孩子来顶领,譬如男叫"非熊",用姜太公的故事,女叫"非烟",用唐人传奇。①

杨绛先生曾在《记钱锺书与〈围城〉》中说:"方遯翁是个复合体。读者因为他是方鸿渐的父亲,就确定他是锺书的父亲,其实方遯翁和他父亲只有几分相像。"②这"几分相像"会不会有他父亲喜欢引经据典给子孙取名的"渊源"呢?

---

① 钱锺书:《围城》,第123—125页。
② 钱锺书:《记钱锺书与〈围城〉》,第11页。

后记

当这本小书正式付梓之时，内心既高兴，又不安。收在本书中的部分章节曾在《同舟共进》《书屋》《名作欣赏》《出版史料》《中华读书报》《文汇读书周报》等报刊上不完整地公开发表过（《新华文摘》《党史天地》《报刊荟萃》《读报参考》《作家文摘报》等也有转载），有些还引起过一些关注与争议，但时间跨度较大，质量上并不整齐，还有些想收而不便收的文章也没有收录，准备的大量图片资料几乎没用，留下了不少遗憾。但不管优劣，文章总是出于自己的手笔，现在汇总一册，算是对青年时期读"钱"的一次总结吧。

最早的一篇是2004年写的，那是读书时在公开刊物发表的第一篇涉"钱"文章（《钱基博为人取名及其他》，《书屋》2004年第12期），恍然间已近十年矣。2005年毕业到一所农村中学参加工作后，在两三年间有过沉寂，基本没有再写过什么东西。意志的消沉，自我的放纵，看不见希望的生活，几乎就这样沉沦。看到身边很多青年教师在抱怨生活，放弃理想，不再努力工作与生活时，我能理解，但感到忧心。人生总是需要一些理想和追求的，即使身处僻野，即使在别人看来那些东西毫无价值，或渺无希望，也该奋起一搏，锲而不舍。我很欣赏一句话：你无法改变自己的出身，但你可以改变自己的命运。当我重新拾起那些尘封的书籍，把一点一滴的思考变成文字时，我

乐在其中，也收获了许多意想不到的惊喜。有关钱锺书的文章
就是这样重新写起来的。近些年来，愈来愈觉得生命的逼仄、
紧迫，感到还有很多事应该去做，但日子总是耗费在很多无意
义的事上。生存的压力，世俗价值的认同，还有尖锐的现实，让
许许多多和自己一样的年轻人低下了倔强的头颅，变得世故与
消沉。朝气渐远，唯有沉沉暮气。

　　在我的博客中，有关钱锺书的文章都归类在"草根钱学"一
栏，因为自己从来没有把这些文章归在高头讲章的学术论文之
列，我自忖不够层次。一切只因兴趣而作，兴起则始，兴尽则
止。对于那些批评与商榷，我毫不在意。有很多人问我，为什
么要写有关"二钱"（钱基博与钱锺书）的文章，你们是有什么关
系，还是因为同一个姓氏？令人纠结的问题。读书写作和家谱
或姓氏有何干系？如果追根溯源，或许都是吴越钱氏一脉，可
这毫无意义。钱氏父子是我敬仰的大师中的两位，高山仰止，
后辈小子岂能望其项背？

　　读"钱"、写"钱"只是一些偶然。中学时读《围城》，初知其
人。及至大学中文系读书时，才机缘巧合地"被"读了一些钱锺
书的书及相关研究著作。2002 年在中文系办的文学社内部刊
物上发表了第一篇涉"钱"文章《钱锺书眼里的文化名人》。从
那个时期开始，才作了一些研究性阅读。那时莽撞胆大，还就
有关问题直接去函请教中国社会科学院"钱学"专家李洪岩先
生。没想到李先生不仅回信，还送我三本研究钱锺书的著作，
并嘱我"先读一些西方哲学"，因为"只有先具有哲学的修养，
才能透彻领悟"（2004 年 8 月 28 日与笔者信）。惭愧的是，自
己至今对西方哲学了无研究。这段经历，使我对李先生一直

抱有感恩与敬意，是他给了我许多鼓励。虽然他早已不再研究"钱学"。

有关"二钱"的文章也不是我关注的全部。近些年来，基础教育领域的一些问题也是自己没有放下的课题。目前已经整理出一本有关教育的集子，等待出版。傅宏星兄曾非常善意地建议我，跳出"钱学"的圈子，会发现一个更大的学术空间，可能有更大的收获。近年所撰涉"钱"文章，只是想解开钱氏生平与思想上的一些疑点，以达还原钱锺书本来之目的，并没有给自己设限，强迫自己做不喜欢的事。一切顺乎自然。

走出校园后，对于我们这些远离文化中心的人来说，做点研究其实是很不容易的。巢湖学院中文系主任方习文教授写过一篇博文，叫《博友钱之俊》。其中，方先生对我身处僻处而能作文，感到惊讶："我只是奇怪，他的钱锺书研究偏向'史述'，而他处在一个偏远的乡下，那些原始丰富的史料是怎么收集怎么得到的？"这些年，断断续续在忙碌的工作生活之余写一些东西，除了自己想方设法去查阅资料外，如果没有师友同学的无私帮助，很多事也是完成不了的。

在这本小书出版之际，我要感谢一路走来的很多师友同学。湖南科技学院国学研究所傅宏星兄这几年对我的激励、提携和帮助我铭记于心。现居美国的范旭仑先生通过邮件往来亦多有指导，此次小书出版，先生更是"建言献策"，不吝赐序，深为感动。淮北师范大学纪健生先生、厦门大学出版社王依民先生、苏州市地方志编委会俞菁女士等都曾无私为我提供过资料。安徽师范大学何更生教授、夏家顺老师，淮北师范大学刘彩霞教授、巢湖学院方习文教授，在教育教学研究上曾多次给予我关心和鼓励。编辑朋友中，王洪波先生、续小强先生、王朝军先生、梁思慧女士、陈菁霞女士等都曾不嫌烦琐，为我改稿，提供发表机会；王立威女士还曾将期刊网的账号长期供我使用，让我省去诸多麻烦。同学李正在南京大学读研究生期间，为我提供了大量最新的论文。这本书没有黄曙辉先生也是不可能顺利出版的。感谢本书责任编辑林凡凡女士的细心编校。中学时期的老校长潘恒俊老，一直对我鼓励有加，如今我们已成忘年之友。在此一并深深致谢。

还要特别感谢母校皖西学院诸师友：文化与传媒学院（原中文系）院长马启俊博士，副院长陈尚达教授，图书馆研究员舒和新老师等。马启俊老师是我学术研究上的启蒙老师，在校读书期间我公开发表的第一篇有关文字学的论文，就是在他的指导下完成的。陈尚达老师是位年轻而富有思想的教授，近年来和我亦师亦友，对我启发很大。正是在诸位师长的鼓励和信任下，2012 年 5 月，我回母校参加了第三期校友论坛，和学弟学妹们重温大学生活，交流读书体验，更加鞭策自己不断地去读书思考。这几年在媒体上几次见到舒和新老师，学校图书馆珍贵古籍善本若没有他可能还会继续淹没下去。他的人生遭际，让我知道，任何人只要肯努力、愿钻研，总有一天会发光的。皖西四年，也是和图书馆在一起的四年，读书、查阅资料、撰写文章，和舒老师一起整理古籍，毕业以后，每每梦及于此，不胜唏嘘。

钱之俊

2013 年 9 月 1 日于安徽无为

图书在版编目（CIP）数据

钱锺书生平十二讲 / 钱之俊著. — 增订本. — 上海：
上海教育出版社，2023.8
ISBN 978-7-5720-2051-3

Ⅰ.①钱… Ⅱ.①钱… Ⅲ.①钱锺书（1910-1998）
－生平事迹 Ⅳ.①K825.6

中国国家版本馆CIP数据核字(2023)第129215号

责任编辑　林凡凡
封面设计　高静芳

钱锺书生平十二讲（增订本）
Qian Zhongshu Shengping Shi'er Jiang（Zengding Ben）
钱之俊　著

出版发行　上海教育出版社有限公司
官　　网　www.seph.com.cn
地　　址　上海市闵行区号景路159弄C座
邮　　编　201101
印　　刷　上海颛辉印刷厂有限公司
开　　本　890×1240　1/32　印张 9.875
字　　数　206 千字
版　　次　2023年8月第1版
印　　次　2023年8月第1次印刷
书　　号　ISBN 978-7-5720-2051-3/I·0157
定　　价　49.80 元